신경다양성 교실

단 한 명도 놓치지 않는
통합교육의 시작

신경다양성 교실

단 한 명도 놓치지 않는
통합교육의 시작

김명희 지음

새로온봄

약점보다 강점에 주목하는 교실이라면
모든 교실이 신경다양성 교실이다

나는 오른쪽 청력이 왼쪽에 비해 좋지 않다. 누군가 내 오른쪽에 서면 그의 말을 잘 알아듣지 못한다. 나는 고개를 오른쪽으로 돌려 왼쪽 귀를 상대에게 향한 후 되묻고 말뜻을 알아차린다. 나에게 존재하는 아주 작은 사각지대 덕분에 나는 타인의 이야기에 더 귀 기울이는 사람이 되었다. 내가 가진 불편함이 오히려 나를 더 나은 사람으로 만들어 준 계기가 된 것이다.

강점에 초점을 둔다는 건 아이를 바라보는 관점을 바꾸는 일이기도 하다. 우리는 대개 아이들이 수업에 참여하지 않거나 수업을 방해하는 행동에 주목하기 쉽다. 아이의 부적응 행동이 아이가 가진 강점을 볼 수 없게 만들기 때문이다. 아이가 가진 강점에 주목하려면 관심을 갖고 관찰해야 한다. 저자는 아이와 소통하며 아이가 잘하는 순간에 주목하고 이를 다른 친구들에게 일깨워 주었다. 오랜 시간 물러서지 않고 자신이 지향하는 바를 끝까지 실천한 노력이 이 책의 문장 곳곳에 깊이 배어 있었다.

신경다양성이란 단어가 주는 희망과 달리 우리가 살아가는 현실은 절망에 가깝다. 협소해진 특수교육의 의미와 낮은 사회 인식이 만들어 내는 오해와 갈등의 파열음이 남의 이야기처럼 들리지 않았다. 저자는 얼마나 고군분투하며 교실에서 학생과 학부모에게 진심을 전하려고 애썼을까? 생각하게 될 때가 많았다. 저자 자신이 부딪친 현실에 물러서지 않고, 그 지난한 과정을 글로 쓰고 책으로 다듬으며 신경다양성의 의미를 교실에서 꽃피우기 위해 애쓴 노력이 눈앞에 그려졌다. 이것이 우리가 교실에서 살아가는 의미이자 인간으로서 존재하는 까닭임을 말하고 있는 듯했다.

한 아이라도 더 자기답게 꽃 피울 수 있도록, 서로 다른 우리가 교실이란 공간에 모여서 함께하는 동안이, 바로 우리 각자가 가진 강점을 알아차리고 일깨우는 결정적 시기라고 나는 확신한다. 신경다양성이 빛나는 교실을 만들어 가는 것이 단 한 명의 아이도 포기하지 않는 교육임을 더 많은 이들이 알게 되어, 더 많은 곳에서 실천하는 순간이 온다면 이 책이 보여준 작은 희망이 전국의 모든 교실을 바꾸는 커다란 힘이 될 것이라 나는 믿는다.

천경호

교사, <실천교육교사모임> 수석 부회장
저자, 《리질리언스》《마음과 마음을 잇는 교사의 말공부》 등

서로 존중하고 함께 배려하는
신경다양성 교실 이야기

학생의 결함 이해하기, 학생이 가진 강점 찾아내기, 강점중

심 학습전략 구상하기, 학습활동 전개하고 피드백하기, 학생 상호 간에 결함 및 강점을 이해하고 존중하는 따뜻한 학급 분위기 만들기…. 이 모두가 즐겁고 행복한 학교생활을 위해 학급의 담임교사가 해야 할 일들입니다.

그런데 특수교육대상인 장애 학생과 특수교육대상은 아니지만 주의력 결핍, 과잉행동장애, 분노조절장애, 정서불안 등을 가진 학생들이 함께 있는 학급을 맡은 담임이 학생의 결함 및 강점을 이해하고 존중하는 따뜻한 교실을 만들고, 모두가 즐겁고 행복한 학급을 운영하는 것이 현실적으로 가능할까요?

그 가능성을 특수학급이 아닌 일반학급에서 보여준 통합학급 운영 사례가 책으로 나왔습니다. 아이들이 가진 차이를 있는 그대로 수용하고 서로 다르게 성장하도록 지원해주는 개별화 교육! 아이들 각자의 강점을 파악하고 강점중심 학습전략을 구상하여 그에 적합한 교육환경을 만들고, 아이들의 결함이 아닌 강점에 집중하고 그것을 북돋우며 살아가는 삶의 태도를 기르게

해 주는 김명희 선생님의 신경다양성 교실이야기는 모든 교육이
나아가야 할 방향을 구체적으로 보여주고 있습니다.

이 책에는 저자가 몇 년에 걸쳐 만난 경계성 지능, 지적 장
애, 선택적 함묵증, ADHD, 자폐성 장애가 있는 5명의 학생들과
의 이야기가 있습니다. 만남에서부터 강점 진단, 그 강점을 반영
한 보편적 학습설계 및 실제 수업활동, 다양한 학생들을 위한 통
합교육의 방향 제시까지 신경다양성 교실 운영 사례가 풍성하게
담겼습니다.

학급 또는 학교에 장애 학생의 지도에 어려움이 있거나 어
떻게 지도해야 할지 고민이 되는 독특한 학생이 있다면 이 책을
권해드립니다. 따뜻한 시선으로 아이 한 명 한 명과 눈을 맞추며
친절하게 상호작용하는 담임선생님, 친구들의 작은 변화에도 박
수치며 칭찬해주는 학생들, 서로를 존중하고 함께 배려하는 신
경다양성 교실을 만나보십시오. 다양한 특성과 배경을 가진 학
생들이 함께 어울리며 배우고 성장하는 즐겁고 행복한 학교생활

을 경험해 보시기 바랍니다. 학생을 바라보는 시각이 바뀌고 학생 개개인에 대한 관심과 이해를 넓힐 수 있도록 도움과 용기를 줄 것입니다. 아울러 통합학급에 아이를 보내는 학부모님께는 학교에 대한 신뢰와 믿음을 다지게 해 줄 것입니다.

신경다양성 관점으로 아이들의 강점에 주목한 김명희 선생님의 노력이 교육의 환경을 개선하고 교육계에 새로운 화두와 동력으로 작용하기를 희망합니다. 또한 미래 교육의 희망인 교사들이 함께 실천해 갈 신경다양성 교실이 결핍과 질병, 장애를 넘어 모든 학생의 다양성을 인정하고 존중하는 교육의 새로운 출발점이 되기를 기대합니다.

김정주

서울묘곡초등학교 교장

부럽습니다. 신경다양성 교실에서 살림살이를 차릴 수 있는 모든 선생님들

"왜 자폐성 장애 아동들의 특별한 관심 중에 유독 고래가 많을까?"

나름의 특수교육 전문가들인 동기들끼리 모인 사석에서 이 질문이 나왔지만 뚜렷한 답은 찾지 못했습니다. 어떤 때는 왜 그런지 끝까지 추적하고 분석해서 이유를 알아내야 할 때가 있고, 어떤 때는 그냥 좋은가보다. 좋은 데 뭐 이유가 있어? 하고 넘어가야 할 때도 있는 것 같습니다.

발달장애 자녀를 둔 부모님들은 이 책을 읽고 저자의 반 아이들은 무슨 복일까? 전생에 나라를 구했나 하는 마음이 들 것입니다. 통합교육을 지원하느라 애쓰시는 특수교사들은 '그래! 이런 것이 통합교육이지!' 하며, 저자와 같은 일반교사와 한 학교에서 제대로 된 통합교육을 만들어보고 싶다는 가슴 떨리는 벅찬 마음을 느끼실 수도 있습니다. 그런데 한편으로 걱정도 들었습니다. 이 책의 독자이자 실천가가 되기를 간절히 바라는, 수많은 선생님들에게 혹시라도 '넘사벽'처럼 느껴질까 해서입니다.

신경다양성 교실은 그저 '통합학급'입니다. 또, 현실에서는 이미 모든 학급이 '신경다양성 교실'입니다. 따라서 요즘 교사들은 뭐라도 해야 합니다. 그러지 않고서는 견뎌내기가 어렵습니다. 이 책에 나오는 수호, 지선, 하연, 현우, 도현이를 만나지 않고 교직생활을 한다는 것은 불가능하기 때문입니다. 대학원 수업 중에 한 선생님이 "저는 참 운 좋게도 초임 때부터 계속 통합학급을 맡았어요." 이렇게 자기소개를 하였습니다. 비교적 마음 편하게 시행착오를 해도 되는 신규 교사 시절에 학생들의 다양성에 대처하는 역량이 커질 수밖에 없는 기회가 한 번도 아니고 연속으로 주어졌으니, 정말 행운이라는 것이었습니다.

에스키모 인에게 냉장고를 팔 수 있는 사업가, 어떤 어려운 수술도 오차 없이 해내는 외과 의사가 멋짐의 범주에 든다면 멋진 교사의 정의는 어떤 학생이라도 잘 가르치는 사람 아닐까요? 대학에서 '통합교육'에 대해 수업할 때 자주 우리 예비교사들에게 부럽다고 합니다. 좋겠다, 이제 이 세상 모든 아이들을 다 잘 가르칠 수 있겠다 하면서요. 저는 솔직히 초임 때는 그런 역량을 갖추지 못했었습니다. 이 책의 저자인 김명희 선생님도 마찬가지입니다. 일단 자녀를 비롯하여 신경다양성 아이들을 많이 만났고, 모임을 하면서, 공부하고 나누면서 차곡차곡 모아진 것이라고 생각합니다. 또 한 명의 넘사벽 교사인가보다 넘겨버리지 않아도 됩니다. 모든 일반교사는 이미 신경다양성 교실에 있으므로, 이제 마음만 있으면 할 수 있습니다. 정말 좋은 프로그램들이 지척에 쌓여있기도 하지만, 진짜 효과적인 방법은 사실 모든 선생님들이 이미 갖고 있습니다. 이 아이를 어떻게 수업에 참여시킬까, 어떻게 하면 우리 반이라는 구성원자격을 갖게 할 수 있을까 생각하면 방법은 반드시 나옵니다. 여러 연구들에서 효과가 입증된 증거기반실제라면 어느 교실에서나 아이가 학교에 가고 싶게 하고,

교실 문을 열 때의 어색함이 사라지게 하고, 찬찬히 귀 기울여주는 한 명의 친구를 만들어줄 수 있을까요? 저는 감히 아이를 살리는 진짜 교육방법은 선생님의 마음과 손길이라고 생각합니다. 물론 증거기반실제는 그 시간을 단축시켜줄 수야 있겠지요.

얘도 자폐성장애라고 하는데 왜 다를까? 옆 반 아이는 문제행동이 없으니까 괜찮은 거겠지, 이 아이는 책에 나오는 ADHD하고는 다른데? 등의 의문을 가지실 필요는 없습니다. 그냥 선생님께서 만나시는 그 아이가 좋아하는 것, 잘 하는 것부터 찾아내어 무조건 시작하시면 됩니다. 이 책을 넘기다보면 그 마음이 저절로 생기지 않을까 싶습니다. 첫 장을 넘기는 순간 신경다양성교실에서 모두를 살리는 살림이 멋지게 차려질 것입니다.

김수연

경인교육대학교 특수(통합)교육과 교수
저자, 《통합교육의 이해와 실제》《통합교육, 나는 무엇을 해야 합니까?》 공저

어느 날부터인가 특별한 아이들이 눈에 들어오기 시작하였습니다. 소외된 아이들이 눈에 밟혔습니다. 그냥 지나칠 수가 없었습니다. 내 안에 나도 모르던 의식이 깨어난 것 같았습니다. 마치 새로 태어난 것처럼 세상이 달라 보였습니다. 나는 결심하였습니다. "이 아이들을 위한 삶을 살아야겠다."

나는 초등교사입니다. 그리고 뒤늦은 나이에 특수교육 공부를 시작했습니다. 그 안에는 장애가 있는 내 아이와 나를 거쳐간 많은 아이의 이야기가 담겨있었습니다. 무척이나 가슴에 와닿았습니다. 공부를 하면서 내가 무심히 지나쳤을지 모를 아이들 생각에 많이 울었습니다. 단 한 명도 소외되지 않고 모두가 행복한 통합교육을 실천해보고 싶었습니다. 그러다 토머스 암스트롱의 신경다양성 교실을 접하게 되었습니다. 내가 상상했던 교실의 모습이 그려져 있었습니다. 나만의 신경다양성 교실을 만들어보기로 다짐하였습니다.

신경다양성이란 인간의 뇌신경학적 차이를 장애나 결함으

로 보는 대신 하나의 다양성으로 인정하는 관점입니다. 신경다양성 교실에서는 결함을 개선하기 위한 노력과 함께 개인의 강점을 이용한 잠재능력의 계발을 강조하고 있습니다. 우리는 보통 '다름'을 가진 아이들의 약점과 결핍을 보는 데 익숙합니다. 그러나 신경다양성 관점은 우리의 익숙함에 제동을 걸어 그들이 가진 강점에도 주목하게 합니다. 강점에 주목하자 전에 없던 에너지가 생겨나는 것 같았습니다. 우리 교실에 생기가 넘치고 아이들이 밝아졌습니다. 아이들도, 교사인 나도 행복해졌습니다. 신경다양성 교실을 만들기 시작하면서 내가 느낀 경이로움과 기쁨을 많은 사람과 함께 나누고 싶어 이 책을 썼습니다.

신경다양성 교실에서 나와 나의 학생들 모두가 긍정적인 에너지의 충만함을 경험할 수 있었습니다. 결핍에만 집중했다면 결코 느낄 수 없었을 감정이었습니다. 작은 관점의 차이가 이렇게나 다른 결과를 만들어냈습니다. 신경다양성 교실의 핵심적인 아이디어는 아주 단순합니다. 그래서 누구나 따라할 수 있습니다. 누구나 긍정적이고 희망이 가득한 교실을 만들어 나갈 수 있습니다. 신경다양성 교실에서는 아이들 모두가 자기 방식대로 성장해갈 수 있습니다.

이 책에는 난독증, 지적 장애, 선택적 함묵증, ADHD, 자폐성 장애가 있는 다섯 명의 신경다양성 아이들의 이야기가 있습니다. 이 아이들 중에는 특수교육대상학생도 있고 특수교육대상학생으로 선정되지 않은(또는 못한) 아이들도 있습니다. 이 아이들과 반의 다른 아이들이 함께 만들어간 신경다양성 교실 이야기를 이 책에 담았습니다.

1장과 2장에서는 다양성의 중요성과 신경다양성의 개념, 신경다양성 교실이 함축하고 있는 것들에 대해 풀었습니다. 그리고 신경다양성 교실을 만들어가는데 핵심적이고 중요한 구성요소에 관해서도 담았습니다.

3장~7장에서는 다섯 명의 신경다양성 아이들과 함께한 이야기입니다. 난독증이 있는 수호, 지적 장애가 있는 지선이, 선택적 함묵증이 있는 하연이, ADHD가 있는 현우, 자폐성 장애가 있는 도현이의 이야기를 한 장씩 할애해 담았습니다. 첫 만남에서부터 아이들의 특성을 파악하는 과정과 그 뒤에 강점기반의 진단을 하는 과정이 담겨있습니다. 아이들의 특성과 강점에 기반하여 보편적 학습설계를 통해 신경다양성 교실을 만들어가는 여정을 함께하실 수 있습니다.

8장은 모든 아이와 함께하는 다양성 존중 교육 이야기를 담았습니다. 신경다양성 교실에서의 통합교육이 잘 이루어지려면 서로의 다양성을 수용하고 존중하며 함께 어울리는 공동체의 분위기가 형성되어야 합니다. 내가 아이들과 함께한 다양성 존중 교육 수업들 중에서 감동적이었고 즐거웠던 수업사례들을 담았습니다.

9장은 '신경다양성 교실 연구회'에 관한 내용으로 신경다양성 교실을 함께 연구하는 선생님들의 목소리를 담았습니다. 특수교육 전문연구자, 장학사, 일반교사, 특수교사로 구성된 신경다양성 교실 연구회는 어떤 비전을 가지고 연구해 나가고 있는지, 우리가 함께 추구하는 것은 무엇인지에 대한 이야기를 담았습니다.

10장은 신경다양성 교실과 미래교육에 관한 생각입니다. 개별화 교육을 강조하는 미래교육은 아이들 한 명 한 명의 배움을 보장하는 신경다양성 교실이 그 해답이 될 수 있을 것입니다.

이 책은 특별한 아이들과 함께하는 모든 사람들을 위한 책입니다. 신경다양성 아이들과 함께하는 삶에서 길을 잃고 헤매고 있거나 새로운 돌파구를 찾고 싶으시다면 저와 함께 신경다양성 교실로 여행을 떠나보시기 바랍니다. 통합교육에 어려움을 겪었거나 겪고 있는 교사, 두려움을 느끼거나 실마리를 찾으려는 교사들에게 특히 도움이 되리라 생각합니다. 신경다양성 아이들과 함께하는 교사, 부모님, 현장 전문가들에게 이 책이 새로운 길잡이가 될 수 있으면 좋겠습니다. 신경다양성 아이들이 자기 능력을 마음껏 펼치며 학교와 사회의 구성원으로서 당당하게 살아나가는데 이 책이 조금이라도 도움이 되길 간절히 바랍니다.

2022년 8월

저자 김명희

목차

3장 | 수호 이야기

4장 | 지선이 이야기

5장 | 하연이 이야기

8장 │ 다양성 존중 교육 이야기

9장 │ 신경다양성 교실 연구회

10장 │ 신경다양성 교실과 미래교육

일러두기
• 본문에 등장하는 학생들의 이름은 가명입니다.
• 본문에 명시된 번역서 가운데 필요한 경우 제목 뒤 괄호 안에 원서의 제목을
표시하였습니다.
• 본문에 인용한 국내외 참고문헌과 자료는 별도로 정리해 실었습니다.

1장

다양성은 축복입니다

환영합니다!

"유별난 학생 환영합니다! 예민한 학생 환영합니다! 공부 못하는 학생 환영합니다! 산만한 학생도 환영합니다! 모든 특별한 학생들을 환영합니다!"

이런 교실을 본 적이 있나요? 이런 아이들을 환영한다고요? 대체 어떤 교실이길래….

유별난·예민한·공부 못하는·산만한 아이들이 있는 교실. 이런 교실을 여러분이 맡는다면 어떤가요? 아마 한숨부터 나오는 분들이 많을 것입니다. "이런 아이들과 어떻게 지내나, 올 한해는 망했어"라며 절망하는 분들도 있을 것입니다. 그럼 정말로 이 교실은 희망이 없는 교실일까요?

유별난 아이는 아주 창의적인 아이였습니다. 다른 아이들이 생각하지 못하는 색다른 눈으로 세상을 바라보며 창의적인 아이디어가 샘솟아 다른 사람들을 즐겁게 해주는 특별한 아이였습니다. 예민한 아이는 아주 감성적인 아이였습니다. 내면의 깊은 감성을 아름다운 그림으로 그려내는 작은 예술가이기도 했습니다. 공부 못하는 아이는 세상을 입체적으로 보는 아이였습니다. 뛰어난 시·지각력을 가져 기계조작과 목공 등 만들기를 아주 잘하였습니다. 산만한 아이는 놀이의 창조자였습니다. 이 아이가 새로운 놀이를 만들어 내면 모든 아이가 이 참신한 놀이를 함께하고 싶어 몰려들었습니다.

아직도 이 아이들이 있는 교실이 가망이 없어 보이나요? 아름다운 무지개가 떠 있고 생동감이 넘치는 교실로 보이지 않나요? 교사가 아이의 긍정적인 면을 볼 수 있는 눈을 키우면 희망이 없어 보였던 교실도 최고의 교실로 되살아날 수 있습니다. 아이를 바꾸는 것은 불가능하지만 교사가 관점을 전환하고 환경을 바꾸는 것은 가능하기 때문입니다.

이 교실은 대안교육을 하는 교실이 아닙니다. 특수학급도 아닙니다. 아주 평범한 공립초등학교의 한 교실, 바로 우리 교실이랍니다. 그런데 우리 교실에는 이 아이들 외에도 특별한 아이들이 또 있답니다. 또 있다고요? 너무 놀라지는 말아주세요. 엄마가 투병 생활을 하고 있어 깊은 슬픔을 느끼고 있는 아이, 뭔지 모를 두려움에 불안증이 생긴 아이, 글을 읽고 쓰기가 어려운 아이, 친구들 앞에 서면 목소리가 모깃소리만큼 작아지는 아이 등등. 이렇게 한 명씩 보다 보면 우리 반 27명의 아이 중 특별하지 않은 아이는 단 한 명도 없습니다. 사실 우리 교실은, 또 우리 반의 아이들은 우리 나라의 여느 교실과 그리 다르지 않습니다. 도시의 평범한 한 교실이자 아이들입니다.

모든 아이는 특별합니다. 그래서 모든 아이는 한 명 한 명 빛나야 합니다. 나는 모든 아이가 특별한 아이들로 빛나는 교실을 만들어 보기로 했습니다. '신경다양성 교실'은 그렇게 시작되었습니다.

다양성의 축복

유네스코는 매년 세계교육현황 보고서를 발간합니다. 《2020년 세계교육현황 보고서》는 '포용과 교육: 모두는 모든 이를 의미한다(All means All)'라는 제목으로 발간되었습니다. '모든 이'를 '포용'하는 교육에 주목한 것입니다. 보고서에서는 '교육이 학습자의 다양성을 문제가 아니라 도전과제로, 즉 모든 형태의 개인적 재능을 찾아내고 그것이 성장할 수 있는 조건을 만드는 것을 도전과제로 인식한다면 교육은 포용적 사회를 위한 중요한 진입지점을 제공할 것'이라고 하였습니다. 학습자의 다양성을 존중하고 성장할 수 있도록 도와주는 것이 이 사회가 포용적 사회가 되는 첫걸음이라는 것입니다. 또한 이 보고서에서는 우리가 모두 공통적으로 가지고 있는 한 가지는 바로 우리의 '다름(differences)'이라고 밝히고 있습니다.

보고서에 실린 아래의 그림을 살펴보면 100명의 학생들 중에 장애가 있는 학생, 가난한 학생, 특수교육대상자, 성 소수자, 이주자, 난민, 민족·종교·언어적 소수 집단, 오지의 농촌지역 학생, 다른 인종이나 계급, 여아, 방과 후 일하는 학생, 비만과 우울증이 있는 학생, 파괴적인 성격을 가진 학생, 고아, 비행 청소년, 왼손잡이 학생, 알레르기 체질 학생 등을 제외하다보면 마지막에는 (미지의 다름이 있는) 새로 온 학생이 있습니다. 모든 아이는 각자 다르고 이 다양성을 받아들이고 포용하는 것이 교육의 기본이 되어야 모두를 위한 교육이 제대로 가능해진다는 것을 이 그림은 강조하고 있습니다.

그렇다면 우리는 이러한 아이들의 다양성을 받아들일 준비가 되어 있을까요? 교사들은 해마다 새롭고 다양한 아이들을 만나고 가르치며 모두를 위한 교실을 만들기 위해 노력하고 있습니다. 하지만 사실 다양한 학생을 포용하고 교육하는 일은 무척 막막하고 겁부터 나는 것이 사실입니다. 몇몇 교사들은 예쁘게 앉아서 말 잘 듣고 공부 잘하는 아이들만 있는 교실이 세상에서 가장 완벽한 교실이라고 생각할 수도 있습니다. 과연 무척이나 다양한 이 아이들은 우리 사회에서, 또 우리 교실에서 불행일까

우리 모두가 공통적으로 가지고 있는 한 가지는
우리의 다름(differences)이다

100명의 학생들 중에

이들은 **장애**가 있을 수 있다.

그 나머지 중, 이들은 **가난**할 수 있다.

그 나머지 중, 이들은 **특수교육
대상자**일 수 있다.

그 나머지 중, 이들은 **성 소수자**일 수 있다.

그 나머지 중, 이들은 **이주자, 국내 실향민** 또는 **난민**일 수 있다.

그 나머지 중, 이들은 **민족, 종교, 언어**의
소수 집단 또는 **토착민 집단**에 속할 수 있다.

그 나머지 중, 이들은 **오지의 농촌 지역**에 살 수 있다.

그 나머지 중, 이들은 **다른 인종이나
계급**과 같은 소외집단에 속할 수 있다.

그 나머지 중, 이들은 **여아**일 수 있다.

그 나머지 중, 이들은 **방과 후 일을 하거나,
비만, 우울증, 파괴적인 성격, 고아, 비행 청소년,
왼손잡이, 천식 환자, 알레르기 체질**일 수 있다.

그리고 이 마지막 학생은?
그는 새로 왔어요!

안녕!

출처: 2020년 유네스코 세계교육현황 보고서

다양성은 축복입니다

요? 축복일까요? 우리는 다양성을 어떻게 이해하고 받아들여야 할까요?

평생 자연과 생태를 연구한 동물행동학자 최재천 교수님은 《손잡지 않고 살아남은 생명은 없다》라는 책에서 철새 이야기를 다음과 같이 전하고 있습니다.

조류독감이 전 세계를 공포로 몰아넣고 있었을 때 일부에서 철새가 조류독감을 옮겼다고 철새를 다 죽이자는 의견을 내놓았다고 했습니다. 하지만 철새는 수천, 수만 년간 조류독감을 앓으며 살아왔어도 1년에 그저 몇 마리만 죽습니다. 유전적으로 다양하기 때문에 조류독감 바이러스에 취약한 몇 마리만 죽고, 나머지는 바이러스가 퍼져도 죽지 않습니다. 그런데 그 바이러스가 우리 닭장 속에 들어오면 문제가 달라집니다. 인위적으로 알을 잘 낳는 닭만 선택해서 기르다 보니 전 세계가 유전자 구성이 거의 똑같은 닭을 기르게 된 것입니다. 결국 우리네 닭장 안에 있는 닭은 거의 복제 닭인 셈이어서 바이러스가 침투하면 모두 다 감염이 되는 것이지요.

철새들이 조류인플루엔자로 떼죽음을 당하지 않았던 것은 그들의 다양성이 존재하였기 때문입니다. 다양성이 종족 보존을 위해서도 이렇게 중요하다는 것을 깨닫게 되는 대목입니다. 또 다른 사례로 아일랜드 대기근도 있습니다.

1840년대에 아일랜드에서는 대기근이 일어납니다. 이 기근으로 100만 명의 인구가 죽고 그보다 더 많은 인구가 먹고 살기 위해 어쩔 수 없이 나라를 떠나게 됩니다. 10년도 안 되는 기간에 인구의 20~25%가 줄어들게 됩니다. 대기근의 원인은 감자였습니다. 감자가 아일랜드에 처음 들어왔을 때는 원예작물로 재배되었는데, 이후에 아일랜드 기후와 환경이 감자 생산에 최적이라는 것을 알게 되었습니다. 결국 많은 지주가 대량으로 감자를 재배하게 되었고 주요 농산물이 되었습니다. 감자는 삶거나 굽기만 해도 간편하게 먹을 수 있었기 때문에 가난한 서민들의 주식이 되었습니다. 그런데 갑자기 유럽 전역에 감자잎마름병이 돌기 시작하였고 아일랜드에도 퍼지게 되었습니다. 아일랜드인들은 한 가지 품종의 감자만 재배했기 때문에 이 전염병으로 인해 아일랜드 전역의 감자가 모두 썩어 농사를 망치게 되었습니다. 아일랜드에서는 감자를 주로 재배하고 다른 농산물을 많이 재배하지 않고, 또 감자를 주식으로 하면서 가난한 서민들이 굶어 죽거나 집단적으로 이민을 떠나게 된 것입니다.

동물과 식물의 다양성을 짓밟아 버린 대가는 너무나 혹독한 것 같습니다. 우리도 다양성을 보호하고 포용하지 않는다면 앞으로 어떤 무서운 대가를 지불하게 될지는 아무도 모릅니다. 하지만 우리 사회는 아직도 사람들의 다양성을 수용하지 못하는 사람들로 가득합니다. 우리 교육과 교실에서도 마찬가지입니다. 우리 학교 학부모들의 교육열은 하늘을 찌릅니다. 우리 반 아이들의 90%가 학원에 다니고 있습니다. 2~3개의 학원은 기본이고 그보다 더 많이 다니는 아이들도 많습니다. 방과 후에 여러 학원을 마치고 귀가하는 시간이 밤 9시가 넘는 아이들도 몇 있습니다. 나는 퇴근 시간이 되면 지쳐 아무것도 할 수 없을 만큼 기운이 빠지는데 우리 학교 아이들은 나의 퇴근 시간을 훌쩍 넘어서까지 학원을 다닙니다. 초등학교 저학년생들은 그나마 다양한 예체능 학원을 다니지만, 고학년이 되면 예체능 학원을 거의 끊고 오로지 영어·수학·논술 학원만 다닙니다. 내가 근무하고 있는 이 동네에선 초등학교 5학년 아이들이 중학교 과정의 영어와 수학을 선행 학습하는 것은 당연한 것으로 여깁니다. 아직 어린 아이들이 마치 수능을 준비하는 고등학생처럼 고달픈 생활을 하는 것이 너무나 안쓰러워 나는 학부모총회 때면 제발 아이들을 그렇게 많은 학원에 보내지 말아 달라고 부탁하기도 합니다. 초등학생 시기에는 학습부진만 되지 않게 예습 복습을 하고 나머지 시간은 자기가 하고 싶은 다양한 것을 경험하게 하는 것이 훨씬 좋은 일이라고 말해도 우리 학교 학부모들의 영어, 수학 교육열은 식을 줄 모릅니다. 그렇다면 우리 학교의 모든 아이가 영어와 수학에 재능 있고 강점을 가지고 있을까요? 그렇지 않습니다. 아주 소수의 아이만 영어와 수학을 좋아하고 나머지 대부분의 아이들은 엄마 아빠가 다니라고 해서 억지로 끌려다니고 있는 것이 사실입니다. 왜 이런 일이 계속되는 것일까요? 아마도 부모들은 아이들이 어려서부터 영어, 수학을 잘하면 커서도 영어, 수학의 높은 점수를 이용해 좋은 직업을 갖게 될 거라 여기기 때문일 것입니다. 과연 영어, 수학 공부가 좋은 직업을 찾는 유일한 길일까요? 왜 모든 학부모는 주지 과목 공부만을 아이들에게 강요할까요? 주지 과목 이외의 과목에서 재능을 발휘하는 아이들이 훨씬 많은데 왜 그런 면을 중요하게 받아들이지 않을까요?

얼마 전 흥미로운 기사를 보았습니다. 백화점 최상위 우수고객(VIP)들의 직업에 관한 기사였습니다. 과거에는 연예인이나 의사, 변호사 등 전문직 종사자에 40대 이상이 백화점 최상위 우수고객의 많은 부분을 차지하였는데 이제는 달라졌다고 합니다. 최근에는 유튜버나 일타(1등 스타)강사, 온라인 쇼핑몰 운영자 등으로 직업이 다양해지고 20·30세대가 차지하는 비율도 높아졌다고 합니다. 세상은 이렇게 빠르게 변화하고 새로운 직업들도 다양하게 생겨나고 있습니다. 하지만 학부모들은 아직도 전문직만이 아이들의 미래 행복을 담보할 것이라는 확고한 믿음을 가지고 있는 듯합니다. 전문직의 대열에 합류하지 못하면 미래가 없을까봐 불안한 나머지 아이들의 관심사는 별로 고려하지 않고 오로지 주지 교과 학원에 많은 시간과 비용을 투자하고 있습니다.

모든 아이가 시험을 잘 보는 아이들로만 훈련된다면 그 사회는 과연 건강한 사회가 될 수 있을까요? 과연 이 아이들이 성인이 되는 시대에도 시험을 잘 보는 아이들이 그 시대에 맞는 좋은 직업을 가지게 될지는 아무도 모릅니다. 아이들은 자신의 다양성을 충분히 존중받아야 하고 세상의 많은 다양성을 경험할 수 있어야 합니다. 우리 반 아이들은 학교에 오면 무척 행복해합니다. 아이들은 학교를 공부하는 곳이라기보다는 친구들과의 사교의 장이고 마음이 쉴 수 있는 곳으로 여기는 듯합니다. 심지어 공부는 학원에서 하는 것이라고 말하는 아이들도 있습니다. 이 아이들이 말하는 공부는 아마도 외우고 시험 보는 공부일 것입니다. 나는 우리 반 아이들이 자신이 가진 개성과 특성을 최대한 드러낼 수 있게 하려고 노력합니다. 각자의 개성과 장점이 다양성으로 존중받고, 자기가 좋아하는 일을 하도록 허용하는 학교에서의 생활이 즐거울 수밖에요.

아이들이 서로의 다양성을 경험하는 것은 우리 사회와 미래의 불확실성을 대비하는 훌륭한 대응책이 될 수 있을 것입니다. 코로나19로 전 세계가 3년이 넘도록 격동의 시간을 겪게 될 줄을 누가 알았겠습니까? 앞으로 얼마나 더 많은 변화와 예기치 못한 위기가 더 빠르고 더 강하게 우리에게 불어닥칠지는 아무도 모릅니다. 미래가 불확실하고 모호하고 복잡하다 보니 각국의 정부와 기업에서는 교육과 인재양성에서 더욱 창의성을 강조하는 것입니다. 창조는 다양한 것, 이질적인 것들이 관계를 맺고 결합해야 가능합니다. 다양성이 창의성의 뿌리인 셈입니다. 결국 한 방향이 아닌 다양한 방향으로의 관심을 가진 사회 구성원들이 있어야 우리의 불확실한 미래를 책임질 수 있을 것입니다. 그렇기 때문에 아이들의 다양성은 축복이고 존중받아야 하고, 또 그 다양성을 꽃피우며 성장하도록 교육해야 합니다.

교육학자 김성애 교수님(대구대 유아특수교육과)은 통합교육 환경에서의 비장애 아동의 태도 변화와 관련된 연구에서 아이들이 학급에서 다양한 아이들과 함께 생활할 때 타인의 다양성과 이질성뿐만 아니라 자신의 다양성과 이질성까지도 받아들이게 되는 심리적인 변화를 경험한다고 하였습니다. 그리고 더 나아가 자기 내면을 더욱 발달시킬 수 있게 된다고 하였습니다. 반면 이질 집단에서 교육받지 못한 아이들은 결국 타인의 다름을 수용하지 못하고 이기주의적인 성향에 빠질 가능성이 매우 높으며 사회적 문제를 일으킬 수 있는 성인으로 자랄 수 있다고 지적하였습니다. 다양성의 이점을 살리지 못하고 동질성만을 강조하는 교육은 타인의 다름을 인정하며 자신을 발전시킬 기회를 박탈하는 죽은 교육이 될 수 있습니다. 즉 다양성을 수용할 수 있을 때 아이들은 상호교류를 통한 변화와 발전이 가능합니다. 우리 아이들에게 다양성의 축복을 누릴 수 있게 해야 하지 않을까요?

신경다양성 교실을
만들기까지

나는 우리 반 아이들에게 내가 왜 교사가 되었는지 아느냐고 물어본 적이 있습니다. 그러면 우리 반 아이들은 '아이들을 좋아하니까요.'라거나 '안정적인 직업이니까요.'라거나 '부모님이 시켜서요.' 등의 답을 했습니다. 그런데 나는 이런 이유로 교사가 된 것이 아닙니다.

내가 선생님이 되기로 결심한 것은 아주 어렸던 일곱 살 때였습니다. 그때 잊지 못할 좋은 선생님을 만나서일까요? 아닙니다. 그 반대입니다. 나는 1981년에 국민학교 1학년이 되었습니다. 초등학교라는 명칭이 1994년부터 사용되었으니까 당시는 국민학교였습니다. 4월생임에도 우리 부모님이 나의 생일을 주민등록에 음력으로 올리는 바람에 2월생이 되어 일곱 살에 학교에 들어갈 수 있었습니다. 나는 유치원도 다닌 적이 없습니다. 당시에는 부유한 집 아이들이나 유치원에 다녔습니다. 입학할 때 나는 한글도 떼지 못했습니다. 교육을 전혀 받아본 적 없는 일곱 살에게 학교는 무척이나 거대하고 두려운 곳이었습니다. 한 반에 60명이 넘는 아이들이 있었고 오전반과 오후반으로 나누어 다녔던 기억도 있습니다. 3월의 학교는 얼마나 추웠는지 모릅니다. 교실 가운데에 조개탄을 때는 난로 하나가 난방의 전부였습니다. 그것으로는 고작 난로 옆에 앉아 있는 아이들만 따뜻할 뿐이어서 키가 컸던 나는 자리가 교실 뒷문 앞이어서 너무너무 추웠습니다. 이가 부딪쳐 딱딱 소리가 날 만큼 덜덜 떨렸습니다. 추워서 떨렸는지 두려워서 떨렸는지 아무튼 하교할 때까지 떨렸습니다. 가끔 학교에서 교실을 찾지 못해 길을 잃기도 하였습니다. 나는 어리숙하고 미숙했던 초등학교 1학년이었습니다. 교사인 지금도 가끔 그 교실에서 덜덜 떨고 있는 꿈을 꿉니다. 그때의 기억이 꽤 깊이 각인이 되어버린 모양입니다.

60명이나 되는 아이들이 한 교실에 있다 보니 책상이 빽빽하게 놓여 있었습니다. 선생님이 책상 사이로 교실 여기저기를 돌아보기도 어려울 만큼 비좁았습니다. 그래서인지 담임선생님은 교탁 앞에서만 수업을 하실 뿐 내 자리까지 오신 적이 한 번도 없었습니다. 나의 첫 선생님은 교탁 바로 앞에 앉은 우리 반에서 제일 예쁘고 똘똘하고 늘 공주 옷을 입고 오는 부잣집 여학생을 제일 예뻐하였습니다. 선생님은 하교지도를 할 때면 그 여학생을 번쩍 들어 올려 안아주었습니다. 그 모습이 지금도 생생하게 기억납니다. 선생님의 이름도 다른 친구들의 이름도 기억이 안 나지만 그 여학생의 이름은 기억이 납니다. 무척 부러웠던 모양입니다. 우리 선생님은 1년 동안 단 한 번도 내 이름을 불러 준 적이 없었습니다. 아마도 내 이름도 나의 존재조차도 몰랐던 것 같습니다. 그 어떤 관심도 없었나 봅니다. 나는 학교라는 곳이 다 이런 줄 알았습니다. 예쁘고 똘똘하고 부유한 집 아이들이 아니면 선생님에게 이름을 불릴 수 없고 관심을 받을 수도 없다는…. 당시 나는 학교가 너무나 실망스러웠습니다. 그렇게 어렸던 일곱 살에 나는 작은 결심을 하였습니다. 내가 선생님이 되면 나는 우리 반의 맨 뒤에 있는 아이들에게도 이름을 불러 주고 눈을 맞춰 줄 것이라고.

그때의 생각이 씨앗이 되어 나는 어느덧 교사가 되었습니다. 평범한 교사였지만 나의 첫 선생님보다는 더 나은 교사가 되고자 노력하며 살아왔습니다. 그런데 나의 평범한 삶이 한순간에 깨져버린 일이 생겼습니다. 우리 둘째 아이가 희귀 난치질환을 가지고 태어난 것입니다. 또 그로 인한 뇌 손상으로 발달장애를 가지게 된 것입니다. 하늘이 무너져 내리는 것 같았습니다. 가만히 있어도 수도꼭지를 튼 마냥 눈물이 흘렀습니다. 매일 하늘을 올려다보며 왜 나냐고 왜 우리 아이냐고 원통해 했습니다. 감당할 수 없는 아픔과 슬픔에 세상을 등지고 싶은 마음이 자꾸만 들었습니다. 두 아이를 키워야 하는데 자꾸만 죽고 싶은 마음이 들었습니다. 내가 살아야 이 아이들을 키우는데 나도 모르게 그런 생각에 빠져들었습니다. 당시 고층 아파트에 살았는데 베란다 창문 앞에 가지 못했습니다. 거기서 두 아이를 두고 내가 뛰어내릴 것만 같아 너무나 무서웠습니다. 지금도 고층 아파트가 무섭습니다. 나는 겨우겨우 마음을 붙들고 두 아이를 위해 살아내야 했습니다.

다행히 나는 우리 아이와 같은 희귀 난치질환 아이들을 치료해 주시는 의사 선생님을 만나고 나서 많은 안정을 찾을 수 있었습니다. 희귀 질환인 탓에 전문가도 많지 않은데 우리나라 유전학 분야의 최고 권위자 가운데 한 분인 김숙자 선생님을 만나게 된 것입니다. 원장님은 청주에서 오랫동안 병원을 운영하고 있는데, 청주가 우리나라의 중간지점이라 전국의 환자들이 오기에 적당하여 그곳에 자리잡게 되었다고 하였습니다. 전국의 많은 희귀 난치질환 환자들은 김숙자 선생님 덕분에 생명을 구할 수 있었습니다. 우리 아이도 김숙자 선생님 덕분에 살아갈 수 있게 되었습니다. 나는 서울에서 살다가 아이가 다섯 살이 되었을 때 의사 선생님이 계신 청주로 이사를 갔습니다. 청주에서 6년을 살면서 아이에게 어느 정도 면역이 생기고 자주 입원하지 않게 되어 다시 서울로 올 수 있었습니다. 김숙자 선생님은 나이 70을 넘긴 지금도 365일 병원을 지키고 계십니다. 응급환자라도 오면 밤을 새고 다시 또 낮에 환자들을 돌봅니다. 내가 선생님을 처음 만났을 때 언제든 연락하라며 핸드폰 번호를 적어주셨습니다. 밤이고 낮이고 상관없으니 급할 때 전화하라고 하시며 외국 학회에 참석하러 비행기를 탈 때를 제외하고는 다 받으니 언제든 전화해도 괜찮다고 하셨습니다. 이 세상에 그런 분이 또 어디 있을까요? 우리 아이와 같은 희귀 질환을 가진 아이의 부모들에게 김숙자 원장님은 삶의 빛이었습니다. 그분의 희생과 헌신이 없었다면 우리나라의 희귀 난치질환 환자들은 아마 막막한 삶을 살아야 했을지도 모릅니다. 나에게 그분은 살아있는 장기려 박사님이며 한국의 슈바이처 박사님이었습니다. 그런 원장님을 보며 나도 원장님과 같은 삶을 살아야겠다고 결심했습니다. 왠지 그래야 할 것 같았습니다. 내가 그런 큰 은혜를 입었는데 예전의 나로, 나만을 위한 삶을 살면 안 될 것 같았습니다. 막연했지만 내심 굳건한 결심이었습니다.

둘째 아이가 청주에서 장애전담 어린이집을 다니고 있었을 때의 일입니다. 육아·간병 휴직 기간이 끝나가고 아이를 키우기 위해서는 사직을 해야겠다고 고심하던 나에게 유치원 원장님이 특수교육을 공부해 보는 것이 어떻겠느냐고 권유하였습니다. 나는 갑자기 전율이 일고 가슴이 떨렸습니다. 막연했던 결심에서 분명한 방향과 목표를 찾은 느낌이었습니다. 어쩌면 이 길이 김숙자 원장님과 같은 삶을 살아갈 수 있는 길일 수 있겠다는 생각이 자꾸만 들었습니다. 나는 전에 없던 용기와 에너지가 생겼고 특수교육과 대학원 박사과정에 입학하게 되었습니다. 그리고 그때 나는 앞으로 남은 교직 생활은 우리 아이와 같은 아이들을 위해 살아가겠다고 결심하였습니다.

나이 마흔에 새로 시작한 공부에 나는 너무나 가슴이 설렜습니다. 전공 서적을 볼 때도 논문을 읽을 때도 눈물이 났습니다. 마음으로 와닿는 공부를 처음으로 경험하게 되었습니다. 그러다 보니 스무 살 이후로 영어 공부를 거의 한 적이 없었는데도 영어 원서를 읽을 수 있게 되고 시간 가는 줄 모르게 공부하였습니다. 앞으로 내가 만날 특별한 아이들에게 해줄 수 있는 교육방법들을 배우게 되어 기뻤습니다. 이 길을 앞서 간 수많은 특수교사와 특수교육 연구자, 학자들이 고마웠습니다. 특수교육에서는 일반교육과는 달리 개별화 교육방법들과 임상방법들을 집중적으로 배웁니다. 한 명 한 명의 다양한 아이들에게 맞춘 개별화 교육방법들을 보면서 무릎을 '탁' 쳤습니다. '바로 이거야. 일반교육이 놓치고 있는 것!' 나는 일반교육에 개별화 교육을 꼭 적용해보고 싶었습니다. 일반교육은 집단을 대상으로 하기 때문에 특수교육만큼 한 명 한 명을 깊이 있게 들여다보지 못합니다. 못한 게 아니라 안 했던 것 같습니다. 사실 나도 그랬습니다. 하지만 이제는 할 수 있을 것 같았습니다. 일반교육에 여러 가지 특수교육적 방법들을 적용해 한 명도 놓치지 않는 통합교육을 실천해보고 싶은 열정이 가득 생겼습니다.

　나는 무려 8년 만에 복직하게 되었는데 둘째 아이가 다니고 있는 청주의 시골 학교에 교환교사로 돌아올 수 있었습니다. 전교생 50여 명의 그림같이 아름다운 시골 학교에는 일곱 명의 장애학생이 통합교육을 받고 있었고 모든 학급이 통합학급이었습니다. 나는 이곳에서 통합교육을 실천하며 통합교육 연구를 하였습니다. 내 인생에 다시 있기 어려운 시골 학교에서의 삶은 내 평생 가장 따뜻했던 기억으로 남을 것입니다. 2년 동안의 교환교사 생활을 마치고 다시 서울로 복귀하게 되었습니다. 발령 받은 서울의 학교는 전교생 1600여 명으로 어마어마하게 큰 학교였습니다. 전교생 50명의 초미니 학교에서 전교생 1600여 명의 거대학교로 옮기게 된 것입니다. 학교가 크고 학생 수도 많다 보니 학급당 학생 수가 30명에 육박합니다. 교육열도 높고 인구밀

집지역이라 학생들도 많은 학교에서 과연 내가 통합교육을 잘 해낼 수 있을까 걱정이 되었습니다.

우리 반 아이들은 다들 예쁘고 잘생겼으며 똑똑하고 건강한 발달을 하고 있는 것으로 보였습니다. 전교에 특수교육대상자가 7명 있었는데 대부분 경도장애(장애의 정도가 크지 않은) 아이들이었습니다. 이 학교로 발령받은 첫해에 우리 반에는 특수교육대상학생이 없었습니다. 시골 학교에서와 같은 통합교육 연구를 할 수 없을 것 같아 아쉬웠습니다. 그런데 학급을 맡아 보니 통합교육은 우리 교사들이 퇴직할 때까지 실천해야 하는 숙명이라는 것을 깨닫게 되었습니다. 특수교육대상자로 선정되지는 않았지만 개별적 관심과 지원이 필요한 아이들이 한 반에 20~30%는 되었습니다. ADHD가 있는 아이, 경계선 지능의 아이, 정서행동문제를 가지고 있는 아이, 학습부진 아이, 말더듬이나 틱이 있는 아이 등등… 이런 아이들이 각 반마다 있었습니다. 이제 통합교육은 특수교육대상자만을 위한 교육이 되어서는 온전하게 될 수 없다는 것을 알게 되었습니다. 특수교육대상자뿐만 아니라 이러한 특별한 요구를 가진 아이들이 어느 교실에나 존재하고 있으니까요.

〈장애인 등에 대한 특수교육법〉에서는 "통합교육은 특수교육대상자가 일반학교에서 장애유형·장애정도에 따라 차별을 받지 아니하고 또래와 함께 개개인의 교육적 요구에 적합한 교육을 받는 것"이라고 정의하고 있습니다. 법은 제도와 지원을 위한 근거와 방안을 만드는 것이라 예산·자원의 제약을 받을 수 밖에 없기 때문에 위 법에서는 통합교육의 대상을 특수교육대상학생으로 한정하고 있습니다. 그러나 현실에서는 통합교육의 대상을 특별한 배려가 필요한 모든 학생을 포함하는 교육으로 범위를 넓게 인식하고 있습니다. (이러한 방향으로 2022년 하반기 현재 특수교육법의 개정 논의가 진행되고 있습니다.) 〈2015 개정 교육과정〉에서는 교육과정 편성·운영방침으로 모든 학생을 위한 교육 기회를 제공할 수 있어야 한다고 하였으며, 다양한 교육적 요구를 가진 학생들에게 필요한 지원을 제공하는 것을 교육과정 운영의 중요한 책무로 규정하고 있습니다. 학습부진 학생, 장애를 가진 학생, 특정 분야에서 탁월한 재능을 보이는 학생, 귀국 학생, 다문화 가정 학생 등이 모두 학교에서 충실한 학습 경험을 누릴 수 있도록 필요한 지원을 해야 한다고 명시하고 있습니다. 앞서 살폈던 유네스코의 보고서처럼 전 세계의 교육과 미래교육의 흐름은 모든 다양한 학생을 통합·포용하는 방향으로 가고 있습니다.

나는 교실의 모든 다양한 학생들을 위한 통합교육, '온전한' 통합교육을 실천해보고 싶었습니다. 그렇게 몰두하던 때에 토머스 암스트롱(Thomas Armstrong)의《증상이 아니라 독특함입니다》를 읽게 되었고 '신경다양성'이라는 개념을 접하게 되었습니다. 그 책에는 내가 꿈꾸던 교실의 모습이 그려져 있었습니다. 나는 곧바로 신경다양성 교실 연구자이자 실천가가 되기로 결심하였습니다. 신경다양성 교실이 통합교육의 새로운 청사진을 제시해 줄 것으로 확신이 들었습니다. 신경다양성 교실에서 내가 일곱 살 때 그토록 바라던 모든 아이들과 따뜻하게 눈을 맞출 수 있는 선생님이 될 수 있을 것 같았습니다. 신경다양성 교실이라면 내 아이와 같은 아이들도 행복하게 살아갈 수 있을 것 같았습니다.

2장

신경다양성 교실이란?

신경다양성이란?

우리는 다양성을 가진 아이들을 어떻게 바라보아야 할까요?

만약 아이가 정서·행동·발달 등의 차이나 특별함이 도드라 진다면 보통은 정상범주에서 벗어난 특별한 결함을 지닌 것으 로 볼 것이고, 부모들은 병원을 찾게 될 것입니다. 의사는 DSM-5(정신장애 진단통계편람; 미국정신의학협회에서 발행하고 분류 및 진 단 절차를 담은 매뉴얼로 현재 사용하는 제5판)의 기준에 따라 아이 의 결함, 결핍, 기능 장애 정도를 검사하고 진단하여 장애 진단 명을 부여하게 됩니다. 이후에는 부여된 장애 진단명에 따라 각 종 치료(약물치료, 언어치료, 인지치료, 감각통합치료, 놀이치료, 미술치 료, 음악치료 등)를 시작하게 됩니다. 장애등급을 부여받으면 여러 가지 사회복지 혜택을 받게 됩니다. 진단이 이루어지는 여기까지의 과정은 병원에서 이루어집니다. 이 과정에서 많은 부모들은 자녀의 장애를 받아들이기까지 엄청난 스트레스를 받게 됩니다. 심리학자이자 특수교육지원센터에서 오랜 시간 학부모 상담을 해온 부경희 선생님은《특수교사 교육을 말하다》에서 부모가 겪은 자녀의 장애 진단과정을 '폭력적인 시간들'이라고 표현하였습니다. 부경희 선생님은 학부모 상담 과정에서 부모들이 폭력적인 시간을 겪으며 받았던 상처가 고스란히 나타나는 모습을 자주 마주하였다고 하였습니다. 나 또한 같은 과정을 거쳐 왔기에 많은 공감이 되었습니다. 장애 진단과정이 폭력적인 시간이 될 수밖에 없는 이유는 의료적 관점으로만 아이의 다름을 바라보게 하고 판단하도록 하기 때문입니다. 자녀의 다름에 대해 온갖 결함, 결핍, 기능 장애에 관한 내용들로 빼곡한 설문지에 끊임없이 체크해야 하고, 아이의 미래에 대해서도 의사로부터 온전히 암울한 예측만을 들어야 했습니다. 의료적 관점은 장애를 둘러싼 사회적 맥락을 고려하지 않고 장애의 신체적·정신적 결함으로 인한 기능적 제약에만 초점을 둡니다. 이는 장애를 개인이 극복하거나 치료, 관리해야 하는 결함으로 바라보는 관점이라고 할 수 있습니다. 그러나 이러한 의료적 관점은 장애 진단을 위한 관점일 뿐이기에 그렇게 보는 것은 의사에게 맡기면 됩니다.

그렇다면 다름을 가진 아이들과 함께 생활하며 살아가는 우리는 이 아이들을 어떻게 바라보아야 할까요? 아이의 결함과 기능 장애를 근본적으로 없애는 것은 기적이 일어나지 않는 한 불가능에 가깝습니다. 그저 장애와 함께 살아가야 하는 것입니다. 진단과정을 통해 아이의 특성에 대해 알게 되었다면 아이의 앞을 가로막고 있는 장애물들을 하나씩 제거해주는 것에 관심을 두는 것이 보다 현실적인 대안이 될 수 있습니다. 이를 사회적 관점이라고 부릅니다. 의료적 관점에서는 장애가 있는 사람을 보호의 대상, 치료의 대상으로만 바라본다면 사회적 관점은 장애를 사회적 문제로 인식해 모두가 함께 대처해야 할 대상으로 바라봅니다. 의사가 아니라면 우리 모두가 기본적으로 가져야 할 관점입니다. 최근의 장애관련 정책들도 사회적 모델로 옮겨가고 있습니다. 과거에는 특정한 시설에 수용해 사회와 분리했다면 이제는 탈시설화가 주된 흐름이 되었습니다. 유니버설 디자인(Universal Design)의 개념이 등장한 것도 이러한 사회적 모델 덕분입니다. 장애인은 장애가 있을 뿐 사회와 격리되지 않고 더불어 살아가야 하는 존재라는 인식도 사회적 관점에 따른 것입니다.

그런데 나는 이 사회적 관점에서 한발 더 나아가 보려고 합니다. 다름을 바라보는 또 다른 관점으로서 신경다양성의 개념을 소개하려고 합니다. 신경다양성(Neurodiversity)이라는 말과 개념은 아스퍼거 증후군을 가진 아이의 부모인 주디 싱어(Judy Singer)가 만들고 1998년에 처음으로 대중매체에 소개되면서 확산되었다고 합니다. 국내에는 2018년에 스티브 실버만의《뉴로트라이브》(NeuroTribes), 2019년에 토머스 암스트롱의《증상이 아니라 독특함입니다》(The Power of Neurodiversity)가 번역 출판되면서 알려졌습니다.

토머스 암스트롱에 따르면 신경다양성이란 장애나 질환이 있는 사람을 병리학적으로만 보는 것이 아니라 그들의 차이를 우리가 누구나 가진 다양성으로 이해하고 그들의 강점, 재능에 집중하도록 하는 관점으로서, 다양한 특성을 가진 사람을 바라보는 새로운 패러다임이라고 하였습니다. 우리가 생물학적 다양성, 문화적·인종적 다양성을 당연하고 긍정적으로 받아들이는 것처럼 인간의 뇌신경학적 다양성도 긍정적으로 받아들이자는 것입니다. 뇌신경학적 다양성을 받아들이게 되면 인간의 두뇌 역량은 프리즘을 통과한 빛이 다양한 색깔로 이어져 펼쳐 나누어진 것처럼 하나의 연속선상에 놓이게 됩니다. 인간의 두뇌 역량을 정상과 비정상의 두 부류로 나누는 것이 아니라 하나의 스펙트럼 상에 놓을 수 있다는 것입니다. 사회성을 예로 든다면 연속선의 왼쪽 끝에는 자폐성향이 아주 매우 강한 사람이 있을 것이고 그 다음은 아스퍼거 증후군이 있는 사람, 그 다음은 자폐도 아스퍼거도 아니지만 공동체에 섞이기 싫어하는 사람이 있을 것입니다. 이런 성향의 사람은 어느 집단에나 존재합니다. 연속선상의 중간에는 일반적인 사회성을 가진 사람들이 있고, 오른쪽으로 이동하면 아주 사교적인 사람, 오른쪽 맨 끝에는 지나치게 사교적인 사람이 있을 것입니다. 이렇게 본다면 우리 교실에 있는 자폐성 장애가 있는 아이는 이질적인 사람들이 모인 집단 안에서 한 명의 정상적인 학생이라고 볼 수 있습니다. 장애가 있는 사람을 비정상으로 분류하지 않고 신경다양성을 가진 사람으로 간주한다는 것은 사람과 다양성을 이해하는 매우 혁신적인 관점이라고 할 수 있습니다.

신경다양성 관점에서는 장애 학생이나 특수교육대상학생들의 결핍과 무능력에 초점을 맞추기보다는 그들이 가진 강점과 특성을 고려하여 적절한 환경을 구축해 주는 것이 중요하다고 합니다. 토머스 암스트롱은 이것을 'Positive Niche Construction'이라고 하였는데《증상이 아니라 독특함입니다》에서는 '적소구축'이라고 하였습니다. 이것은 생물학적 용어로 유기체가 생존 가능성을 높이기 위해 자신의 주변 환경을 변화시키는 과정이라고 합니다. 예를 들어 비버가 댐을 짓거나 거미가 거미줄을 치는 것, 새가 둥지를 틀거나 토끼가 구멍을 파는 것인데 이렇듯 생존과 삶을 위한 적절한 환경을 구축하는 것은 동물들이 번성하기에 유리한 환경을 만들기 위해서입니다. 신경다양성을 가진 사람들에게 소위 '정상적인' 환경에 적응하도록 강요를 하는 것이 아니라 이처럼 그들의 독특한 뇌와 특성, 필요에 맞게 환경을 바꾸어 주는 것이 긍정적 환경구축(positive niche construction)이 될 수 있다는 것입니다. 예를 들어, ADHD가 있는 사람에게 최악의 환경은 자신의 산만함을 표출시키지 않게 노력하며 가만히 앉아서 일하는 사무직 환경일 것입니다. 반면 그들에게 맞는 긍정적 환경은 신체활동이 수반되는 일, 변화무쌍한 일, 외근이나 출장이 많은 일, 짧은 시간에 여러 가지 일을 할 수 있는 곳이 될 수 있습니다. 이 책에서는 적소구축이라는 단어 대신 '긍정적 환경구축'이라는 단어를 사용하고자 합니다. 이해하기 쉽고 교육적 의미를 살리는 단어로 변경하여 사용하는 것이 더욱 적절할 것으로 생각되기 때문입니다.

이러한 긍정적인 환경구축은 뇌의 가소성을 높이고 잠재력을 끌어 올릴 수 있다고 합니다. 이를 통해 개인이 가진 뇌의 긍정적인 면을 최대화하고 부정적인 면을 최소화해서 세상에 적응하고 잠재력을 최대한 발휘하도록 도울 수 있다고 합니다.

신경다양성의 개념은 특수교육학 관점에서의 장애 담론과는 상당히 다른 관점을 가지고 있기 때문에 가히 혁신적이라고 할 수 있습니다. 나는 이러한 신경다양성의 개념을 적용한 통합 교육 교실을 '신경다양성 교실'이라고 표현하고자 합니다. 그렇다면 신경다양성 교실이 우리 교육계의 장애 담론과 어떻게 차별화될 수 있는지 좀 더 살펴보도록 하겠습니다.

신경다양성 교실이
함축하고 있는 것

1. 강점중심적 접근

신경다양성 교실은 결함중심이 아닌 강점중심으로 접근합니다. 우리나라의 특수교육과 치료교육은 오랫동안 특별한 교육적 요구를 지닌 학생들의 결함과 약점에 초점을 맞추어 온 것이 사실입니다. 내가 특수교육과 대학원에 입학하여 처음 공부를 시작했을 때 DSM-5에 나열된 장애들의 수많은 결핍, 결함, 기능 장애에 대해 달달 외웠던 기억이 납니다. 그리고 그러한 결함을 최소화하기 위한 각종 교육방법들을 배웠습니다. 장애가 있는 학생의 특성을 파악하기 위해서 DSM-5의 내용을 알고 있는 것은 중요하고, 결함을 최소화하는 것도 장애 학생의 삶을 위해 지극히 중요한 일입니다. 하지만 그런 특성을 가진 학생에게서 발견할 수 있는 긍정적인 측면에 대한 정보는 그보다 훨씬 덜 중요하게 다루어졌습니다. 학생이 보이는 결함이 워낙 특별하고 그것을 없애야 하는 것이 중요해서 결함에 먼저 주목하다보니 그 학생에게 감추어져 있는 강점을 발견하지 못했고 또 그것을 발견하려고 많은 에너지를 쏟지도 않았습니다. 하지만 어떠한 장애와 다름이 있더라도 그 학생만의 강점은 반드시 존재합니다. 여기서 강점이란 타인과의 비교에서 나온 것이 아니라 개인이 가진 특성이나 능력 가운데 긍정적이고 뛰어난 것입니다. 우리는 이제 여기에 주목해야 할 때가 되었습니다.

나는 소속 교육청의 통합교육 컨설팅 위원으로 활동하고 있습니다. 통합교육에 어려움을 겪는 학교에서 종종 컨설팅 의뢰를 합니다. 컨설팅을 의뢰받아 나가게 되면 컨설팅팀에는 각 분야의 전문가들이 모두 모입니다. 교육청 장학사, Wee센터 팀장, 특수교육지원센터 팀장, 행동중재 전문가, 특수교사, 그리고 일반교사인 나까지 함께합니다. 얼마 전에 있었던 일입니다. 한 학교에서 5학년의 한 특수교육대상학생으로 인해 문제가 생겼다며 컨설팅을 의뢰하였습니다. 이 학생은 폭력적이고 공격적인 행동을 하여 학급에서 분리가 되었고, 통합교육을 받지 못하고 있는 상황이었습니다. 그 학교 특수교사는 문제가 생긴 때의 상황과 그 학생의 특성에 대하여 장황하게 설명하였습니다. 이 학생은 자기의 마음에 들지 않으면 친구들에게 매우 폭력적이고 공격적으로 행동하기도 했는데, 학급 친구들이 모두 피신을 한 일이 있었다고 합니다. 공익근무요원이 그 자리에 함께 있었는데 그 학생이 전혀 지시에 따르지 않아 힘으로 제압하여 교실을 나오게 할 수밖에 없었다고 하였습니다. 그 일로 인해 정서행동장애로 특수교육대상자로 선정되고, 현재는 특수학급에서 전일제 수업을 받고 있다고 하였습니다. 그 학생의 부모님도 이제는 무기력해져 더 이상 아이의 문제 행동에 대해 듣고 싶어 하지 않는다고 하였습니다. 어릴 때부터 놀이치료와 상담치료를 하고 약물을 복용하고 있지만 좀처럼 나아지지 않고 있다고 하였습니다. 해당 통합학급 선생님은 그 학생이 위험한 학생이라 통합학급에 들어오지 않았으면 좋겠다는 말만 하고는 육아시간이 되었다며 그 자리에서 나가버렸습니다. 특수교사의 설명과 통합학급 교사의 이야기가 끝나고 컨설팅 위원들이 그 학교 교감 선생님과 특수교사에게 질문을 시작했습니다. 그 학생이 언제부터 그런 행동을 하게 되었는지, 왜 그런 행동을 하는지, 위기학생을 위한 어떤 매뉴얼이 있는지, 어떤 치료와 지원을 받기를 원하는지 등등.

　그 많은 이야기들을 듣고 있는 동안 나는 가슴이 무척 답답했습니다. 얼굴도 한 번 본 적 없는 아이가 한순간 괴물로 변한 느낌이었습니다. 아이에 대한 부정적인 이야기들만 1시간 넘게 끊임없이 듣고 있었더니 그곳의 암울한 분위기가 나를 압도해 버리는 것 같았습니다. 이제 내가 질문을 할 차례가 되었습니다. 나는 이 학생이 5학년이 되어서야 특수교육대상자로 지정되었다는 사실을 보고 4학년 때까지는 잘 지냈는지, 또 학습을 어느 정도 따라갈 수 있는 아이라고 예상이 되어 인지능력이 어떠한지도 물었습니다. 4학년 때도 이 학생은 눈에 띄는 학생이었지만 5학년 때만큼의 특별한 사건은 없었다고 하였습니다. 학습 수준은 학습부진이 있고 또래들에 비해 1년 정도 늦은 것 같다고 하였습니다. 이번에는 이 학생이 잘하는 것은 무엇이냐고 물었습니다. 특수학급에서는 학생의 심리도 잘 살펴주고, 한 가지 활동을 하고 나서는 쉴 시간도 충분히 주고 해서 학습활동을 잘 따라 온다고 하였습니다. 내가 보기에 이 학생은 충분히 통합교육이 가능한 학생이었습니다. 특수교육대상학생 중에 이 정도의 인지 능력을 가지고 있는 학생이라면 고기능 학생입니다. 충분히 배우고 익히고 관계도 맺을 능력이 있는 학생인데 아마도 통합학급에서 따뜻하게 받아들여지는 경험을 하지 못해 이런 지경에까지 이르게 된 것이라는 판단이 들었습니다. 나는 이 학생이 인지능력이 좋은 학생이니 무한한 가능성이 있는 학생이라고 말하고, 4학년 때까지 분리가 되지 않을 정도였으면 아마도 잘 지냈던 아이였을 것이라고 하였습니다. 내가 이렇게 문제에서 가능성으로 화제를 전환하자 컨설팅 위원들은 이 학생의 강점에 초점을 맞추기 시작하였습니다. 어떤 약물을 복용하고 어떤 병원에서 어떤 치료를 받을지에 대한 논의에서 순식간에 어떻게 통합이 가능할지에 대한 논의로 바뀌었습니다. 컨설팅 회의 결과 현재의 통합학급 선생님은 이 학생에 대한 마음이 이미 떠난 것으로 보이니 내년에 통합학급 선생님을 잘 만날 수 있도록 학교에서 적극적인 지원과 준비를 해 달라고 요청하며 회의가 마무리되었습니다.

결함이 아닌 강점에 집중하면 아이의 새로운 면이 보이게 됩니다. 그리고 학생에 대한 기대를 높이게 됩니다. 높은 기대는 높은 성취로 이어진다는 것은 모두 다 알고 있고 경험도 있을 것입니다. 피그말리온 효과라고도 하는데 그 효과에 대한 실험은 아주 유명합니다. 학급에서 무작위로 20%의 학생들을 선정하고 이 학생들이 그 학교에서 가장 높은 지능을 가진 똑똑한 아이들이라고 소개한 후 교사들로 하여금 수업을 하게 했다고 합니다. 시간이 흐르고 이 학생들은 정말로 그 학교에서 최상위권 학생들이 되었다고 합니다. 강점에 집중을 하게 되면 학생이 성장할 수 있고 교사도 행복해집니다. 반면에 아이의 결함만을 보게 되면 교사는 좌절하게 되고 무기력해집니다. 교사의 낮은 기대와 부정적 인식이 학생의 낮은 성취로 이어지는 악순환으로 빠지게 합니다. 하지만 아이의 강점을 보게 되면 아이에게 해줄 수 있는 것이 많이 생각납니다. 여러 가지 시도를 해 볼 수 있고 그러는 과정에서 강점이 커지고 두드러지면 아이의 결함이 상쇄될 수도 있습니다. 물론 결함을 보완하는 것도 아주 중요한 교육입니다. 하지만 이제는 결함을 이해하는 것과 함께 강점도 주목할 수 있는 눈을 가져야 하며 그것은 신경다양성 교실에서 길러 나갈 수 있습니다.

2. 다중지능적 접근

얼마 전 출간되어 베스트셀러가 된 토드 로즈(Todd Rose)의 《평균의 종말》이라는 책은 아주 흥미롭습니다. 그 책의 서문에는 재미있는 이야기가 하나 나오는데 바로 미국 공군 전투기 조종사들에 관한 것입니다. 정리해 보면 이렇습니다.

1950년대에 미국 공군에서 전투기가 자주 추락하는 사고가 있었습니다. 그 원인을 알기 위해 기체분석을 했으나 결함이 없었고, 오작동도 하지 않았습니다. 그래서 조종사의 조종술에 문제가 있다고 생각하여 조사를 하였으나 조종사 자신들도 조종술의 문제가 아니라고 확신했습니다. 아무런 해답을 찾지 못하다가 조종석의 설계로 관심의 초점이 옮겨졌습니다. 이 조종석은 1920년대 조종사들의 신체 치수 평균을 표준으로 하여 설계되어 만들어졌습니다. 그로부터 30년이 지났으니 조종사들의 신체가 더 많이 커졌을 것이기에 체격에 안 맞는 조종석의 문제로 이러한 사고가 일어난 것이라고 잠정 결론을 지었습니다. 결국 4000여 명 조종사들의 신체 치수를 다시 측정하여 평균적인 표준을 찾는 대규모 조사가 이루어졌습니다. 약 140가지 항목을 측정하여 평균치수를 산출하였습니다. 이렇게 하면 비행기 추락사고가 획기적으로 줄어들 것이라고 여겼습니다. 이 대규모 조사연구의 연구원 중 한 사람인 대니얼이라는 사람은 과연 평균치에 해당되는 조종사들이 얼마나 될지 궁금해졌습니다. 여러 가지 신체 치수 중 키, 가슴둘레, 팔 길이, 엉덩이 둘레, 다리 길이, 머리둘레 등 중요한 10가지만 선정하여 이 평균값에 해당하는 사람이 몇이나 있는지 찾아보았습니다. 그러나 결과는 0명이었습니다. 4000명 중 10가지 항목의 평균치에 딱 맞는 사람은 단 한 명도 없었습니다. 너무나 황당하여 10개 항목 중 다시 3개 항목만 추려서 이것의 평균에 드는 조종사를 찾아보았지만 전체의 3.5%도 안 되었습니다. 결국 이 조사의 결론은 평균적인 조종사에게 맞는 조종석을 설계해봐야 어느 누구에게도 맞지 않는 조종석이 될 것이라는 것이었습니다. 그럼 더 이상의 추락사고가 나지 않으려면 어떻게 해야 할까요? 평균치보다는 개개인에 맞추어야 한다는 것입니다. 즉, 조종사 개개인에게 맞춰서 조종석을 설계해야 한다는 것입니다. 하지만 그것은 비용이 너무나 많이 들어서 불가능했습니다. 그러면 많은 비용을 들이지 않고 개개인에게 맞는 조종석은 어떻게 만들어야 할까요? 엔지니어들이 머리를 모아 만든 것이 바로 조절 가능한 시트, 조절 가능한 가속페달, 조절 가능한 헬멧 조임 끈, 조절 가능한 비행복이었습니다. 이후 미국 공군은 세계 최강이 되었습니다. 평균치를 중심으로 표준화한 것이 아니라 장비를 개개인의 다양한 체격에 맞추도록 하는 파격적인 변화를 받아들였기에 이런 발전이 가능했습니다.

토드 로즈는 인간의 체격을 옆의 그림과 같이 9가지 항목으로 나누어서 모두 평균을 내어 각각의 사람들에게 대입해 보았습니다. 아홉 가지 항목은 키, 체중, 어깨너비, 팔 길이, 가슴둘레, 몸통 둘레, 허리둘레, 엉덩이둘레, 다리 길이로 위에서 인용한 조종사의 대규모 신체측정조사 사업에서의 주된 항목과 같습니다. 그런데 1950년대의 신체조사 사업과 마찬가지로 이 모든 항목에 평균인 사람은 찾아볼 수 없었습니다. 왜냐하면 인간은 다차

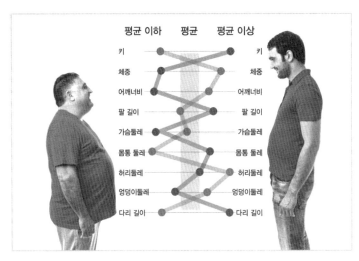

▶ 체격의 들쭉날쭉한 측면들　　　　출처: 토드 로즈, 《평균의 종말》, 21세기북스, 2018

원적이기 때문인데 토드 로즈는 이를 '들쭉날쭉의 원리'라고 하였습니다. 이것은 인간의 체격뿐만이 아닙니다.

　지능도 마찬가지였습니다. 웩슬러 지능검사의 하위영역은 10가지 영역으로 되어 있습니다. 공통점 찾기, 어휘력, 지식, 블록 짜기, 행렬 추리, 퍼즐, 숫자 암기, 수학, 상징 기호 찾기, 부호화 능력의 10가지입니다. 토드 로즈는 다음의 그림과 같이 똑같은 나이에 아이큐도 103으로 똑같은 그야말로 평균치 지능을 가진 여성 2명의 지능 하위영역을 비교해 보았습니다. 그런데 비교 결과 각 하위영역의 점수는 들쭉날쭉하였습니다. 평균만 같을 뿐이었습니다. 이 두 여성의 능력이 똑같다고 판단할 수

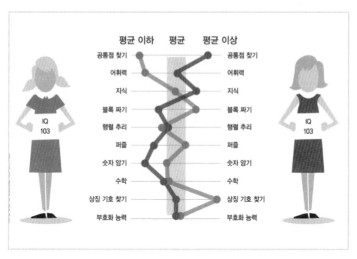

	평균 이하	평균	평균 이상	
	공통점 찾기			공통점 찾기
	어휘력			어휘력
	지식			지식
	블록 짜기			블록 짜기
	행렬 추리			행렬 추리
	퍼즐			퍼즐
	숫자 암기			숫자 암기
	수학			수학
	상징 기호 찾기			상징 기호 찾기
	부호화 능력			부호화 능력

▶ 지능의 들쭉날쭉한 측면들   출처: 토드 로즈, 《평균의 종말》, 21세기북스, 2018

있을까요? 없을 것입니다. 왜냐하면 두 여성 각자의 강점과 약점이 확연히 다르기 때문입니다. 지능, 재능, 성격, 창의성 등 인간의 거의 모든 특성들이 다 들쭉날쭉함을 알 수 있습니다.

지능점수의 평균만으로 한 사람의 능력을 알아내는 것은 어렵습니다. 하지만 우리는 이러한 평균에 길들여져 있습니다. 평균으로 사람을 판단하는 것은 아주 쉽기 때문입니다. 누가 평균 이하인가? 누가 평균인가? 누가 평균 이상인가? 평균을 기준으로 사람을 분류하고 평균으로 사람을 판단하면서 살아왔습니다. 그리고 또한 늘 평균 이상이 되어야 한다고 강요받는 문화에서 살아왔습니다. 나의 큰 아이는 어릴 적부터 감수성이 풍부한 문학 소녀였습니다. 책읽기를 좋아하고 글쓰기도 좋아하였습니다. 이 아이가 자신의 꿈을 잘 키우며 성장하길 바랐습니다. 그런데 아이가 고등학교에 들어가고 많이 힘들어했습니다. 수학이 너무나 어려웠던 것입니다. 수학시간에 이해가 잘 되지 않는다고 괴로워하였습니다. 수학점수가 잘 나오지 않으면 내신성적 평균을 내었을 때 점수가 낮아져 원하는 대학에 들어가기가 어렵습니다. 때문에 수학을 잘해야만 했지만 아이에게 수학은 너무나 어려운 과목이었습니다. 평균으로 등급을 매기고 평균으로 아이들을 줄 세우는 교육현실 때문에 아이의 문학적 재능이 빛을 보지 못하는 것 같아 안타깝고 화도 났습니다. 내가 학교에 다닐 때나 딸아이가 학교에 다닐 때나 평균으로 아이들을 평가하고 서열화하며 아이의 강점을 고려하지 않는 모습은 그다지 바뀌지 않았습니다.

아이는 수학 상처를 딛고 우여곡절 끝에 대학교 국문과에 입학하게 되었습니다. 그런데 대학생이 된 딸아이는 또 한번 평균의 함정에 빠지고 말았습니다. 국문과 졸업생의 평균 취업률보다 경영학과 졸업생의 취업률이 더 높기 때문에 자기는 다시 경영학과로 가야겠다고 하였습니다. 원하는 국문과에 가서 행복하게 잘 지낼 줄 알았는데 취업률 때문에 싫어하는 숫자와 씨름해야 하는 경영학과를 가겠다고 하니 어이가 없었습니다. 아이는 국문과에서 1등을 하면 경영학과로의 전과(轉科) 기회가 주어진다며 국문과를 버리기 위해 국문과 공부를 열심히 했습니다. 아무리 생각해도 너무나 아이러니한 상황에 놓이게 된 것입니다. 성인이 된 자녀의 진로를 부모가 이래라저래라 할 수도 없는 노릇이라 내버려두었습니다. 아이는 그 학기에 정말로 1등을 하였고 전과 기회가 주어졌다고 좋아하였습니다. 그런데 얼마 후 아이가 자신이 제출한 과제에 대해 교수님이 피드백을 보내주었다며 보여주었습니다. 교수님은 이 글이 정말 스무 살 학생이 쓴 글이 맞냐고 하며 오랫동안 학생들을 가르쳐 왔지만 이런 글은 처음 본다며 깊이 있는 글을 잘 썼다고 극찬해주었습니다. 그 후로 아이는 전과를 하지 않기로 했습니다. 그리고 더 이상 흔들리지도 않기로 하였습니다. 어떠한 평균의 유혹이 생기더라도 자신이 잘하는 것, 자신이 하고 싶은 것을 하면서 살아가기로 했습니다.

평균점수가 사람의 능력을 제대로 측정할 수 없고, 또 사람의 지능이 여러 측면에서 들쭉날쭉하다면 우리는 지능에 대한 다른 관점과 태도가 필요합니다. 이에 대한 중요한 접근이 바로 하워드 가드너의 다중지능입니다. 가드너는 인간의 지능이 한 가지가 아니라 8가지 유형으로 구성되어 있다고 주장하였습니다. 언어지능, 논리수학지능, 공간지능. 신체운동지능, 음악지능,

대인관계지능, 자기성찰지능, 자연탐구지능에 최근에는 실존지능을 포함하여 9가지로 분류하기도 합니다. 가드너는 이 8가지 지능이 각각 독립적으로 존재하는 지능이라고 하였습니다. 즉, 언어지능이 높다고 해서 논리수학지능이 높은 것도 아니며, 논리수학지능이 낮다고 해서 신체운동지능도 낮다고 판단할 수 없다는 것입니다. 즉, 각각의 지능은 독립적으로 존재하고 다른 지능의 영향을 전적으로 받는 것은 아니라는 것입니다. 신경다양성 교실은 다중지능이론과 궤를 같이 하고 있습니다. 지적 장애를 가진 아이들 중에는 언어지능과 논리수학지능이 낮지만 대인관계지능과 신체운동지능이 높은 아이들이 있습니다. 아이들이 장애가 있다는 이유로 모든 면에서 무능력하다고 말할 수 없는 이유입니다. 신경다양성 교실은 누구든 자기만의 강점을 나타내는 지능영역이 반드시 존재하므로 그 영역을 찾아내고 발전시킬 수 있도록 다중지능적 접근을 합니다.

3. 통합교육을 지향

장애 학생이나 특수교육대상학생의 결함에만 초점을 맞출 경우 그 결함으로 인해 정상적인 사회생활이 어려우므로 분리된 환경에서 그것을 집중적으로 교정한 후 일반 학생들과의 통합을 시도하는 것이 바람직하다고 주장할 수 있습니다. 이럴 경우 이 학생은 교정해야 할 결함 때문에 통합의 기회를 가져보지도 못하고 분리가 되어버립니다. 하지만 신경다양성 교실은 결함보다 강점에 초점을 맞추다보니 이 학생들도 통합학급에서 나름대로 기여하는 학생이 될 수 있다고 봅니다. 그들이 가진 강점과 긍정적인 자질, 재능으로 학급에 이바지할 수 있으며 다른 친구들과 함께 성장할 수 있는 것입니다. 어디에 초점을 맞추느냐에 따라 다양성을 가진 학생의 삶이 바뀔 수 있는 중요한 대목입니다. 그렇다고 무조건 분리교육이 나쁘다는 것은 아닙니다. 특수교육대상학생들 중에는 분리교육이 반드시 필요한 학생들이 있습니다. 또 통합교육 환경이 좋다고 해서 모든 시간을 통합교육 환경에서만 지낼 필요는 없습니다. 아이가 통합학급에서 너무 어려워하는 과목의 경우는 분리하여 특수선생님과 1대 1로 수준에 맞는 공부를 하는 것이 훨씬 더 효과적입니다. 이는 특수교육대상학생들에게도 개별화된 맞춤 교육을 받을 수 있는 참으로 소중한 기회입니다. 또 자극과 긴장을 더는 시간이기도 합니다. 우리 아이도 그러하였습니다. 우리 아이는 통합교육 환경에서는 아무래도 많이 긴장해야 했기에 특수반에서의 수업은 편안하게 한 템포 쉬어갈 수 있는 오아시스 같은 곳이었습니다. 그래서 분리교육은 필요합니다. 하지만 이 분리교육은 최소한이어야 합니다. 통합교육의 가장 기본적인 원리는 '최소제한 환경에의 배치'이기 때문입니다. 이는 꼭 필요한 최소한의 분리만 하고 나머지 시간들은 통합교육 환경에 놓여져 있을 때 다른 학생들과 함께 성장할 수 있다는 원리이자 원칙입니다. 통합교육은 모든 것이 완벽하게 준비된 학생들만 하는 것이 아닙니다. 결함이 없는 아이들만을 대상으로 하는 것이 아닙니다. 모든 아이들은 모두 다 불완전합니다. 누구나 강점이 있으면 약점도 있습니다. 이렇게 모두가 불완전하고 강·약점이 있는 아이들이지만 함께 지내는 통합교육 환경에서 충분히 성장해 나갈 수 있습니다.

우리가 아는 위대한 인물이나 유명인 가운데는 신경다양성이 두드러진 사람들이 많습니다. 발명가 토머스 에디슨과 영화감독 스티븐 스필버그, 배우 짐 캐리는 ADHD가 있었다고 합니다. 배우 우피 골드버그, 사업가 헨리 포드는 학습 장애가 있었다고 하고, 정치가 윈스턴 처칠과 미술가 빈센트 반 고흐, 쿠사마 야요이는 정서·행동적 장애가 있었다고 합니다. 그들은 신경다양성을 가지고 있었지만 모두 위대한 업적을 남긴 사람들이 되었습니다. 그들이 자신의 결함에만 집중된 삶을 살며 그 결함 때문에 분리된 환경에서 살았다면 과연 위대한 성취를 이룰 수 있었을까요? 자신의 부족한 부분이 아니라 '강점'을 살려나가는데 집중했고 세상 밖으로 나와 다른 사람들과 함께 살았기에 그러한 성과가 있었습니다. 특별한 요구를 지닌 신경다양성 학생들

도 이 세상에서 의미 있는 일을 할 수 있는 사람들로 성장할 수
있도록 함께 살아가는 세상을 경험하게 해주어야 합니다.

신경다양성 교실을
만들기 위해

　토머스 암스트롱은 그의 책《Neurodiversity in the classroom》(교실에서의 신경 다양성)에서 신경다양성 교실을 만들기 위해서는 긍정적인 환경구축(Positive Niche Construction)의 7가지 구성요소를 고려해야 한다고 하였습니다. 7가지의 구성요소를 고려하였을 때 개별 학생의 독특하고 긍정적인 면을 다룰 수 있는 교육전략을 개발할 수 있다는 것입니다. 7가지 구성요소는 다음과 같습니다.

　첫째, 강점인식입니다. 학생의 다양한 특성을 파악하기 위해 특수교육 시스템에서 사용하는 진단도구의 대부분은 학생의 결핍을 파악하는데 초점이 맞추어져 있고 그에 따른 라벨링을 하는 경우가 대부분입니다. 이제는 여기에 더하여 학생의 강점과 재능, 능력, 흥미를 파악할 수 있는 강점인식 체크리스트도 필요합니다. 강점인식은 신경다양성 교실을 위한 가장 중요한 첫걸음입니다.

둘째, 긍정적인 역할 모델입니다. 아이들은 일상생활에서 보는 어른들의 영향을 많이 받습니다. 반두라의 사회학습이론에 의하면 성인에 의한 행동 모델링이 아이들에게 인생에서 복잡한 행동을 구성하는 주요 요소를 제공한다고 합니다. 성인 역할 모델은 장애를 가지고 있지만 성공한 유명인들을 말합니다. 난독증이 있었던 배우 톰 크루즈, ADHD가 있었던 수영 선수 마이클 펠프스 등이 그 예입니다. 이러한 유명인의 사례는 학생 개인의 삶에서 장애는 단지 한 부분에 지나지 않는다고 간주할 수 있게 하고 자신이 가진 강점에 더욱 집중하게 할 수 있습니다.

셋째, 보조공학 및 보편적 학습설계입니다. 보조공학이란 장애인이 과제나 작업을 할 때 더 쉽고 나은 방법으로 할 수 있도록 장애에 따른 기능적인 능력을 개선, 유지, 확대 하는데 필요한 도구나 물품, 생산 시스템을 말합니다. 주요 속성에 따라 첨단 공학기기(컴퓨터나 스마트폰의 각종 프로그램), 일반 공학기기(휠체어, 비디오), 기초 공학기기(식사 보조용품, 경사로) 등으로 나눌 수 있습니다. 보편적 학습설계는 보편적 설계에서 나온 개념입니다. 보편적 설계(universal design)는 제품, 시설, 서비스를 이용하는 사람 누구나 성별, 나이, 장애, 언어 등으로 인해 제약을 받지 않고 편안하게 이용하도록 설계하는 것입니다. 경사로나 엘리베이터 등이 대표적입니다. 보편적 설계를 교수학습 상황에 적용한 것이 보편적 학습설계로 다양한 수준의 학습자들이 일반 교육과정에 접근할 수 있도록 다양한 내용제시방법, 다양한 표현방법, 다양한 참여방법으로 수업을 설계하는 것입니다. 토머스 암스트롱은 신경다양성 교실에서 이러한 보조공학과 보편적 학습설계를 적극 활용하여 신경다양성 학생들의 학습장벽을 없애고 학습능력을 향상시킬 수 있도록 도와주어야 한다고 하였습니다.

넷째, 인적자원의 향상입니다. 인적자원이란 신경다양성 학생이 효과적으로 배울 수 있도록 도와주고 격려해주며 성장과 발달을 지원해 줄 수 있는 사람들을 말합니다. 인적자원에는 교사, 특수교사, 심리학자, 상담사, 사회복지사, 언어치료사, 개인튜터, 음악치료사, 보조교사, 자원봉사자, 또래, 부모 등이 있습니다. 이러한 인적자원의 네트워크를 강화하면 신경다양성 학생들이 긍정적인 중재를 잘 받을 수 있게 됩니다.

다섯째, 강점기반 학습전략입니다. 이는 위에서 언급한 보편적 학습설계 시 개별학생의 다중지능 수업전략을 삽입하는 방법입니다. 토머스 암스트롱은 《다중지능과 교육》이라는 책에서 8가지 지능에 따른 다양한 교수전략들을 소개하고 있습니다. 예를 들어 언어지능 교수전략에는 스토리텔링, 브레인스토밍, 일지 쓰기가 있으며, 공간지능 교수전략에는 시각화, 색 단서, 아이디어 스케치 등을 소개하고 있습니다. 신체운동지능 교수전략으로는 몸으로 응답하기, 교실연극 등이 있으며, 대인관계지능 교수전략에는 또래활동, 공동작품 만들기, 보드게임 등이 있습니다. 여기에 착안하여 8가지 지능 외에도 학생 개인만의 고유한 전략을 개발해서 활용할 수 있습니다.

여섯째, 직업에 대한 긍정적인 기대입니다. 미래에 대한 아이들의 희망과 꿈은 삶의 목적의식과 방향성을 강화하는 디딤돌 역할을 합니다. 많은 신경다양성 학생들에게 미래의 꿈은 제한된 기대, 학습된 무력감에 의해 허무함으로 가려져 있을 수 있습니다. 하지만 그들의 독특한 두뇌와 강점에 어울리는 직업을 충분히 찾아낼 수 있으며 꿈을 가지고 노력할 수 있게 할 수 있습니다. 학습 장애가 있지만 높은 시각적·공간적 능력을 가진 학생은 예술, 그래픽 디자인, 건축, 영화제작 또는 공학 분야의 직업을 권장합니다. ADHD가 있는 학생은 새로운 자극을 수반하는 소방관, 신문기자. 출장 영업사원, 응급구조사 등의 직업을 권합니다. 고기능 자폐스펙트럼이 있는 학생의 경우는 수학, 과학, 기계수리, 컴퓨터 프로그래밍과 같은 직업을 고려하도록 권장할 수 있습니다. 지적 장애가 있는 학생은 보육사, 간병인, 수의사 보조원 등의 직업을 기대할 수 있습니다.

일곱째, 환경 수정입니다. 신경다양성의 개념은 생태학적 관점에 기반을 두고 있습니다. 신경다양성을 가진 학생에게 어떤 환경을 만들어주느냐에 따라 그 학생의 긍정적인 면이 발현될 수 있고 부정적인 면이 상쇄될 수도 있다는 것입니다. 긍정적 환경 구축이라는 단어가 바로 환경 수정에 관한 의미를 지니고 있습니다. 신경다양성을 가진 사람이 소위 '정상적인(normal)' 환경에 언제나 적응해야만 한다면 그들은 늘 인생의 패배자가 될 것입니다. 하지만 그들의 독특한 뇌의 필요에 맞게 환경을 바꾸어 준다면 그들은 자신의 진정한 모습에 좀 더 가까워질 수 있고 잠재능력을 발휘하며 살아갈 수 있습니다. ADHD가 있는 학생에게는 녹색환경 즉 푸르른 자연에서 뛰어놀 수 있는 환경을 제공해 주어야 합니다. 자폐스펙트럼이 있는 학생은 소음을 피해 잠시 쉴 수 있는 조용한 환경을 마련해 주어야 합니다. 정서적·행동적 문제가 있는 학생의 경우 멜트다운(meltdown: 통제력을 완전히 잃은 다양한 상황) 후 진정할 수 있는 공간을 갖는 것도 도움이 됩니다. 학생들의 인지적, 정서적, 사회적, 신체적 강점이 강화될 가능성이 높은 환경을 찾아 제공해 준다면 신경다양성 학생들의 삶도 더욱 풍요로워지고 행복해질 수 있습니다.

지금까지 토머스 암스트롱이 제시한 긍정적 환경구축을 위한 7가지 구성요소를 살펴보았습니다. 나는 7가지 구성요소들 중 비슷한 요소들끼리 통합하여 크게 두 가지 영역으로 압축하여 나의 신경다양성 교실에 적용해 보았습니다.

첫 번째 영역은 **'강점기반 학생진단'**입니다. 이 영역에서는 긍정적 환경구축의 7가지 구성요소들 중에서 '학생의 강점인식'과 '긍정적인 역할모델', '직업에 대한 긍정적인 기대'에 관한 내용이 포함될 것입니다. 이를 위해 나는 신경다양성 학생들을 포함한 우리 반 모든 학생들을 관찰하고 또 학생들의 자기보고를 통해 그들의 강점이 무엇인지 찾아보는 시간을 학기 초에 가졌습니다. 또 이런 자기만의 강점을 어떤 직업으로 발전시킬 수 있는지에 대해 탐구하는 시간을 진로교육시간과 연계하여 가졌습니다. 물론 이러한 강점인식 뿐만 아니라 학생에게 어떤 결핍과 결함이 있는지를 파악하는 것도 소홀히 하지 않았습니다. 누구에게나 강점과 약점은 함께 공존하는 것이기에 약점을 보완하는 일도 중요하기 때문입니다. 그래서 나는 강점인식 뿐만 아니라 신경다양성 학생의 정확한 특성을 파악하기 위해 특수교육적 진단도 함께 활용하였습니다. 이 책에는 5명의 신경다양성 학생들의 사례가 나옵니다. 이 학생들은 특수교육대상자 진단을 통해 경계선 지능(난독증), 지적 장애, 선택적 함묵증, ADHD, 자폐성 장애로 판정된 학생들입니다. 특수교육적 진단으로 이 학생들에게 이러한 특성들이 있다는 것을 파악하고 난 후에 신경다양성 관점에서 학생들을 바라보며 강점중심 진단을 하는 시간을 가졌습니다. 특수교육의 결함중심적 접근은 학생들의 장애를 정확히 진단하는 것을 가장 중요한 활동으로 여깁니다. 반면 신경다양성 교실에서의 강점중심 접근은 장애진단에서 한 단계 더 나아가 학생들의 약점에 가려져 보이지 않았던 강점을 찾아내고 그것을 수업의 중요한 자료로서 활용한다는 점에서 차별화가 될 수 있습니다.

두 번째 영역은 '**강점기반 보편적 학습설계**'입니다. 이 영역에서는 7가지 구성요소들 중에서 '보조공학 및 보편적 학습설계', '인적자원의 향상', '강점기반 학습전략', '환경수정'에 관한 내용이 포함될 것입니다. 앞서 인용한 토드 로즈의 《평균의 종말》에서 미국 공군 조종사 이야기의 결말을 다시 살펴보겠습니다. 평균값으로 모든 조종사들에게 맞는 조종석을 설계하는 것은 불가능하다는 결론을 얻게 되어 결국 모든 사람의 각각의 체격에 맞는 조종석을 만들기로 하였습니다. 하지만 그것은 엄청난 비용이 듭니다. 그래서 최소한의 비용으로 모든 사람들의 각기 다른 체격에 맞는 조종석을 만들기 위해 나온 아이디어가 바로 조절 가능한 시트, 조절 가능한 가속페달, 조절 가능한 헬멧 조임끈, 조절 가능한 비행복이었습니다. 이것은 현재 우리가 사용하는 자동차 운전석 시트의 위치조절 레버와 같으며, 헬멧의 조절 가능한 끈, 구명조끼의 조절벨트와 같다고 할 수 있습니다. 이것은 보편적 설계라고 할 수 있으며 최소한의 비용으로 모든 사람을 위한 제품, 장치, 도구 등을 만들어 낼 수 있었습니다. 이러한 보편적 설계는 학습에도 적용될 수 있습니다. 다수의 학생이 함께 공부하는 교실에 그 학생의 수만큼 다수의 교사를 배치하는 것은 불가능하고 그것은 너무 많은 비용이 들 것입니다. 그렇다고 당장 학급의 학생 수를 반으로 줄일 수도 없는 것이 현실입니다. 30여 명의 학생들이 함께 공부하는 교실에서 한 명의 교사가 이 학생들의 다양성을 모두 고려하기 위해서는 최소의 비용으로 최대의 효과를 낼 수 있는 보편적 학습설계가 필요합니다. 보편적 학습설계는 학급의 다양한 학생들을 위해 다양한 옵션을 미리 준비해 두는 것입니다. 다양한 내용제시방법, 다양한 참여방법, 다양한 표현방법이 바로 그 옵션들입니다. 이러한 다양한 옵션은 학생들의 강점에 기반한 활동들로 구성되어 있을 때 최고의 효과를 낼 수 있을 것입니다. 나는 신경다양성 학생에게 맞는 보조공학과 학습전략, 환경수정, 인적자원의 다양한 옵션을 포함한 보편적 학습설계로 수업을 계획하였습니다.

나는 이렇게 '**강점기반 학생진단**'과 '**강점기반 보편적 학습설계**'의 두 가지 큰 틀로 신경다양성 교실을 계획하고 실행하였습니다.

그리고 미국의 교실이 아닌 우리나라 학교의 특성과 학생들의 특성을 반영하여 우리 현실에 적합한 신경다양성 교실의 모습을 구현해 보고자 노력하였습니다. 이 책에서는 표현의 편의상 지적 장애, 자폐성 장애, 경계선 지능, ADHD, 함묵증이 있는 학생을 '신경다양성 학생'이라는 용어로 포괄하여 사용하기로 하였습니다. 장애라는 용어나 진단명이 지극히 가치중립적임에도 아직까지 우리의 정서에서는 의료적 관점에서의 부정적인 이미지가 강하기 때문에 뇌신경적 다양함이라는 하나의 스펙트럼 안에 있는 학생을 뜻하는 의미로 '신경다양성 학생'으로 지칭해 사용하였습니다. 하지만 학생의 특성을 나타내기 위하여 장애 진단명도 혼용하여 사용하였습니다.

나는 현재 '신경다양성 교실 연구 모임'의 연구회원으로 활동을 하고 있습니다. 신경다양성이라는 개념이 아직 우리나라에서는 생소한 개념이라 이 연구회를 통해 함께 공부한 후 현장에 적용해 보고, 또 적용한 결과를 함께 성찰하면서 우리나라만의 신경다양성 교실을 구축해 나가는데 선구적인 역할을 해나가고 있습니다. 이 연구회에서는 신경다양성과 관련된 논문을 국내 학술지에 꾸준히 게재하고 있으며 초등, 중등, 고등, 더 나아가 성인기 평생교육 분야까지 신경다양성 개념을 적용한 교육모델을 개발하는 것을 장기적인 목표로 정하고 활발히 연구하고 있습니다. 신경다양성 교실 연구회는 현재 대학에서 강의를 하면서 연구 활동을 하고 있는 특수교육 전문연구자 3명, 교육청 장학사 1명, 일반교사 4명, 특수교사 4명으로 총 12명의 연구회원들로 구성되어 있습니다. 나는 초등에서의 신경다양성 교실 실행을 담당하며 나의 수업을 정기적으로 촬영하여 연구회에 공유하고 수업협의회를 통해 깊이 있는 수업임상을 해나가고 있습니다. 이 책의 내용들 중에는 연구회원들과 함께 한 수업임상 결과도 포함되어 있습니다.

다음 장부터는 5명의 신경다양성 학생들의 이야기가 나옵니다. 경계선 지능, 지적 장애, 선택적 함묵증, ADHD, 자폐성 장애로 진단된 학생들과 함께한 신경다양성 교실 이야기입니다. 이 학생들이 우리 교실에서 어떻게 긍정적인 환경을 구축해 나가면서 생활했고 성장해 나갔는지에 대한 생생한 이야기가 담겨있습니다. 자 그럼 지금부터 신경다양성 교실로 함께 여행을 떠나볼까요?

3장

수호 이야기

수호와의
만남

3월 2일. 5학년 새 학급에서 수호를 처음 만났습니다. 여느 학급에서 그러하듯이 첫날 나도 아이들과 자기 소개 시간을 가졌습니다. 자기 소개 전에 먼저 짧게 소개글을 쓰게 했는데 아이들이 쉽게 쓸 수 있도록 간단한 질문에 답을 하는 형식이었습니다. 첫 만남이라 아이들은 무척 긴장하고 있는 모습이었습니다. 모두 다 집중해서 글을 쓰고 있어 연필 소리만 사각사각 들릴뿐 교실은 쥐죽은듯 조용했습니다. 그런데 갑자기 교실 한쪽에서 얕은 한숨 소리가 들렸습니다. 책상에 비스듬히 엎드린 채 한숨을 내쉬는 아이를 우리 반 아이들은 동시에 쳐다보았습니다. 아이는 자기 이름만 성의 없이 대충 써 놓은 채 질문에 답하는 공간에는 연필로 직직대고 있었습니다. 나는 단번에 이 아이가 쓰기에 어려움이 있다는 것을 알 수 있었습니다. 새학기 첫날에 아이들은 교사와 친구들에게 잘 보이기 위해 모두 다 모범생이 됩니다. 첫날부터 튀는 행동을 하는 아이는 거의 없습니다. 아마 이 아이도 선생님에게 잘 보이고 싶었을 것입니다. 그런데 첫날부터 자기가 제일 어려워하는 쓰기 과제를 하게 되었으니 자기도 모르게 한숨이 나온 것 같았습니다.

수호는 난독증과 난서증이 있었습니다. 글을 유창하게 읽지 못하였고, 글을 쓰는 것은 더욱 어려워하였습니다. 자음과 모음의 조합을 빨리 해내지 못하고 한참 동안 생각해야 겨우 한 음절 한 글자를 쓸 수 있었습니다. 받침이 있는 글자는 더욱 어려워했습니다. 글을 읽고 쓰지 못하니 학업 성취도는 측정조차 할 수 없었습니다. 3월 첫 주에 보는 진단평가에서는 시험지에 아무 답안에나 체크를 하고 엎드려 있었습니다. 그동안 수호는 시험지에 늘 그렇게 대응을 해왔던 모양입니다. 무척 무기력해 보였습니다. 수호는 수학에서도 어려움이 있었습니다. 구구단을 외울 수 있었으나 나머지가 있는 나눗셈을 하는 것은 어려워하였습니다. 또래 아이들보다 3년 이상 뒤처진 수준이었습니다. 수업이 시작되면 수호는 풀이 죽었습니다. 멍하니 바깥을 응시하기도 하고 엎드려 자기도 했습니다. 자기는 당연히 참여 안 해도 된다고 여기며 스스로 자신을 배제하는 듯 보였습니다. 수호는 수업시간에 종종 갑자기 큰 소리로 하품을 하거나 기지개를 켜서 수업의 맥을 끊어 놓았습니다. 맥락과 전혀 상관없는 행동도 지속적으로 보였습니다.

내가 수호를 맡았던 때는 코로나19가 2년 차에 접어들던 해였습니다. 한 해 전 수호가 4학년이던 때는 80%가 원격수업이었고 20%만 겨우 대면수업을 할 수 있었습니다. 5학년이 되어서는 겨우 학교 문을 열었으나 우리 학교 같은 경우는 과대 과밀 학교여서 5, 6학년은 일주일에 두 번밖에 등교를 할 수 없었습니다. 수호는 원격수업에 너무나 취약했습니다. 줌으로 원격수업을 하면 카메라를 켜고 앞에 앉아는 있었으나 수업은 전혀 듣지 않았습니다. 수업과 관련 없이 혼자 히죽히죽 웃고 있는 걸로 봐서는 유튜브를 보거나 게임을 하고 있는 듯하였습니다. 원격수업은 수호에게 더 이상 수업이 아니었습니다. 그냥 시간 때우기였습니다. 2년 동안의 원격수업이 수호의 학습격차를 더욱 심각하게 악화시킬 것으로 보였습니다. 나는 마음이 급해졌습니다. 이런 아이가 지금껏 어떠한 집중적인 지원도 받고 있지 않았다는 것이 놀라웠습니다. 원격수업 2년 동안 아이를 그대로 방치해 둘 수만은 없었습니다. 대면수업으로 학교에 오게 되면 그래도 얻어가는 것이 있는 아이인데 집에만 두면 이 아이는 어떠한 교육적 자극을 받지 못할 것이 분명했습니다. 나는 우선 수호를 특수교육대상자로 선정 받는 것부터 해야겠다고 생각했습니다. 특수교육대상학생은 코로나 2년 차에는 매일 학교에 와 특수선생님과 1대1로 집중적인 수업을 할 수 있고, 원격수업도 실무사 선생님의 도움을 받아 참여할 수 있었기 때문입니다. 학습격차가 2~3년이 나기 때문에 학습 장애로 특수교육대상자 선정이 가능할 것으로 예상했습니다. 수호 부모님께 특수교육대상자 선정에 대해 말씀드리자 아이가 고학년이 되어 확연하게 학습격차가 드러나 큰 걱정을 하고 있었던 터라 흔쾌히 동의해주었습니다. 그렇게 〈장애인 등에 대한 특수교육법〉에 따른 진단을 요청하게 되었습니다.

특수교육지원센터에서 진단을 하고 드디어 기다리던 진단 결과를 보내왔습니다. 수호의 지능수준은 경도의 지적 장애 수준으로, 학습격차도 나의 예상대로 2~3년 뒤처진 것으로 나왔습니다. 그런데 수호의 적응행동 수준이 지극히 정상적인 것으로 나와 특수교육대상자로 선정될 수 없다고 하였습니다. 지능지수와 적응행동의 평균으로 보았을 때 지적 장애가 아닌 경계선 지능인 것으로 판정이 되었다고 하였습니다. 현재는 경계선 지능은 특수교육대상자에 선정되지 않고 있다고 하였습니다. 그래서 나는 학습 장애로 선정을 해달라고 했습니다. 난독증과 난서증은 학습 장애의 하위 영역인 읽기장애와 쓰기장애에 해당되니 당연히 학습 장애로 선정될 수 있을 거라 생각했습니다. 그런데 특수교육지원센터에서는 아이의 지능지수가 지적 장애 수준이기 때문에 학습 장애로는 선정될 수 없다는 것입니다. 현재는 능력과 성취의 불일치 즉, 지능지수가 정상범위 안에 있지만 학습격차가 2~3년 되었을 때만 학습 장애로 판정을 한다는 것입니다. 지능지수가 경도의 지적 장애 수준이어서 학습 장애가 될 수 없다니… 정상적인 지능이 되어야만 학습 장애로 선정이 될 수 있다는 것입니다. 정말 어이가 없었습니다. 학습 장애가 있으니 지적 수준도 낮았던 것인데 이런 기준이라면 우리나라에 학습 장애로 선정되는 학생은 아마도 거의 없을 것입니다. 나는 진단평가를 담당한 특수교육지원센터 선생님에게 그런 기준으로 진단이 되기는 너무나 어렵고, 수호 부모님도 특수교육대상자로 선정되어 집중적인 지원을 받기를 간절히 기대하고 있으니 난독증과 난서증을 가진 학습 장애로 선정해달라고 부탁했습니다. 하지만 만약에 수호를 학습 장애로 선정하게 되면 아마도 전국의 수많은 학생들의 부모들로부터 행정소송이 들어올 것이라는 답변이 돌아왔습니다. 수호와 같은 케이스로 특수교육대상자로 선정되지 못한 사례가 너무나 많다는 것입니다. 결국 우리나라는 경계선 지능에 있는 학생, 난독증·난서증을 보이는 학생은 학습 장애가 명백하지만 아직까지 특수교육대상자로 포함할 수 없는 것이 현실이었습니다.

교육부가 발표한 특수교육 통계(2021년)를 보면 우리나라 학습 장애 학생 수는 1114명으로 전체 학령인구의 0.014%를 차지하고 있으며 전체 특수교육대상자의 1.1%를 차지하고 있습니다. 또한 국내 학습 장애 출현율에 대한 통계가 발표되기 시작한 2001년부터 지난 20년간 학습 장애 출현율은 점차 감소하여 현재는 20여 년 전의 1/10수준이 되었습니다. 전체 특수교육대상자는 계속해서 증가하는 추세인데 학습 장애는 지속적으로 감소하는 이상한 일이 벌어지고 있습니다. 정말로 학습 장애 학생들이 줄어들고 있을까요? 이것은 상식적으로도, 현실에서도 말이 되지 않습니다. 교사가 된 지 24년이 된 나의 교직생활을 돌아보면 학습 장애 범주에 속하는 아이들은 한 반에 한두 명은 꼭 있었습니다. 20여 년 전에도 그랬고 지금도 그렇습니다. 실제 난독증의 출현율은 전체 학령인구의 1~4%로 보고되고 있고, 교육부의 '2021년 국가수준 학업성취도 평가 결과'에 따르면 중학교 3학년의 경우 기초학력미달자가 국어에서 6.0%, 수학에서 11.6%로 나왔습니다. 경계선 지능(지능 지수 85~115를 평균으로 보고 70이하를 지적 장애로 판단하는데, 70~85 사이에 있는 집단을 이르는 표현으로 최근에는 '느린 학습자'로도 부름)의 경우 국내 통계는 없지만, 미국·영국의 조사에 따르면 전체 인구의 14% 정도로 추정합니다. 이 학생들은 학습 장애일 경우가 다분한데 현재의 출현율이 0.014%라는 것은 의도적으로 학습 장애 진단을 하지 않고 있다는 말과 같습니다.

미국의 경우 학습 장애 출현율은 학령인구의 3.5%이며 특수교육대상자의 38%를 차지하고 있다고 합니다. 우리나라도 분명 이러한 출현율을 가지고 있을 것입니다. 특수교육지원센터 진단 평가 담당 교사가 수호를 학습 장애로 진단할 경우 전국적으로 엄청나게 많은 행정소송이 들어올 수 있다고 한 것은 학습 장애를 가지고 있으나 진단되지 못한 학생들이 그렇게 많다는 의미일 것입니다. 그럼에도 아직까지 우리나라에서는 학습 장애 학생들까지 특수교육의 범주로 넣을 수 없는 실정입니다. 만약에 이 아이들까지 특수교육대상자로 지정이 되면 더 많은 교실과 더 많은 특수교사가 필요할 것이고 그에 따른 막대한 예산이 들 것입니다. 그래서 아직까지 우리나라에서는 학습 장애 학생이 특수교육대상자로 선정되지 못하고 있습니다. 결국 이 학생들을 위한 집중적인 지원이 하나도 이루어지고 있지 않은 것이 현실이고, 이 학생들은 법과 사회적 지원뿐만 아니라 교육에서도 사각지대에 내몰리게 되어 버렸습니다. 조금만 더 관심과 지원을 해주면 충분히 학교생활에 흥미를 가지고 살아갈 아이들인데 특수교육대상학생이 아니라는 이유로 아무런 지원도 받지 못하고 있는 것이 너무나 안타까웠습니다.

각 학교에서는 경계선 지능 학생을 위한 기초학력교실을 운영하고 있습니다. 제목만 근사하지 실제로는 학교의 가장 낙후된 빈 교실에 아이들을 몰아넣고 외부 강사가 나머지 공부를 시키는 것이 현실입니다. 학년이 다른 10여 명의 아이들이 방과 후에 한 교실에 남아서 나머지 공부를 합니다. 외부 강사는 아이들이 할 학습지를 잔뜩 복사해 와서 주고 다 하면 집에 보냅니다. 보통 각 학급에 한두 명씩은 이 교실에 가게 되지만 기초학력교실에 재미를 붙이고 다닌 아이를 나는 지금껏 단 한 번도 본 적이 없습니다. 아무리 성실한 아이라도 기초학력교실은 가기 싫어합니다. 가뜩이나 공부도 어려운데 재미도 없기 때문입니다. 외부 강사도 주어진 계약기간이 끝나면 다른 사람으로 바뀝니다. 아이들에 대한 책임의식을 갖기도 어렵습니다. 공부에 어려움을 느끼는 아이들에게 공부에 대한 흥미를 더욱 떨어뜨리는 곳이 기초학력교실 같습니다.

또한 학교에서는 기초학력교실과 함께 경계선 지능 아이들을 위해 다중지원팀도 운영하고 있습니다. 다중지원팀은 특수교사, 교장, 교감, 경계선 지능 학생이 소속된 학급의 담임교사들로 구성되어 있습니다. 이 팀은 그야말로 문서로만 존재하는 팀과 같습니다. 한 학기에 한 번 정도 모임이 있으나 서로가 힘든 점을 들어주는 것뿐이지 어떤 실질적인 도움이 되지 않습니다. 학생이 속한 학급 담임교사들로 구성되어 있어 자신이 맡은 학급에서 수업을 하기도 바쁘니 서로의 수업을 지원한다거나 수업컨설팅을 해줄 수도 없습니다. 결국 다중지원팀도 별다른 실효성이 없는 정책이 되어 버렸습니다.

교육부는 2021년 9월에 국회에서 〈기초학력 보장법〉이 제정되어 2022년 3월 25일부터 시행된다고 발표하였습니다. 느린 학습자로 분류된 이 학생들을 위한 법·제도적인 지원을 시작하게 된 것입니다. 아마도 각 교육청에는 기초학력보장과 관련된 기관이 설치되고, 외부강사를 뽑고 예산을 집행하며 열을 올릴 것입니다. 그리고 교사들에게는 법정 의무교육이 하나 더 늘어나게 될 것입니다. 과연 기초학력 보장법이 얼마만큼 효과적으로 운영될지 의문이 듭니다. 별도의 기관들을 계속해서 만들기보다 우리나라도 미국과 같이 이제는 학습 장애 학생도 특수교육대상자로 포함하면 좋겠습니다. 안 하니만 못한 기초학력교실에서 분리교육을 하느니 교내 특수교사에게 양질의 특수교육을 받게 한다면 이 학생들의 삶이 달라질 것입니다. 최소한의 분리교육이 특수교사에게 알차게 이루어진다면 통합교육도 훨씬 수월하게 이루어질 것입니다.

안타깝게도 수호는 특수교육의 혜택을 받지 못하게 되었고 기초학력교실에 배정이 되었습니다. 나의 예상대로 수호는 딱 한 번의 기초학력교실 출석을 끝으로 다시는 가지 않겠다고 선언을 하였습니다. 너무너무 하기 싫은 시험지만 주는 재미없는 교실에는 가고 싶지 않다고 하였습니다. 나도 수호를 그곳에 보내고 싶지 않았습니다. 나는 수호에게 원격수업을 하는 날도 매일 학교에 와서 함께 공부를 하자고 했지만 수호는 왜 자기만 학교에 나와야 하느냐며 거부하였습니다. 학교에 나오는 날만 공부를 하고 싶다고 하였습니다. 수호는 집중적인 교육이 필요한 학생이었습니다. 이렇게 방치해 둘 수는 없었습니다. 나는 지역사회 바우처를 알아보았습니다. 장애로 등록되지 않았어도 경계선 지능으로 진단된 아이라면 발달센터에 다닐 수 있는 아동청소년심리지원 서비스가 있었습니다. 나는 수호 부모님께 이 서비스를 안내해 드리고 발달센터에서 인지치료를 담당하고 있는 선생님에게 전문적인 교육을 받으라고 말씀드렸습니다. 수호는 바우처 지원대상으로 선정이 되어 발달센터에 다니게 되었습니다. 초등학교 5학년이 되어서야 처음으로 이러한 교육서비스를 받게 된 것입니다. 초등학교 1, 2학년 때부터 시작했으면 훨씬 더 좋았을 거라는 아쉬움이 남지만 지금이라도 시작하게 되어 정말 다행이었습니다. 발달센터 선생님과의 수업은 재미없다는 말을 한 번도 하지 않았습니다. 6학년이 되어서도 잘 다닐 거라고 나에게 약속까지 하였습니다. 나는 그제야 한숨을 돌릴 수 있었습니다.

강점기반
진단하기

수호에 대해 기본적 이해는 되었으니 이제 신경다양성 관점에서 특성과 강점을 바라볼 단계가 되었습니다. 수호는 수업시간에는 풀이 죽고 무기력해졌지만 쉬는 시간이 되면 생기가 돕니다. 친구들이랑 장난을 치고 몸으로 부대끼며 노는 것을 너무나 좋아했습니다. 교실의 빈 공간이 있으면 덤블링도 하고 태권도 시범도 보이며 온갖 묘기를 보여줍니다. 운동과 신체 활동을 아주 좋아하고 능력도 우수했습니다. 체육시간은 수호가 영웅이 되는 시간입니다. 게임규칙도 척척 이해하고 전략도 스스로 잘 짭니다. 다른 반과 함께 게임을 할 때면 수호의 활약에 우리 반 친구들은 엄청난 환호를 보내줍니다. 수호의 눈빛이 달라지는 시간입니다. 나는 이런 수호에게 우리 반 '체육부장'이라고 별명을 붙여주었습니다. 이 말이 좋은지 체육시간이면 시키지 않아도 필요한 준비물을 제일 먼저 가져오고, 무거운 짐도 들어 나르며 척척 봉사활동을 합니다.

내가 지어준 수호의 또 다른 별명은 우리 반 'SPO(School Police officer)' 즉, 학교 경찰관입니다. 학교 곳곳에 붙어 있는 SPO 홍보물에 나오는 '잡았다 요놈!'처럼 경찰관 역할을 기가 막히게 잘하는 아이였습니다. 우리 반 친구 중에 수줍음이 많은 친구가 점심시간에 운동장에서 괴롭힘을 당하는 것을 목격했다며 괴롭힌 친구들을 나에게 데리고 왔습니다. 나는 많은 아이들 앞에서 수호의 행동을 칭찬하고 우리 반 SPO로 임명하였습니다. 이때부터 수호는 꿈이 경찰로 바뀌었습니다. 수호의 도움을 받은 수줍음 많은 친구는 자기가 제일 좋아하는 친구가 수호라고 나에게 말해주었습니다. 이 엄청난 일을 해낸 수호는 우리 반에서 또 다시 영웅이 되었습니다.

수호는 교내 상담실에서 운영하는 대안교실에 다닙니다. 미술치료사가 우리 학교로 와서 수업을 하는데 수호가 그 미술수업을 엄청 좋아한다고 하였습니다. 수호는 우리 교실에서 하는 미술시간을 별로 재미없어 합니다. 대근육 발달은 무척 좋아서 운동능력은 우수하지만 소근육 발달은 아직 정교하지 못한 것 같았습니다. 도화지에 그림을 그리거나 컬러링을 하는 것을 싫어했고 흥미를 보이지 않았습니다. 그리기를 처음 시작한 아기처럼 대충 칠해 놓았습니다. 종이를 자르고 접는 것도 정교하게 하지 못하였으며 안 하려고 했습니다. 그런데 대안교실에서 하는 미술수업은 달랐습니다. 그래서 대체 어떤 프로그램을 하길래 아이가 저렇게 좋아하는지 알아보았습니다. 우리 교실에서 하는 미술수업은 대부분 평면에 그리고 색칠하고 오리고 접는 정도의 수업인데 대안교실에서의 미술수업은 평면으로 하는 것이 거의 없고 대부분 입체로 만드는 수업이었습니다. 3D프린터를 이용해 물건을 만들기도 하고, 목공을 배워가며 목공예품을 만드는 등 다양한 재료로 다양한 입체 작품을 만듭니다. 수호는 이러한 입체 작품 만들기를 좋아하고 몰입해 작품을 끝까지 완성하였습니다. 수호의 소근육은 그림을 그리고 가위로 오릴 때는 잘 기능하지 않지만 자기가 좋아하는 입체 작품을 만드는 활동을 할 때는 누구보다 정교해지는 것 같았습니다.

수호의 또 다른 강점은 내가 들려주는 스토리텔링을 아주 좋아한다는 것입니다. 이야기가 시작되면 산만하던 행동은 사라지고 푹 빠져들어 잘 듣습니다. 그리고 자기가 유튜브로 들었던 이야기도 친구들 앞에서 잘 말해줍니다. 수호는 책을 읽고 글을 쓰는 것은 어려워하지만 이야기를 듣고 기억해내는 것은 아주 잘할 수 있었습니다.

　수호에게 이러한 강점들이 있다는 것을 알게 되었으니 나는 수호의 강점을 반영하여 보편적 학습설계를 해나갈 수 있겠다는 자신감이 생겼습니다. 그리고 난독증과 난서증으로 인한 학습격차를 줄여나갈 개별수업도 꾸준히 하고자 계획하였습니다.

수호를 위한
강점기반 보편적 학습설계

나는 대면수업이 있는 화요일과 목요일 방과 후 시간에 수호에게 남아서 함께 공부를 해 보자고 권유하였습니다. 수호는 왜 자기만 남아서 공부를 해야 하느냐며 강하게 거부하였습니다. 아마도 기초학력교실에서의 경험이 너무나 싫었기 때문에 나와도 그러한 수업을 하게 될 것이라고 예상해서 그렇게 거부를 하는 것 같았습니다. 나는 수호에게 너를 괴롭히려고 남으라는 것이 아니라 진심으로 도와주고 싶어서라고 말했습니다. 수호는 필요 없다며 나의 손을 뿌리치고 가버렸습니다. 다음날도 나는 수호에게 남아서 공부하자고 부탁하였습니다. 수호는 마지못해 시큰둥한 표정으로 가방도 풀지 않고 의자에 앉았습니다. 어떻게든 빨리 도망가버릴 속셈 같았습니다. 나는 수호에게 나의 이야기를 해주었습니다. 선생님 아이는 지적 장애 2급인데 어렸을 때 내가 한글을 열심히 가르쳐서 글도 읽을 수 있고 쓸 수도 있다고 했습니다, 선생님의 아이도 할 수 있는데 수호는 충분히 할 수 있지 않겠느냐고 말해주었습니다. 수호는 경계가 가득했던 표정을 거두고 나를 측은하게 바라보았습니다. 선생님 아이가 많이 아프냐고 지금은 괜찮냐고 물었습니다. 나는 웃으며 지금은 아주 잘 지낸다고 말해주었습니다. 수호는 가방을 풀어 놓으며 선생님이랑 공부할 거라며 필통을 꺼내 들었습니다. 30분만 공부하겠다며 더 이상 하라고 하면 가버린다고도 했습니다.

그렇게 수호와의 개별수업이 시작되었습니다. 나는 수호가 2~3학년 수준이지만 현재 5학년 우리 반에서 다루는 내용을 수정하여 읽기, 쓰기, 셈하기 연습을 집중적으로 하는 것이 효과적이겠다고 생각했습니다. 국립특수교육원에서 제작한 통합교육용 교과서를 활용하여 5학년 국어, 수학, 사회 과목 위주로 공부를 하기로 했습니다. 이 교과서는 5학년 교과서와 똑같은 내용과 순서로 구성되어 있으나 핵심적인 내용과 그림 위주로 만들어져 있어서 수호가 읽기에 부담을 느끼지 않아도 되었으며 그림으로 잘 표현되어 있어 한눈에 이해하기도 쉬웠습니다. 나는 수호와 복습이 아닌 예습 위주로 공부해 나갔습니다. 그렇게 개별수업을 시작한 이후로 우리 반에서의 수호의 수업참여도는 몰라보게 좋아졌습니다. 나와 한번 공부했던 내용이라 교과서의 내용을 다 읽어내지 못해도 핵심적인 내용을 알 수 있었기 때문에 수업이 이해가 되고 재미있어진 것 같았습니다. 수업 중에 자기가 알고 있는 것을 발표도 하고 모둠 친구들에게 설명도 잘하였습니다. 수호의 달라진 모습에 아이들은 놀라워 하였습니다.

이번에는 수호가 좋아하는 스토리텔링을 활용해 보기로 하였습니다. 나는 해마다 우리 반 아이들과 2~3권씩 온책 읽기를 꼭 합니다. 온책 읽기는 각자 읽거나 돌아가면서 읽거나 교사인 내가 읽어주기도 하는 등 여러 가지 방법으로 합니다. 이렇게 책 한 권을 여러 날 동안 함께 읽어나간 후 다양한 독후활동을 합니다. 수호는 읽기는 가능하나 책 한 권을 다른 아이들과 비슷한 속도로 끝까지 읽는 것은 어렵습니다. 그림책 정도는 혼자서 다 읽을 수 있으나 글밥이 많은 5학년 수준의 책을 수호가 모두 읽어내기는 어려웠습니다. 수호가 책을 읽기 어려워하는 아이라고 온책 읽기를 포기할 수는 없었습니다. 수호는 스토리텔링을 좋아하는 아이니까 책의 내용을 들려주면 될 것으로 생각했습니다. 나는 온책 읽기를 하는 책의 오디오북을 함께 구입했습니다.

오디오북은 전문 성우가 책을 아주 재미있게 읽어주기 때문에 매일 조금씩 책을 눈으로 보고 들으면서 함께 읽어나가기에 딱 좋은 도구였습니다. 그렇게 오디오북을 이용하여 수호를 포함한 우리 반 아이들은 한 명도 빠짐없이 모두 온책 읽기를 끝까지 해나갈 수 있었습니다.

역사를 배우는 사회시간에도 스토리텔링을 활용해 보았습니다. 5학년 사회시간에는 한국통사를 배웁니다. 고조선부터 6·25 전쟁까지 어마어마한 분량의 역사 내용을 한 학기에 다 배웁니다. 5학년이 되어서 역사를 처음 접하는 아이들이 대부분인데 기억해야 할 내용이 너무나 많아서 아이들은 역사를 무척 어려워합니다. 교과서의 내용은 지나치게 압축적이라 앞뒤의 맥락을 알지 못하면 이해하지 못하는 내용들도 많이 있습니다. 그래서 5학년 아이들에게 가장 부담스러운 과목이기도 합니다. 어려운 과목에 수호가 지레 겁을 먹고 포기할까 싶어 나는 역사시간마다 수호가 좋아하는 스토리텔링 시간을 가졌습니다. 역사 이야기를 옛날이야기처럼 해주어 교과서에는 없는 재미를 주려고 했습니다. 그러자 우리 반 아이들은 역사시간을 제일 재미있어 하였습니다. 기억해야 할 내용은 많지만 옛날이야기를 듣고 있는 것 같으니 더 잘 기억하고 흥미가 높아졌으며 매번 다음 역사시간을 기대하게 되었습니다. 수호도 역사 스토리텔링에 흠뻑 빠져서 들었고, 한국통사의 주요 내용을 거의 다 기억할 수 있었습니다.

　그런데 여전히 수호에게 어려운 과제는 쓰기였습니다. 읽기는 천천히 읽을 수 있고 어느 정도 이해할 수 있었으나 한 글자를 쓰기 위해서는 오랫동안 생각을 해야만 했습니다. 음운인식에 어려움을 가지고 있기에 음소의 조합이 빠르게 이루어지지 않아 쓰기는 여전히 더뎠습니다. 틀려도 좋으니 좀 더 적극적으로 쓰기를 하면 좋으련만…. 쓰다 보면 충분한 연습이 이루어져 좀 더 빠르게 쓸 수 있을 것으로 보였는데 수호는 친구들 앞에서 글 쓰는 것을 보이고 싶어 하지 않았습니다. 나와의 개별수업에서는 틀려도 개의치 않고 쓰지만 친구들에게는 그런 모습을 들키고 싶어 하지 않았습니다. 나는 수호와의 개별수업시간에 '말을 글로 변환하는 앱(App)'을 권하며 보여주었습니다. 수호는 말을 하면 글로 변환하여 글자를 보여주는 앱을 신기해하며 그날의 글쓰기를 이 앱을 이용하여 다 해냈습니다. 나는 수호에게 수업시간에도 이 앱을 활용해도 된다고 했습니다. 좋아할 줄 알았는데 의외로 수호는 수업시간에는 쓰고 싶지 않다고 하였습니다. 대신 쓰기가 어려우면 손을 들고 선생님을 부르겠다고 하고 이 앱은 나와 단둘이 하는 수업에서만 활용하겠다고 하였습니다. 수호는 자기만 이 앱을 활용하여 글 쓰는 것을 보이고 싶지 않은 모양이었습니다. 나는 수호에게 수업시간에 나를 불러도 좋고 모둠 친구에게 쓰기를 물어보아도 좋을 것 같다고 하였습니다. 수호는 그러겠다고 하였습니다. 나는 수호의 모둠 친구들에게 수호가 쓰기에 어려움이 있으니 물어보면 잘 알려달라고 부탁하였습니다. 수호는 자신이 못하는 것을 드러내기를 주저하였으나 언제까지 그렇게 숨기고만 있을 수 없다는 것을 깨닫고 이제는 적극적으로 도움을 요청하기 시작하였습니다. 수호는 자신을 드러낸 이후로 훨씬 편안해 보였고 친구들에게 자기가 쓴 글을 보여주며 교정을 부탁하였습니다. 수호는 '말을 글로 변환하는 앱'보다 더 훌륭한 또래 친구라는 자원을 가지게 된 것입니다.

여름방학을 앞둔 7월초 코로나 확산세가 심상치 않더니 결국 수도권의 학교가 모두 문을 닫았습니다. 일주일에 두 번 나오던 대면수업이 모두 중지되고 전면 원격수업으로 바뀌었습니다. 아이들을 작은 화면으로만 만나게 되었습니다. 그렇게 여름방학 전 2주일을 원격수업을 하며 1학기를 마무리 하였습니다. 8월말 2학기가 시작되고도 여전히 학교는 문을 열지 못했습니다. 9월초 교사들이 코로나 백신접종을 모두 완료할 때까지 대면수업을 할 수 없다고 하였습니다. 9월 둘째 주가 되어서야 겨우 학교 문이 열렸습니다. 아이들을 무려 2달 만에 대면으로 만나게 된 것입니다. 나는 수호가 걱정되었습니다. 여름방학 전 원격수업과 2학기 개학 후 원격수업에서 수호는 거의 참여를 하지 않았습니다. 부모님께도 부탁드렸지만 부모님도 어찌할 수 없었습니다. 자기 방문을 잠그고 있어서 수호가 딴짓하는 것을 통제할 수 없다고 하였습니다. 나는 수호가 학교에 오기만을 기다렸습니다.

두 달 만에 학교에 온 수호의 모습에 나는 너무나 당황하였습니다. 내가 학년 초 3월에 보았던 모습으로 되돌아가 있었습니다. 학교에는 30~40분씩 지각을 하였고 1~2교시 내내 엎드려 잠을 잤습니다. 잠에서 깨고 나면 안절부절못하고 수업시간에 돌아다니기까지 하였습니다. 수업에는 전혀 참여를 안 하고 재활용품을 모아두는 바구니에서 여러 물건을 가지고 오더니 그것들을 뾰족하게 만들어 종이를 찢고 있었습니다. 수호의 행동에 수업이 방해되자 몇몇 여자 아이들은 수호에게 그런 행동을 하지 말아달라고 하였습니다. 수호는 이 여학생들에게 굉장히 공격적으로 반응을 하였습니다. 그 이후로 수호는 지나가는 여학생을 툭툭 건드리며 시비를 걸었습니다. 아이들의 불만이 이어졌고 나는 수호에게 상담을 해야 하니 방과 후에 남으라고 하였습니다. 수호는 예전처럼 가방을 멘 채 의자에 앉아서 오늘은 공부를 하지 않을 거라며 빨리 상담을 하자고 했습니다. 나는 수호의 행동에 많은 아이들이 힘들어 하고 있다고 했습니다. 1학기 때의 수호와는 너무나 다른 모습에 당황스럽다고도 했습니다. 수호는 알았다고 대충 말하더니 가버렸습니다. 1학기 때 그렇게 공들여서 수호가 학교 수업에 겨우 흥미를 가지게 했건만 다시 물거품이 된 것 같았습니다.

나는 수호 어머니와도 상담을 하였습니다. 어머니 말씀으로는 게임중독인 것 같다고 하였습니다. 학교에 오지 않았던 2달간 밤새도록 게임을 하고 새벽이 되어서야 잠에 들고 그 습관이 개학이 되었어도 이어져 아침에 겨우 일어나 학교에 가니 지각을 하고 학교에 와서도 내내 자는 것 같다고 하였습니다. 그러다 보니 학교에 가기 싫다는 수호와 아침마다 실랑이를 엄청나게 한다고 하였습니다. 수호가 학교에 꾸준히 오기만 했어도 이 지경까지는 가지 않았을 텐데 학교 문을 닫은 결과가 너무나 처참하였습니다. 수호와 같은 신경다양성 아이들에게는 일상과 학교에서의 루틴(routine)이 정말로 중요하다는 것을 느낄 수 있었습니다. 나는 다시 원점에서부터 수호와의 관계를 형성해야 하고 개별적인 지원계획을 잡아야 했습니다.

나는 지속적으로 수호가 학교에 오는 날이면 남겨서 상담을 하였습니다. 대뜸 공부부터 하자고 할 수는 없었습니다. 수호가 왜 학교에 오기 싫은지부터 이야기를 들어야 했습니다. 수호는 아이들이 싫다고 하였습니다. 자기를 기분 나쁘게 한다고 하였습니다. 생각해보니 2학기 들어서 수호의 변한 행동에 몇몇 아이들이 지적을 했던 것이 싫었던 모양이었습니다. 자기만 환영받지 못하고 있다고 생각하는 것 같았습니다. 나는 친구들이 수호에게 기분 상하게 말하지 않도록 하겠다고 약속했습니다. 수호는 다음날도 지각을 하였습니다. 수업시간이 되었는데 마침 수호가 오지 않아 우리 반 아이들과 수호에 대한 이야기를 했습니다. 아이들은 수호가 예전 같지 않아서 수업에 방해가 되고 힘들다고 하였습니다. 나는 수호가 친구들에게 환영받지 못하고 있는 것 같아 속상해하고 있다고 하였습니다. 그래서 자꾸만 심술궂은 행동을 하는 것이라고도 하였습니다. 오늘 수호가 등교하면 우리 모두 큰 소리로 수호를 환영해 주자고 아이들과 약속하였습니다. 아이들은 약속한 대로 수호가 교실에 들어오자 큰소리로 어서 오라면서 환영해 주었습니다. 수호는 깜짝 놀라면서도 기분이 좋은지 활짝 웃었습니다. 수호와 우리 반 아이들 사이에 흐르는 냉기류가 순식간에 싹 사라진 느낌이었습니다. 나도 수호에게 왜 지각을 했느냐고 묻지 않고 잘 왔다고 등을 토닥였습니다. 수호는 한결 편안해하고 밝은 표정으로 돌아왔습니다. 그날 수호는 한 번도 친구들을 괴롭히지도 않았고 수업방해 행동도 하지 않았습니다. 그리고 수업이 다 끝나고 나에게 먼저 다가와 자기는 언제부터 공부하느냐고 물었습니다. 다시 예전의 수호로 돌아왔습니다. 시간이 오래 걸릴 것 같았지만 금방 다시 돌아와 정말 다행이었습니다. 그동안의 노력이 물거품이 아니었습니다. 모든 아이들에게는 소속감을 느끼고 싶은 욕구가 강하게 있습니다. 이 소속감이 충족되지 않을 때 아이들은 불편함을 느끼고 어긋난 행동을 하게 되는 것입니다. 어긋한 행동의 이면에는 자신에게도 관심과 애정을 달라는 의미가 숨어있기도 합니다. 하지만 이 아이의 내면에 있는 감정을 읽지 못하고 어긋난 행동에 대한 처벌만을 지속하다 보면 나쁜 감정들만 계속해 쌓이게 됩니다. 수호도 우리 반의 한 구성원으로서 선생님과 친구들의 환영을 받고 싶고 자신의 존재도 드러내고 싶었지만 그러지 못했던 것이 수호를 문제행동이 있는 아이로 만들어버린 것 같았습니다. 수호는 다시 우리 반 SPO가 되었고 우리 반을 지키는 든든한 울타리 역할을 자처하였습니다.

2학기에는 학급대항 피구대회가 있었습니다. 다른 반 아이들과 5~6번의 피구시합을 하게 되었습니다. 운동을 잘하는 수호는 피구대회가 무척 기대된 듯하였습니다. 수호는 우리의 예상대로 피구시합에서 큰 활약을 해주었습니다. 운동능력이 좋은 친구와 전략을 짜서 우리 반 우승을 따내기도 하였습니다. 수호는 체육시간이면 눈이 반짝거립니다. 자기가 좋아하는 것을 할 때 그렇게까지 달라지는 모습이 신기하기도 하였습니다. 수호가 피구대회에서 활약을 하고 친구들에게 지속적으로 칭찬을 받자 아이는 매일이 행복해 보였고 친구들에게도 더없이 친절한 모범생이 되었습니다.

11월이 되고부터 대면수업일이 더 늘어나서 금요일만 원격수업을 하고 월요일부터 목요일까지는 대면수업을 하게 되었습니다. 수호가 학교에 더 나올 수 있게 되어서 너무나 기뻤습니다. 학교에 나오는 날이 많아지자 그동안 하지 못했던 각종 실기수업을 다 해야 했습니다. 미뤄두었던 실과 실습이 꽤 많이 남아있었습니다. 우리 반 아이들과 바느질과 뜨개질을 해야 했습니다. 5학년이 되어서 생전 처음으로 바늘귀에 실을 꿰는 것부터 시작해 바느질을 배우게 된 것입니다. 27명의 아이들을 나 혼자서 한 번에 다 가르치는 것은 어려워 몇 명의 또래 선생님이 필요했습니다. 금요일 원격수업이 있는 날 오후에 학교에 와서 바느질과 뜨개질을 미리 배우고 친구들을 가르쳐줄 또래 선생님을 할 학생들을 뽑기로 하였습니다. 그런데 수호가 손을 드는 것이었습니다. 수호는 정교한 소근육 활동을 어려워하고 싫어하는 것으로 알고 있었는데 의외였습니다. 수호는 정말 약속대로 원격수업이 끝난 후 학교에 나왔고 5명의 아이들과 함께 바느질을 배웠습니다. 만들기가 조금만 어려워도 싫증을 내고 자리를 떠 버리는 아이였는데 2시간 동안 꼼짝 않고 앉아서 바느질을 거의 다 완성하였습니다. 생각보다 너무나 꼼꼼하게 잘 해내서 놀라 웠습니다. 수호가 정교한 만들기를 어려워할 것이라고 예상했던 나의 생각이 잘못되었다는 것을 알게 되었습니다. 수호는 맥락에 따라 다른 능력을 보여주고 있었습니다. 자기가 하기 싫어하는 일을 할 때는 제대로 마무리조차 하지 못하지만 흥미 있는 일을 할 때는 완성도 높은 작품을 만들어 냈습니다. 또래 선생님의 역할도 잘 해내어 수호에게 바느질을 배운 친구들도 다 작품을 완성할 수 있었습니다. 바느질 수업을 성공적으로 다 마친 후 다음 과제는 털실로 하는 뜨개질이었습니다. 수호는 이번에도 또래 선생님을 하겠다며 미리 와서 뜨개질을 배웠습니다. 코를 만드는 것부터 단을 올리는 것까지 쉽지 않은 활동이었는데 바느질의 성공경험 때문이었는지 더욱 인내심 있게 배워서 또래 선생님의 역할도 잘 해내었습니다. 수호는 평면으로 하는 활동보다 입체적인 것을 만드는 활동을 더욱 좋아하였고 강점이 있었습니다. 그래서 대안교실에서 하는 미술수업도 잘 참여할 수 있었던 것이었습니다.

이러한 여러 가지 우여곡절을 겪으며 수호와의 1년을 잘 보낼 수 있었습니다. 수호의 강점을 기반으로 한 다양한 학습전략들과 수호의 마음을 읽어주려는 또래 친구들의 노력 덕분에 수호는 성공적으로 학교생활을 할 수 있었습니다. 또한 수호의 결함에 대한 적극적인 중재도 중요한 역할을 하였습니다. 5학년이 되어서야 처음으로 발달센터에서 인지치료를 받게 되었지만 그러한 개별적이고 집중적인 중재가 함께 이루어졌기 때문에 수호는 학교생활에 더욱 자신감을 가질 수 있었고 잘 적응할 수 있었습니다. 수호와 마지막 수업을 하고 헤어진 종업식날 수호의 어머니로부터 문자가 왔습니다.

선생님, 1년 동안 고생하셨고 수고 많이 하셨습니다. 수호로 인해 제가 학교에 다닌 기분이 들었습니다. 진심으로 행복했습니다. 선생님은 모든 이에게 영향을 끼친 분입니다. 선생님은 저에게 학교에 관심을 갖도록 이끌어주신 분입니다. 사랑하고 축복합니다.

나는 작은 일도 수호 어머니와 상의하였고, 수호가 여러 지원을 받을 수 있도록 안내해 주었습니다. 수호 어머니는 나를 언제나 전적으로 믿어주었고 수호를 위해 함께 뛰어다녔습니다. 수호뿐만 아니라 수호 어머니와도 깊은 정이 들어버려 문자를 보자 눈물이 왈칵 쏟아졌습니다. 수호 어머니는 수호가 6학년이 되어도 나와 상담을 할 수 있느냐고 물었고 나는 한 번 제자는 영원한 제자이니 언제든 함께 할 것이라고 하였습니다.

새 학년으로 올라간 수호에게서 좋은 소식이 들렸습니다. 수호가 근처 중학교의 축구부 코치에게 입단 권유를 받았다는 것입니다. 수호가 친구들과 축구하는 모습을 지켜보았던 축구부 코치가 수호의 재능을 발견한 것입니다. 수호와 수호 어머니는 축구부에 들어가기로 결정해 수호는 초등학교를 졸업 후 체육특기생으로 중학교에 들어가게 되었습니다. 수호 어머니는 우리 교실로 찾아와 이 기쁜 소식을 전해 주었고, 축구부 연습을 병행하며 난독증 치료 수업에도 열심히 다닐 거라고 하였습니다. 수호는 더 이상 무기력한 아이가 아니었습니다. 꿈 많은 소년이 되었습니다. 나는 수호가 자신의 꿈을 향해 훨훨 날아가길 바랍니다.

경계선 지능 학생을 위한
신경다양성 교실

토머스 암스트롱은 난독증이 있는 사람들은 뇌의 좌반구(좌뇌)가 난독증이 없는 사람보다 덜 활성화 되지만 뇌의 우반구(우뇌)는 더 활성화된다고 하였습니다. 우뇌는 글을 유창하게 읽는 데는 그다지 능숙하지 않지만 통합적 인식, 시공간적 능력, 기존의 틀을 깨는 사고 등 관습에 얽매이지 않는 능력과 관련된 다양한 강점을 가지고 있다고 합니다. 그래서 하버드대 신경학자인 노먼 게슈윈드(Norman Geschwind)는 난독증이 있는 학생들 가운데는 뛰어난 시지각력과 시각운동 능력(visual-motor skill)을 지닌 아이들이 많다고 하였습니다. 이 아이들은 시공간 능력이 뛰어나 3차원의 입체적인 방식으로 세상을 볼 수 있으며 참신함이나 통찰력이 필요한 일에서 더 많은 창의성을 발휘하고 더 혁신적인 사고를 할 수 있습니다. 기계조작 기술이나 목공, 발명, 시각 예술, 엑스레이나 MRI판독과 같은 일에서 재능을 발휘할 수 있다고 합니다. 그래서 수호가 대안교실에서 하는 목공 수업과 입체적 형상을 만드는 것을 좋아하였으며, 나와 하는 개별수업에서는 직관적인 그림으로 구성된 통합교육용 교과서의 내용을 더욱 쉽게 이해할 수 있었던 것입니다. 난독증이라는 결함에만 집중하였다면 미처 알아내지 못했을 재능이 함께 공존해 있었던 것입니다. 난독증이 있는 사람은 글을 다루는 직업을 선택하는 것은 그리 바람직하지 못할 것입니다. 그보다는 그래픽 아티스트, 조각가, 인테리어 디자이너, 예술가, 건축가, 사진작가, 측량사 등과 같이 시공간적 능력과 시지각력을 충분히 활용할 수 있는 직업이 더 잘 어울릴 것입니다.

고학년이 될수록 학교에서는 더 많은 읽기, 쓰기, 셈하기 수업을 하게 됩니다. 이런 3Rs(reading, writing, arithmetic)의 비중이 점점 더 늘어날수록 경계선 지능을 가진 학생들은 더 많은 좌절을 겪게 됩니다. 중·고등학교에 가면 3Rs의 중요성은 더욱 강화되고 이 아이들이 그나마 재능을 펼칠 수 있는 조작활동, 신체활동시간은 더욱 줄어들게 됩니다. 이 아이들이 성공을 경험할 수 있는 기회가 점점 더 사라지게 되는 것입니다. 신경다양성 교실에서는 이 아이들이 자신의 강점을 살릴 수 있는 신체활동과 조작활동, 시지각활동들을 풍부하게 결합한 수업을 설계해야 합니다. 이러한 활동들이 풍부한 보편적 학습설계를 통해 난독증과 같은 경계선 지능을 가진 학생들을 위한 강점기반 신경다양성 교실을 만들 수 있을 것입니다.

그런데 이 아이들의 강점에 집중하는 것만큼 또 중요한 것이 바로 결함에 대한 중재입니다. 신경다양성 교실이라고 해서 강점만 중요하게 인식하고 그것만 살리려고는 하지 않습니다. 아이들이 가진 약점에 대해서도 충분한 개별적 지원을 통해 상쇄시켜 나가는 일도 아주 중요한 일입니다. 경계선 지능을 가진 많은 아이들이 자신의 결함 때문에 학교에서 실패를 경험하며 학교생활에 흥미를 느끼지 못하고 공부에 손을 놓게 됩니다. 결국 이 아이들 중 많은 수가 학교를 떠나게 됩니다. 《경계선 지능을 가진 아이들》이라는 책에서는 학교 밖 청소년 중 50% 이상이 경계선 지능 학생이라는 놀라운 통계를 소개하고 있습니다. 학교 밖 청소년들은 여러 가지 비행과 사회적 범죄에 노출되게 되고 많은 사회적 문제를 일으키게도 됩니다. 이 아이들의 비행을 문제 삼기 전에 이 아이들의 학교생활을 먼저 되돌아보아야 하지 않을까요? 이 아이들이 학교에서 겪은 어려움과 실패에 대해 그동안 제대로 성찰하거나, 아무도 책임지지 않았던 것이 가장 큰 문제라고 생각합니다. 장애학생으로 분류되지도 않고 겉으로 보아선 별 문제도 없어 보이는 아이들이기 때문에 오히려 사각지대에 있는 경우가 대부분입니다. 이 아이들이 학교 밖 청소년이 되었을 때 우리 사회가 지불해야 할 사회적 비용과 준비되지 않은 채 학교 밖으로 나가 맞닥뜨리게 될 학생들의 미래를 생각한다면 이 아이들을 돌보는 일이 얼마나 중요한 일인지 금방 알 수 있습니다. 경계선 지능 학생들은 많은 잠재능력을 가지고 있는 아이들입니다. 경계선 지능 아이들을 위한 돌봄과 교육이 학교에서 잘 이루어진다면 우리 사회의 건강한 구성원으로 충분히 잘 성장할 수 있습니다. 학교에서 문제를 일으키고 공부에 관심 없는 학생들을 일방적으로 혼내고 다그치기보다는 어떠한 정서적, 인지적 문제가 있는지 깊이 있게 들여다볼 수 있어야 합니다. 그리고 이 학생들을 정확히 진단하고 인지기능을 높이는 훈련을 체계적으로 해 보고 전문적 치료센터도 다닐 수 있게 해야 합니다. 경계선 지능 학생들은 사회적 기술도 떨어지는 경우가 많은데 이것 또한 인지기능이 낮기 때문입니다. 인지기능이 약하기 때문에 자기가 한 행동에 대한 이해를 하지 못해 부적절한 사회적 행동을 하는 경우가 많습니다. 학교는 더욱 세심하게 이 아이들을 찾아내고 집중적으로 책임을 져야 합니다. 그래야 이 아이들이 학교 밖 청소년이 되지 않고 성공적인 학교생활을 해나갈 수 있을 것입니다.

《케이크를 자르지 못하는 아이들》의 저자 미야구치 코지에 따르면 경계선 지능 아이들은 배움과 인정에 굶주려 있다고 하였습니다. 이 아이들도 충분히 배울 수 있고 인지기능을 끌어올릴 수 있는 아이들인데 지속적인 실패의 경험이 스스로 자신의 능력에 대해 한계를 정하게 하고 무기력하게 만들었다는 것입니다. 미야구치 코지는 이 아이들이 학습의 토대가 되는 보는 힘, 듣는 힘, 상상하는 힘을 기를 수 있어야 한다고 하였습니다. 이것은 공부의 기본이기도 하지만 사회적 기술을 배우는 기초이기도 합니다. 이 아이들의 비행과 문제행동은 이러한 사회적 기술을 배우지 못해서 생기는 것이기도 합니다. 학교가 이 아이들의 손을 놓아버리지 않고 이러한 학습의 토대를 차곡차곡 쌓을 수 있도록 도와준다면 이 아이들은 더 이상 학교 밖 청소년이 되지 않을 수 있습니다.

기초학력 보장법이 2021년에야 통과되었으니 우리 사회가 이 아이들에 대한 관심을 가진 지 정말 얼마 되지 않았습니다. 이 아이들에 대한 본격적인 지원은 아직 시작도 안 한 것입니다. 나는 경계선 지능 아이들이 기초학력교실 학생이 아닌 특수교육대상학생으로 선정되기를 간절히 바랍니다. 학교에서 특수교사만큼 이 학생들을 잘 도와줄 수 있는 사람은 없습니다. 특수교사는 개별적인 교육과 지원을 하는데 특화되었기 때문에 특수교사의 체계적인 도움을 받는다면 이 아이들은 놀라운 성장을 하게 될 것입니다. 그렇게 된다면 통합교육도 더욱 수월하게 이루어질 것이고 학교에서 이 아이들의 손을 놓지 않게 될 것입니다. 외부 강사나 외부 치료센터에만 이 아이들을 맡기는 것은 별로 바람직하지 않습니다. 학교생활을 잘 해나갈 수 있게 도와주기 위해서는 학교 구성원들의 강력한 네트워크로 지원이 이루어져야 합니다. 경계선 지능 아이들이 특수교육대상자가 되면 그 수가 폭발적으로 증가하겠지만 새로운 기관을 만드는 것보다는 비용이 덜 들 것입니다. 경계선 지능 아이들에게 특수학급에서 집중적인 개별지원이 이루어지고 이와 함께 통합교육이 이 아이들을 위한 신경다양성 교실로 이루어진다면 이 아이들의 삶의 질은 높아질 것이고 학교 밖 청소년들의 사회적 문제도 사라질 수 있을 것입니다.

4장

지선이 이야기

지선이와의
만남

지선이는 눈이 너무나 예쁜 여학생이었습니다. 새하얀 피부에 쌍꺼풀이 짙은 눈, 마스카라를 한 듯 풍성한 속눈썹이 위를 향해 가지런히 뻗어 있었습니다. 통합지원반(특수학급) 학생들에게 늘 관심이 많았던 나는 이 학교에 발령받은 첫해부터 지선이를 봐왔습니다. 그때 지선이는 2학년이었고 무척 수줍음이 많아 보였습니다. 지선이는 안경을 쓰고 있어서 그동안 지선이의 눈을 제대로 관찰하지 못했는데 지선이가 5학년이 되고 우리 반이 되어서야 얼굴을 찬찬히 들여다볼 수 있었습니다. 지선이는 화장을 한 사람보다 더 예쁜 눈을 가지고 있어서 깜짝 놀랐습니다. 5학년 첫날 내가 지선이를 보며 눈이 정말 예쁘다고 말했는데 지선이는 아무런 표정도 없이 꾸벅 인사를 하고 가버렸습니다. 수줍었던 모양입니다. 지선이는 지적 장애 3급으로 진단된 아이입니다. 모든 발달이 느려 어릴 때 일찍 진단을 받게 되었고 초등학교에 입학해서는 특수교육대상으로 통합학급과 통합지원반을 오가며 지내고 있었습니다. 앞 장에서의 수호와 달리 지선이는 일찍부터 조기치료와 중재가 이루어졌고 특수교육대상학생으로 지정되었기 때문에 학교에서 보호와 관심을 받으며 꽤 안정적으로 생활하고 있었습니다. 가정에서도 치료교육에 열성적이어서 지선이는 일주일에 3~4군데의 치료실을 다니고 있었습니다. 지선이는 싫다는 내색을 한 번도 하지 않고 엄마와 열심히 치료실에 다닙니다. 원격수업을 하는 날에도 지선이는 매일 학교에 나와 통합지원반에서 특수선생님과 국어, 수학을 공부하고 학교 컴퓨터실에서 실무사 선생님과 함께 통합학급의 원격수업에 참여합니다. 코로나 1년 차(2020년)에 학교가 문을 닫게 되었을 때 특수교육대상학생들이 원격수업에 제대로 참여를 하지 못하고 통합지원반 수업도 할 수 없었던 것에 대해 큰 반발과 항의가 이어졌습니다. 그래서 코로나 2년 차에는 특수교육대상학생들을 매일 학교에 올 수 있게 하여 특수교사와의 수업을 할 수 있게 되었고 원격수업은 실무사 선생님의 도움으로 참여하게 되었습니다. 특수교육대상학생으로 지정된 아이들은 이런 혜택을 누릴 수 있었지만 수호와 같은 경계선 지능의 아이들은 2년 가까이 방치되고 있다는 생각에 다시 한번 답답함이 밀려왔습니다.

지적 장애는 평균 범위 이하의 지적능력을 가지고 있으며, 동시에 두 가지 혹은 그 이상의 적응기술 영역에서 적응행동상의 어려움을 보이는 것을 말합니다. 일반적으로 웩슬러 지능검사에서 지능지수(IQ) 70이하에 해당되고, 열 가지의 적응행동(의사소통, 자기관리, 가정생활, 사회성 기술, 지역사회 활동, 자기지시, 건강과 안전, 기능적 학업교과, 여가, 직업기술) 가운데 두 가지 이상에서 18세 이전에 결함이 나타났을 때 지적 장애로 진단됩니다. 적응행동은 사회성숙도 검사와 한국판 적응행동검사를 통해 측정합니다. 예전에는 정신지체라는 말을 사용했었는데 이러한 용어는 인간 존엄성 및 개인 가치의 저하와 같은 부정적인 낙인을 가져올 수 있어 지금은 지적 장애라는 용어를 사용합니다. 〈장애인 등에 대한 특수교육법〉에서도 2016년부터 지적 장애란 용어를 사용하고 있습니다.

지적 장애를 판정하는 웩슬러 아동 지능검사(WISC)는 4가지 영역 15가지 항목으로 되어 있습니다. 언어 영역(공통성, 어휘, 상식, 이해), 지각적 추론 영역(토막 짜기, 행렬 추리, 공통 그림 찾기, 빠진 곳 찾기, 단어 추리), 작업 기억 영역(숫자, 산수, 순차 연결), 처리 속도 영역(동형 찾기, 기호 쓰기, 선택)의 4가지 영역입니다. 나

는 '언어 능력' '논리 추론 능력' '작업 기억 능력' '처리 속도'의
네 가지로 한 사람의 능력을 다 평가할 수 있다고 생각하지 않
습니다. 그건 불가능합니다. 그것도 자라나는 어린아이에게 IQ
70이하라는 낙인은 아이 자신과 주변에서 아이의 성장가능성을
예단하고 오히려 빼앗아 버릴 수 있다고 생각합니다. 지선이를
지적 장애 기준으로만 바라본다면 주의집중력과 단기기억이 떨
어지고, 사회적 행동이 부족하며 읽고 쓰고 셈하기를 잘 못하는
결함투성이인 아이가 됩니다. 지선이가 지적 장애로 진단을 받
은 것은 단지 의학적일 뿐이고 그 진단을 통해 사회적 복지혜택
과 교육혜택을 받기 위한 것뿐입니다. 지적 장애라는 범주로 한
정지어 지선이에 대한 낮은 기대만을 가져서는 안 되었습니다.

강점기반
진단하기

    나는 지선이를 신경다양성 관점에서 바라보기로 하였습니다. 지적 장애라는 선입견과 고정관념에 치우치지 않고, 있는 그대로의 모습을 찬찬히 살폈습니다. 지선이는 다중지능 중 신체운동지능이 아주 우수한 아이였습니다. 보통 지적 장애 아이들은 운동능력 발달도 더딘 편이라 신체운동 기능이 우수하지 못한 경우가 더 많은데 지선이는 달리기도 잘하고 지구력도 있고 순발력도 뛰어납니다. 5학년이 되면 체력측정을 하는데 우리 반 상위권에 해당될 정도로 좋은 신체운동 기능을 가지고 있었습니다. 그리고 운동을 할 때는 공부를 할 때와는 달리 두뇌회전도 더 빨라지는 듯하였습니다. 전략도 잘 세우고 눈치도 있어서 어려운 게임도 잘 참여했습니다. 지적 장애 아이들에게는 결함으로 작업기억, 단기기억의 어려움이 있다고 하지만 지선이가 운동시합을 할 때면 그런 어려움이 전혀 없어 보였습니다. 오히려 보통의 아이들보다 더 잘했습니다. 우리 반 아이들은 5학년에 들어와 처음으로 발야구를 배우고 실제로 해보게 되었습니다. 남학생들은 야구 경기의 규칙을 이미 잘 알고 있어서 금방 이해하고 배우지만 여학생들은 발야구 규칙을 어려워합니다. 교실에서 칠판에 그림을 그려가며 몇 번을 설명하고 나가도 실제로 발야구 시합을 할 때면 그 규칙을 기억해내지 못합니다. 공격수가 되어서 공을 차고 나서도 어디로 뛰어야 하는지 잘 몰라 두리번거리는 아이들이 대부분입니다. 수비수가 되어 공을 잡아도 어디로 던져야 하는지 잘 모르는 아이들이 많습니다. 나는 지선이도 어려워할 줄 알았습니다. 그런데 지선이는 공을 차고 나서 1루로 잘 뛰었고, 2루까지 뛰어도 된다는 규칙을 기억해 두었다가 심지어 홈까지 들어와 점수를 내었습니다. 모든 지적 장애 아이들이 단기기억에 문제가 있는 것은 아닙니다. 특히 자기가 좋아하는 일을 할 때는 단기기억이 전혀 문제가 되지 않을 때도 많습니다.

지선이는 미술에도 강점을 가지고 있었습니다. 지선이가 다른 아이들보다 미술을 잘한다는 것이 아니라 지선이가 가진 다양한 능력들 중에서 미술영역이 우세하다는 것입니다. 색감이 화려하고 색칠도 꼼꼼하게 잘합니다. 오리기나 접기를 하는 모습을 보면 다른 지적 장애 아이들보다 훨씬 정교한 소근육 발달을 보입니다. 지선이는 핑크색을 좋아해서 옷도, 가방도, 필통도, 머리끈도 모두 핑크였습니다. 나는 그런 지선이에게 '핑크공주 화가'라는 별명을 지어 주었습니다.

지선이는 친구들을 너무나 좋아했습니다. 5학년 여학생들에게 또래 친구 그것도 동성 친구와의 관계는 가장 중요한 관심사입니다. 나는 지선이가 또래 친구들과 어떻게 관계를 맺어 나갈지 궁금했습니다. 지선이는 친구들과 처음 만난 3월 첫날 몇몇 여학생에게 다가가서 손을 덥석 잡았습니다. 여학생들은 아직 친해지지도 않았는데 지선이가 손을 잡은 것에 대해 당황하는 듯 보였습니다. 게다가 코로나19로 거리두기가 중요한 사회적 규칙이 되어버려 교실에서도 책상을 하나씩 띄어 앉고 친구들과의 접촉도 최대한 하지 말라고 아이들에게 강조했었기에 지선이의 행동에 더욱 당황스러웠던 것 같습니다. 우리 반 아이들은 지선이의 그런 행동에 처음에는 당황했지만 얼마 지나지 않아 지선이와 잡은 손을 앞뒤로 흔들면서 자연스럽게 행동해 주었습니다. 지선이의 행동을 이상하게 바라보지 않았던 아이들이 나는 지금도 너무나 고맙습니다. 지선이는 대인관계지능이 높은 아이였습니다. 비록 사회적 기술은 약간 부족할지 몰라도 조금만 배워나가면 친구들과 좋은 관계를 잘 맺으며 살아갈 수 있는 아이였습니다. 여자 친구들에게 먼저 다가가 칭찬하는 말도 할 줄 알고 상대의 관심사에 대해 핑퐁 대화를 나눌 줄도 알았습니다. 그리고 남자 친구들에게 다가가 잔소리도 할 줄 알았습니다. 우리 반에 정리정돈이 잘되지 않는 남학생에게 다가가 자기가 직접 자리를 정돈해 주면서 잔소리를 했습니다. 지선이는 통합지원반에서 더 많은 잔소리를 한다고 했습니다. 동생들도 잘 챙기고 같은 학년 친구도 아주 잘 챙겨서 그 친구와는 단짝이었습니다. 그래서 나는 지선이에게 '친절한 지선씨'라는 별명을 지어주었습니다. 이렇게 지선이는 다중지능 중 신체운동지능, 대인관계지능, 그림을 잘 그리는 자연탐구지능이 높은 아이로 무궁무진한 가능성과 잠재력이 있는 아이였습니다.

지선이를 위한
강점기반 보편적 학습설계

지선이는 국어와 수학을 통합지원반(특수반)에서 공부하고 나머지 시간은 모두 통합학급에서 수업을 받습니다. 학기 초 지선이가 수업에 참여하는 모습을 관찰하니 굉장히 눈치를 많이 보는 듯하였습니다. 모둠 친구들의 눈치도 많이 보고 나의 눈치도 보았습니다. 그리고 어떠한 튀는 행동도 하지 않고 소극적인 모습이었습니다. 나는 지선이가 특수반에서는 어떤 수업태도를 보이는지 궁금해서 특수반 선생님께 물어보았습니다. 지선이는 특수반에서는 매우 적극적이고 선생님에게 반항적인 말도 서슴없이 한다고 하였습니다. 지선이는 특수학급과 통합학급에서 무척 상반된 모습을 보이고 있었습니다. 나는 아무래도 지선이가 우리 교실에서의 수업이 어려워서 그런 것 같다고 생각이 되었습니다. 지선이가 특수반에서처럼 우리 반 수업에 좀 더 편안하게 참여할 수 있도록 도와주어야겠다고 생각했습니다.

지선이는 사회과목을 어려워하였습니다. 아무래도 내용도 많고 어려운 단어가 많기 때문에 더욱 그러할 것입니다. 나는 지선이와 방과 후에 사회과목 개별 보충수업을 하기로 하였습니다. 지선이는 다행히 방과 후에 나와 함께하는 개별수업을 좋아하였습니다. 지선이의 수업참여도를 높이기 위해 수호처럼 예습 위주로 하였습니다. 나는 지선이가 좀 더 자신감을 갖고 수업에 참여할 수 있도록 꼼꼼하게 예습을 시켰고 다음 수업시간에 물어볼 질문에 대한 답도 함께 써보았습니다. 지선이에게 사회 이외의 과목에서 예습이 필요한 경우에는 특수반 선생님에게 부탁하여 특수반에서 미리 공부하도록 하였습니다.

예습 효과는 바로 나타났습니다. 지선이가 눈을 반짝이며 수업시간이 되기를 기대하고 있는 게 보였습니다. 먼저 손을 들고 발표를 하지는 않았으나 내가 지목하기를 기다리고 있다가 발표를 시키면 당황하지 않고 잘 말할 수 있게 되었습니다. 지선이에게 자신감이 생겨나는 것이 눈에 보일 정도였습니다. 나는 지선이와 신나게 예습을 해나갔습니다. 그런데 얼마 후 예기치 못한 일이 생겨났습니다. 나는 신경다양성 교실 연구모임에서 우리 반 수업을 촬영해서 연구회원들과 함께 수업임상을 하는데 그 수업 영상을 통해 내가 그동안 몰랐던 지선이의 모습을 보게 된 것입니다. 수업 촬영을 특수반의 김숙희 선생님이 해주었는데 내가 다른 모둠을 돌며 지도를 하고 있는 사이 지선이가 속한 모둠의 활동모습이 영상에 담겨있었습니다. 나는 지선이의 모습을 보고 깜짝 놀랐습니다. 친구들과 함께 이야기를 나눈 후 활동지를 채우는 모둠활동 시간이었는데 지선이는 나와 함께 예습했던 활동지를 당당하게 꺼내어 자신의 활동지에 열심히 베껴 쓰고 친구들과는 어떠한 교류도 하지 않고 있었습니다. 활동지를 다 채웠으니 자기가 할 일을 다했다는 듯 아주 뿌듯한 표정을 짓고 있었으며 특수반 선생님께 자기가 얼마나 잘하고 있는지 봐달라는 눈빛을 보내고 있었습니다. 지선이는 분명 특수반 선생님께 칭찬을 받고 싶었던 모양입니다. 나는 그런 지선이의 모습이 귀엽고 기특하기도 했지만 한편 무언가 잘못되었다는 생각이 들었습니다. 나는 예습을 통해 지선이가 좀 더 수업에 자신감을 갖고 참여하고 친구들과 더 많은 이야기를 나눌 수 있게 되기를 기대하였는데 지선이는 활동지를 다 채우는 일에만 급급했습니다. 겉으로는 지선이가 수업에 잘 참여하는 것으로 보일 수도 있지만 실상은 지선이에게 배움이 일어나지 않았던 것입니다.

그동안 지선이는 통합학급 수업에서 자신이 어려워하는 내용에 대해 선생님과 친구들에게 적극적으로 질문하지 않았습니다. 그냥 눈치껏 친구들의 것을 보고 베꼈고 그것으로 만족해 하며 통합학급 수업에 적응해왔던 것 같았습니다. 수동적으로 살아가는데 익숙해져버린 것입니다. 나는 지선이와의 예습방법을 다시 수정하기로 하였습니다. 예전에는 내가 친절하게 모든 것을 채워 주었다면 이제는 지선이가 할 수 있는 부분을 남겨두기로 하였습니다. 질문에 대한 답을 모두 해주지 않았습니다. 핵심적인 내용만 다루고 나머지는 지선이가 혼자서 또 친구들의 도움을 받아 할 수 있도록 남겨두었습니다. 지선이의 교과서와 활동지에 중요한 키워드에만 형광펜으로 밑줄을 긋게 하고 수업시간에 그것을 활용해서 활동지를 채우게 하였습니다. 그리고 친구들에게 적극적으로 도움을 요청할 수 있도록 나와 함께 도움을 요청하는 대화연습도 하였습니다. 지선이가 서툴지만 자신의 언어로 자신의 배움을 표현할 수 있는 수준까지 끌어올리기 위해서는 내가 모든 것을 다 해주면 안 되는 것이었습니다. 나의 전략은 잘 맞아 들어갔고 지선이는 키워드를 보며 답을 스스로 찾아내기도 했고, 잘 모르는 경우는 연습했던 대로 친구들에게 도움을 요청하기도 하였습니다. 전보다 훨씬 능동적으로 참여하는 모습을 보게 되어 안심이 되었습니다. 지선이가 학습에 어려움이 있는 아이라고 모든 것을 다 해주고 쉬운 과제만을 제시하는 것은 아이의 성장 기회를 빼앗아 버리는 것입니다. 통합학급의 수업은 아무래도 지선이의 수준보다 더 높은 내용을 다루게 됩니다. 하지만 친구들과 교사의 도움으로 약간의 비계(scaffolding)만 설치해주면 지선이도 충분히 배움의 즐거움과 성취감을 느낄 수 있고 성장할 수 있었습니다.

　지선이와 함께하는 수업에서는 되도록 예시자료를 많이 보여주려고 했습니다. 특히 활동지나 교과서에 쓰기를 해야 하는 경우 지선이는 쓰기에 어려움이 있기 때문에 중요한 단어만 바꾸어 쓸 수 있도록 하고 전체 문장을 예시로 보여주었습니다. 또한 포스트잇에 다양한 문장을 여러 장 써주고 지선이가 그 중에서 자신의 생각을 잘 표현한 문장을 고를 수 있게도 하였습니다. 지선이는 특수학급에서 더 긴 글을 써야 할 때가 많은데 그때는 '말을 글로 변환하는 앱'을 자주 사용한다고 했습니다. 그 앱을 이용하면 혼자서 충분히 긴 글을 완성할 수 있어 아주 뿌듯해 한다고 했습니다. 통합학급 수업에서는 모둠 친구들과 교사의 도움을 받아 쓰기 과제를 충분히 해결할 수 있어 이 앱을 활용하지는 않았습니다. 읽기 같은 경우는 읽어야 할 내용이 너무 많을 경우 압도되어 버리지 않도록 하기 위해 형광펜이나 색연필로 중요한 단어에 표시를 해두어 단서를 쉽게 찾을 수 있도록 하였습니다. 형광펜, 색연필, 포스트잇, 소프트웨어 프로그램 등은 지적 장애 학생들을 위한 유용한 보조공학이 될 수 있습니다. 스마트폰 앱이 고차원의 보조공학도구라면 형광펜, 색연필, 포스트잇 등은 낮은 수준의 보조공학도구가 될 수 있습니다. 우리 주변에 흔히 있는 보조공학도구의 활용만으로도 지적 장애 학생의 수업 참여도를 충분히 높일 수 있었습니다.

지선이는 신체활동 수업을 할 때가 되면 눈이 반짝였습니다. 교실에서 하는 체육놀이도 좋아하고 실외에서 하는 모든 체육활동도 좋아했습니다. 지선이는 복지관에서 운영하는 각종 체육수업에 참여하고 있었습니다. 거기서 많은 운동과 게임을 배워서 규칙도 잘 이해하고 스스로 전략도 짜낼 수 있었습니다. 체육시간에는 지선이가 친구들의 위치와 포지션을 정해주는 등 주도적인 역할을 하기도 했습니다. 10월 말쯤 하늘이 푸르렀던 가을날 우리 반 아이들과 함께 자전거로 한강공원을 달리는 로드 교실에 참여할 기회가 생겼습니다. 신체활동에 강점을 가진 수호와 지선이에게 좋은 기회가 될 것 같았습니다. 수호는 자전거를 잘 타는 아이라 이미 큰 기대를 하고 있었습니다. 그런데 의외로 지선이는 자전거를 못 탄다고 하였습니다. 그동안 배울 기회가 없었다고 하였습니다. 자전거를 못 타는 아이들은 지선이 외에도 4명이 더 있었습니다. 5명의 아이들을 제외한 우리 반 아이들은 자전거 로드 교실 선생님과 한강공원 자전거길로 라이딩을 떠나게 되었고 나머지 5명의 아이들은 나와 남아서 넓은 공터에서 자전거를 배우기로 하였습니다. 자전거는 한 번 배우면 몸이 기억해 언제든 다시 탈 수 있을 만큼 매우 유용한 기술이지만 이를 배우기 위해서는 여러 번의 도전과 실패, 연습이 필요합니다.

자전거를 처음 배우기 시작한 5명의 아이들은 두 발로 자전거를 끌고 가다가 페달 위에 발을 올려놓기 위해서 땀을 뻘뻘 흘리며 부단히 연습하였습니다. 그런데 그 아이들 중 지선이가 제일 먼저 페달에 발을 올려놓을 수 있었고 균형을 잡으며 앞으로 나가는 것이었습니다. 역시 운동기능이 좋았던 아이라 자전거도 금방 배울 수 있었습니다. 지선이는 금세 공터를 뱅글뱅글 돌 수 있을 만큼 자전거를 잘 타게 되었습니다. 자전거를 처음으로 타는 아이라는 게 놀라울 만큼 금방 배웠습니다. 다른 아이들은 지선이가 자전거를 타게 된 것을 신기해 하였습니다. 지선이는 몇 바퀴 돌더니 한 친구에게 다가가 자전거 균형 잡는 시범을 보이며 그 친구가 페달에 발을 올릴 수 있도록 가르쳐 주었습니다. 그 친구는 교실에서 항상 지선이에게 쓰기를 친절하게 가르쳐 준 친구였습니다. 이제는 지선이가 이 친구를 가르쳐주고 있었습니다. 지선이의 도움을 받은 친구도 드디어 자전거를 타게 되었습니다. 지선이는 그 친구를 도와줄 수 있었다는 것에 무척 기뻐하였습니다. 교실로 돌아와서도 그 친구와 지선이는 더 친하게 잘 지낼 수 있었습니다. 나는 지선이의 성공경험이 친구관계의 형성에도 긍정적인 영향을 끼친 것 같아 너무나 기뻤습니다.

지선이는 관계에 대한 욕구가 큰 아이였습니다. 친구를 너무나 좋아하고 친구들과 어울리는 것을 가장 행복해 했습니다. 지선이가 순수하고 착한 아이라 우리 반 아이들은 모두 지선이에게 호의적이고 수용적이었습니다. 덕분에 지선이는 모둠별 협력수업에서 친구들에게 적극적인 도움을 받을 수 있었고 모방의 기회와 비계를 제공받을 수 있었습니다. 지선이는 모방을 아주 잘하였고 모방을 통해 사회적 기술도 잘 배워나가는 아이였습니다. 이렇게 지선이에게 또래 친구는 가장 훌륭한 선생님이자 치료사가 되었습니다.

친구들 이외에도 지선이는 또 다른 인적자원의 도움을 많이 받고 있었습니다. 교내에서는 특수교사와 특수교육실무사로부터 개별 교육과 지원을 받고 있고, 각종 치료실과 복지관의 선생님들에게 다양한 치료교육도 잘 받고 있었습니다. 무엇보다 가정에서 전폭적인 관심과 사랑을 받고 있었습니다. 이러한 인적자원들은 지선이의 개인 외적 강점이기도 했습니다. 개인 외적 강점은 개인을 둘러싼 인적자원과 환경적 자원을 포함하는 것이라고 할 수 있습니다. 지선이 주변의 이러한 많은 인적자원은 지선이의 장점과 요구, 선호를 잘 알고 있기 때문에 지선이의 통합교육을 위한 든든한 지원군이 되어 주고 있었습니다. 통합학급에서 지선이에게 개별적 지원이 필요한 경우 이러한 인적자원을 적극 활용할 수 있었습니다. 모둠 친구들에게 지선이를 가르쳐 주도록 하였고, 특수반 선생님에게 지선이의 예습을 부탁하기도 하였으며, 특수교육실무사 선생님에게는 원격수업에서 지선이를 도와달라고 부탁할 수 있었습니다. 그리고 지선이가 다니고 있는 치료실에서 사회성 증진 프로그램을 지속적으로 받을 수 있도록 하였습니다.

나는 지선이의 이러한 개인 외적 강점과 내적 강점을 최대한 활용하여 신경다양성 교실을 만들었고 지선이는 행복하고 안정적인 학교생활을 잘해 나갈 수 있었습니다. 만약에 지선이의 결함에만 집중하여 그것을 해결하기 위해 모든 노력을 쏟아부었다면 아마도 지선이와 나는 행복한 학교생활을 하지 못했을 것입니다. 지선이의 밝고 순수한 성격과 이 아이가 가진 내적, 외적 강점을 충분히 활용할 수 있도록 환경을 조성해 주고, 수업을 설계하며 끊임없이 격려해주었기에 지선이는 자신의 결함으로 인한 괴로움을 느끼지 않을 수 있었습니다. 지선이의 강점에 초점을 맞추고 지선이 앞을 가로막는 장애물들을 하나씩 없애다 보니 지선이의 결함은 더 이상 큰 문제로 보이지도 않게 되었습니다.

지선이는 5학년 생활을 무사히 마치고 6학년이 되었습니다. 나는 지선이의 6학년 담임을 또 맡게 되었습니다. 지선이는 나와 또 만나게 되어 아주 좋아했습니다. 2년 연속으로 담임을 맡게 되니 지선이의 특성을 이미 잘 파악하고 있어 지선이에 대해 탐색할 시간을 가지지 않아도 되어서 좋았습니다. 나는 지선이가 6학년에서도 신경다양성 교실을 통해 더 많은 경험과 성장을 하도록 지원해주고 싶었습니다. 우리 반에는 지선이와 함께 다운 신드롬이 있는 여학생 민솔이도 배정되었습니다. 나는 민솔이와 지선이가 좋은 친구가 될 수 있을 것 같아서 무척 기대되었습니다. 실제로 두 아이는 함께 통합지원반에 가서 공부를 하고 오며 서로에게 의지하는 친한 친구가 되었습니다. 나는 이 두 소녀가 6학년에서 좋은 추억만을 간직한 채 졸업을 할 수 있기를 바랐습니다. 나의 간절한 마음이 통했는지 우리 반 아이들은 모두 이 두 아이에게 매우 친절하고, 적극적으로 도움을 주며 함께 하는 기쁨을 느끼는 훌륭한 아이들이었습니다. 6학년은 생활지도에 어려움이 커서 교사들이 많이 기피하는 학년인데 우리 반은 생활지도의 어려움이 전혀 없었습니다. 배려와 나눔의 생활을 실천하는 아이들에게 내가 매일 감동을 받을 정도였습니다. 이런 멋진 반을 맡게 되다니 나에게 큰 행운이 온 것 같았습니다. 아마도 지선이와 민솔이가 그런 행운을 오게 했나 봅니다. 나

는 우리 반 아이들이 졸업 후에도 이 두 아이와 함께 평생 친구

가 되어 성장하고, 옛 추억을 회상하며 함께 성인기를 지내는 좋

은 친구들이 되기를 바랍니다.

지적 장애 학생을 위한
신경다양성 교실

지적 장애 학생들 중에는 지선이처럼 논리수학지능과 언어지능은 떨어지지만 신체운동지능, 대인관계지능, 음악지능, 자연탐구지능 등에서 강점을 가지고 있는 아이들이 많이 있습니다. 이것이 이 아이들의 능력을 지능지수(IQ)로만 한정지을 수만은 없는 이유입니다. 지적 장애 아이들이 학교에서 지속적인 실패를 경험하지 않고 성공적인 학교생활을 해나가게 하기 위해서는 결함에 대한 보완과 동시에 그들이 가진 강점에도 집중을 할 수 있어야 합니다. 내가 시골학교에서 근무할 때도 지적 장애 여학생을 가르친 적이 있습니다. 6학년으로 다운 신드롬이 있는 여학생이었습니다. 이름이 유나였는데 지선이처럼 친구를 무척 좋아했습니다. 수업 중 유나가 어려움이 있어 보여 내가 다가가 가르쳐 주려고 하면 유나는 나를 밀어내고 자기 모둠 친구들에게 바짝 다가가 모르는 것을 물어보았습니다. 수학여행을 가게 되었는데 혹시라도 유나가 멀미를 할까 싶어 나의 옆자리에 앉게 하였는데 유나는 버스를 타고 가는 내내 시무룩해 있었습니다. 어디가 아프냐고 하니까 그게 아니라 여자 친구들과 함께 앉아 가고 싶다고 했습니다. 그래서 여학생들이 있는 자리로 옮겨 주었더니 유나의 얼굴은 금세 웃음꽃이 환하게 피어났습니다. 유나는 6학년 여자 친구들의 관심사를 함께 나누지는 못했지만 친구들과 함께 있는 것만으로도 너무나 행복해 했습니다. 친구들과 함께하는 시간은 유나에게 가장 큰 기쁨이었습니다.

유나는 누군가를 돌보는 일을 제일 좋아하였습니다. 유나에게는 남동생이 있었는데 집에서 남동생에게 늘 잔소리를 한다고 했습니다. 다른 학교에 다니고 있던 유나 남동생을 우리 학교에서 열린 가족캠프에서 만났을 때 그런 불평을 했습니다. 잔소리는 좀 하지만 그래도 누나가 자기를 너무나 아끼고 사랑해서 자기는 누나가 가장 좋다고도 하였습니다. 유나는 학교에서 나의 둘째 아이를 만나는 시간을 가장 기다렸습니다. 그때 유나가 6학년이었고 우리 아이는 2학년이었습니다. 방과 후에 우리 아이는 우리 교실에서 시간을 보내다 나와 함께 집에 갔습니다. 유나는 늘 우리 아이가 오기만을 기다렸습니다. 나는 우리 아이가 오면 덧셈·뺄셈 문제를 풀게 하면서 시간을 보내게 하였습니다. 그런 모습을 유심히 지켜보던 유나가 어느 날 나 대신 우리 아이 공부를 시키겠다고 나섰습니다. 나보고 선생님은 바쁘니까 일을 보고 있으라고 했습니다. 유나는 내가 하는 모습과 똑같이 우리 아이를 자기 옆자리에 앉히고 문제를 하나씩 짚어주면서 풀게 하였습니다. '와, 다 맞았네!' '잘했다.' '이것만 하면 다 하네.' '얼른 다 풀고 놀자.' 이런 말들을 아주 자연스럽게 잘했습니다. 모두 내가 했던 말들이었습니다. 그리고 우리 아이가 너저분하게 벌려놓은 학용품도 모두 정리하게 하였습니다. 정리를 다 하고 나면 칭찬하는 말도 잊지 않았습니다. 그렇게 유나는 우리 아이가 수학과제를 다 해결할 수 있도록 도와주었습니다. 그런데 놀라운 사실은 유나가 덧셈, 뺄셈을 못한다는 것입니다. 우리 아이가 풀었던 문제를 유나는 풀 수 없었습니다. 그런데 마치 다 할 줄 아는 것처럼 기가 막히게 똑같이 선생님 흉내를 내고 있었습니다.

토머스 암스트롱은 《Neurodiversity in the classroom》(교실에서의 신경다양성)에서 다운 신드롬을 처음으로 연구 발표한 19세기의 의사 존 랭던 다운(John Langdon Down)이 다운 신드롬 아이들에 대해 묘사한 말을 다음과 같이 인용하였습니다. "그들은 유머 감각을 가지고 있으며 다른 사람을 흉내낼 수 있는 상당한 모방의 힘을 가지고 있습니다. 이 모방 능력은 매우 크게 계발될 수 있으며 그들의 삶에 실질적인 방향을 제시할 수 있습니다." 다운 신드롬 아이들이 가진 강점에 대한 명확한 통찰이 드러나는 대목입니다. 반더빌트 대학의 심리학 교수인 엘리자베스 디킨스(Elizabeth M. Dykens)는 "다운 신드롬을 가진 사람은 더 많이 미소지으며 더욱 친절하고 매력적"이라고 하면서 이러한 맥락에서 다운 신드롬을 가진 사람들을 'Up syndrom'으로 명명하기도 하였습니다. 다운 신드롬을 가진 지적 장애인의 순수한 웃음과 친절이 주변 사람들을 업시키는 훌륭한 능력이라고 한 표현에 저절로 미소가 지어집니다.

유나와 지선이는 모두 주변 사람들을 미소 짓게 하는 예쁜 소녀들입니다. 주변 사람들의 표정도 잘 살피고 흉내도 잘 내며 작은 도움이라도 주려고 노력하는 등 누구보다도 큰 강점을 가진 아이들입니다. 대인관계지능과 자연탐구지능이 높은 이 아이들은 나중에 커서 다른 사람을 돌보는 일을 하게 되면 자신의 잠재력을 잘 발휘할 수 있을 것입니다. 요양원에서 몸이 불편한 사람들을 돌보거나, 어린이집 보조교사, 동물들을 돌보는 일, 식료품점의 점원, 건물 관리인, 도서관 사서 보조원, 요리사 등 그러한 능력을 발휘할 수 있는 직업은 얼마든지 있습니다.

《선물》의 공저자인 박현주 선생님은 책에서 자신이 가르쳤던 스무 살의 지적 장애 여성에 대한 이야기를 들려주었습니다. 특수교사 출신으로 통합어린이집 원장인 박현주 선생님은 자신이 어릴 때 가르쳤던 지적 장애 아이가 성인이 되자 어린이집 차량 지도를 도와주는 보조교사로 채용해 성공적으로 적응할 수 있도록 도와주어 이제는 어엿한 직원이 되었다고 합니다. 시간이 오래 걸리고 완벽하진 않았지만 보조교사로서 손색이 없었다고 합니다. 아이들이 차에 타면 가방을 벗기고 안전벨트도 매어주고, 차량이 도착하면 아이들을 인사시킨 다음 내려주기도 합니다. 한 달에 한 번씩은 아이들을 직접 만날 수 있도록 교실에서 아이들과 시간을 보내게도 했다고 합니다. 그렇게 어린이집의 중요한 일원이 된 것입니다. 지적 장애인들도 자신의 강점을 살릴 수 있는 직업을 택할 수 있는 기회가 더 많이 주어진다면 이들의 삶도 분명 더 풍성해지고 행복해질 것입니다.

우리 둘째 아이의 주치의인 김숙자 선생님은 수년간 미국 병원에서 의사생활을 하였는데 미국 대형병원의 안내데스크에는 다운 신드롬이 있는 사람들이 많이 배치되어 일을 하고 있다고 하였습니다. 큰 병원의 얼굴 역할을 하는 곳에 지적 장애인이라니, 우리나라에서는 매우 낯설게 느껴지지만 미국은 이미 그러한 문화가 자연스럽다고 합니다. 다운 신드롬을 가진 사람들이 보이는 순수한 미소와 친절은 그곳을 방문하는 사람들을 모두 행복하게 할 수 있다는 것입니다. 나는 종종 KTX를 타러 서울역에 갑니다. 서울역사에는 여행객들이 잠시 요기를 할 수 있는 음식점들이 많이 있습니다. 그 중의 한 패스트푸드점에 간 적이 있는데 그곳에서 테이블과 자리를 정돈하는 사람들이 모두 지적 장애인이었습니다. 그들은 무척 친절했고 성실했습니다. 나는 이렇게 사람들이 바삐 움직이는 복잡한 곳에서 자신의 일을 너무나 능숙하게 잘하고 있는 그들의 모습이 대견해서 보는 내내 가슴이 뭉클했습니다. 우리나라에서도 지적 장애인들의 다양성을 인정하고 수용하는 분위기가 형성되어 가고 있다는 생각이 들어 가슴이 벅찼습니다. 많은 지적 장애인들이 이렇게 세상 밖으로 나와 자신의 능력과 재능을 뽐내며 사회의 일원으로 자연스럽게 어울리는 날이 빨리 오기를 간절히 바랍니다.

이렇게 사람들과 어울리고 관계 맺기를 좋아하고 모방을 잘하는 지적 장애 아이들의 통합교육은 비교적 수월합니다. 이 아이들은 협력수업을 통해 또래 친구들에게 많은 것을 배울 수가 있기 때문입니다. 또래들이 쉬운 말로 하는 설명이 교사의 설명보다 오히려 더 이해하기 쉽고 배우기 쉬운 경우가 많습니다. 이 과정을 통해 또래들 또한 배움에서 큰 도약을 경험합니다. 이해하는 것보다 더 높은 차원은 지식을 설명할 수 있는 것이고, 그보다 더 높은 차원은 지식을 상대방이 이해할 수 있도록 가르쳐 주는 것입니다. 우리 반 아이들은 다른 사람들을 가르쳐 줄 때 오히려 자신이 더 잘 배웠다고 종종 말합니다. 가르쳐주는 동안 에 스스로 정리가 되고 이해가 되었다고도 합니다. 지적 장애 학 생은 친구들에게 배워서 좋고, 가르쳐준 친구는 가르쳐주는 과 정을 통해 자신의 배움이 더욱 굳건해지는 경험을 하게 되어 좋 습니다. 이렇게 서로에게 이득을 가져다주는 배움을 상호호혜적 배움(Reciprocal Learning)이라고 합니다. 통합교육 환경은 상호 호혜적 배움을 경험할 수 있는 최고의 환경이고, 이는 모든 아이 들을 위한 가장 값진 환경이 될 수 있습니다.

통합학급 교사는 혼자서 모든 신경다양성 아이들의 참여를 위해 고군분투할 필요가 없습니다. 천혜의 자원인 또래 자원과 협력학습 방법을 활용하면 됩니다. 수업을 모둠 협력학습으로 잘 설계만 하면 교사의 지원 없이도 또래들이 교수적 수정을 해 주기도 하는 등 적극적으로 도와줄 수 있습니다. 통합교육으로 유명한 수원기독중앙초등학교의 조성아 선생님이 쓴《통합교육 그 안에 숨겨진 보물찾기》에는 5학년 아이들이 과학시간에 행성 을 그리는 이야기가 나옵니다. 이 학교는 전교의 모든 학급이 통 합학급입니다. 각 학급별로 1명 이상의 장애학생이 포함되어 있 습니다. 그 학급도 지적 장애가 있는 학생이 있었습니다. 이 학생이 동그란 행성에 색칠을 하는데 자꾸만 선 밖으로 벗어났습니다. 이 친구의 모둠 친구들은 이 친구가 선을 벗어나지 않게 색칠을 할 수 있도록 모두 손을 모아 행성그림 위에 원을 만들어 주었습니다. 친구들의 손으로 둘러싸인 원에만 색칠하면 되니까 이 친구는 더 쉬우면서도 벗어나지 않게 색칠하기를 완성할 수 있었습니다. 그렇게 하라고 교사가 시킨 것이 아니었습니다. 아이들이 모둠 협력학습을 통해 스스로 궁리해서 했던 활동이었습니다. 참으로 예쁜 아이들의 모습에 나에게는 아직도 그 여운이 깊이 남아 있습니다.

유나를 맡았던 해에 나도 여러 번 아이들과 함께 이러한 궁리를 한 적이 있습니다. 유나는 지선이와는 달리 신체운동기능은 부족했습니다. 운동을 하기 싫어하고 운동시합은 더더구나 안 하려고 했습니다. 나는 체육수업으로 우리 반 아이들과 배드민턴을 하려고 계획하였습니다. 유나를 제외한 나머지 아이들은 둘씩 짝을 지으면 랠리를 할 수 있지만 유나는 배드민턴을 잘 치지 못하기 때문에 랠리가 되지 않습니다. 그래서 아이들은 유나와 짝이 되기를 꺼려하는 것 같았습니다. 아무리 생각해도 유나도 함께 배드민턴을 칠 수 있는 방법이 떠오르지 않았습니다. 유나가 나랑만 치게 되면 또 삐칠 것이 분명했습니다. 자기도 친구들과 치고 싶을 테니까요. 좀처럼 아이디어가 떠오르지 않아 나는 이 문제를 학급 회의의 안건으로 올렸습니다. 아이들과 함께 이 문제를 해결해 체육수업을 하기로 한 것입니다. 아이들은 너무나 신선한 아이디어를 냈습니다. 유나를 제외한 아이들이 둘둘 짝을 지어 배드민턴을 하는 동안 유나는 모든 아이들과 한 번씩 돌아가면서 배드민턴을 치는 것입니다. 그때 우리 반 아이들이 모두 15명이었으니까 7쌍의 아이들이 배드민턴을 치고 있으면 유나가 갔을 때 둘이 치던 것을 잠깐 멈추고 유나와 한 번씩 치는 것이었습니다. 그러면 우리 반 14명의 아이들은 모두 한 번씩 유나와 치고 나머지 시간은 둘이 짝을 지어 계속 배드민턴을 칠 수 있었습니다. 유나는 우리 반 모든 아이들과 한 시간 동안 땀을 뻘뻘 흘리며 쳐야 했습니다. 우리는 계획대로 수업을 하였고 유나를 포함한 우리 반 친구들은 한 명도 빠짐없이 배드민턴을 즐길 수 있었습니다. 우리 반 아이들은 유나로 인해 다른 사람을 배려하는 방법을 고민하고 실천하는 아이들로 한 단계 성장할 수 있었습니다. 협력수업이 주는 이와 같은 감동 덕분에 나는 힘들어도 늘 협력수업 디자인에 골몰합니다. 내가 고민하는 만큼 아이들은 또 한 뼘씩 클 테니까요.

지적 장애 아이들이 협력수업을 통해 친구들에게 도움만 받지는 않습니다. 지선이가 자전거 타는 방법을 터득해 좋아했던 친구를 가르쳐 줄 수 있었듯이 이 아이들도 다른 친구들에게 도움을 줄 수 있고 수업을 주도할 수도 있습니다. 이러한 경험은 이 아이들의 자존감을 높이는데 아주 중요한 역할을 합니다. 유나와 함께 했던 실과수업에서 유나가 주인공이 된 적이 있었습니다. 실과 요리실습 시간이었습니다. 각 모둠별로 재료를 준비하고 요리를 해보는 수업이었습니다. 유나네 모둠은 떡볶이를 만들기로 하였습니다. 아이들은 각자 준비해 온 재료를 꺼내 놓았습니다. 유나네 모둠은 4명이었는데 유나만 여학생이었습니다. 이 모둠의 남학생들은 혼자서 떡볶이를 만들어 본 적이 한 번도 없다고 하였습니다. 어떻게 만드는지 모르겠다며 재료를 꺼내만 놓고 서로 멀뚱멀뚱 쳐다보기만 하였습니다. 그때 유나가 "너는 떡을 씻어 오고, 너는 물을 떠와."라고 시키는 것이었습니다. 아이들은 깜짝 놀라며 유나가 시키는 대로 하였습니다. 유나는 아이들이 씻어 온 떡과 물을 계량하여 냄비에 붓고 갖은 양념을 넣어 떡볶이를 완성하였습니다. 3명의 남학생들은 유나의 지시대로 재료를 가져다 주면서 유나 셰프를 잘 보조해 주었습니다. 유나에게 그런 재능이 있을 줄을 아무도 몰랐는데 의외의 모습에 그 모둠 남학생들은 얼떨떨해 하였습니다. 그날 유나가 주도했던 떡볶이는 최고로 맛있는 떡볶이였습니다. 유나의 엄마는 한 회사의 영양사로 근무하고 있었습니다. 영양사인 엄마 덕분에 유나는 집에서 많은 요리를 배웠던 것입니다. 그때 배웠던 요리를 실과 실습시간에 잘 써먹을 수 있었던 것입니다. 친구들과 선생님에게 많은 칭찬을 받은 유나는 그날 이후로 꿈이 요리사로 바뀌었습니다. 잘하는 일에서 주도성을 발휘할 기회가 자주 주어진다면 이 아이들은 다시 한번 놀라운 성장을 하게 될 것입니다.

협력수업을 통해 아이들은 지식만을 배우는 것이 아닙니다. 이렇게 주도성도 배우고 배려도 배우고 함께 살아가는 방법과 또래문화도 배울 수 있습니다. 지적 장애 아이들에게는 지식을 배우는 것도 중요하지만 생활연령에 맞는 또래의 문화를 배우는 것도 아주 중요합니다. 또래의 관심사와 문화를 모르게 되면 아무래도 소외감을 느끼게 될 것입니다. 또래문화는 통합교육 환경에서 자연스럽게 배워나갈 수 있습니다. 유나는 6학년 또래 아이들의 관심사를 모두 다 알지는 못합니다. 유나가 이해하기 어려운 내용도 많습니다. 그래도 유나는 늘 친구들과 함께하고 싶어 합니다. 어느 날 수업시간에 유나가 자기가 좋아하는 남학생과 이야기를 나누고 있었는데 그 남학생이 유나에게 장난으로 놀리는 말을 하였습니다. 그때 유나는 그 남학생에게 큰 소리로 '○○○'이라고 욕을 하는 것이었습니다. 나는 깜짝 놀랐습니다. 유나가 너무나 상황에 적합한 욕을 했기 때문입니다. 아이들은 놀란 나의 표정을 보고 내 마음을 읽었는지 이렇게 말하는 것이었습니다. "선생님은 유나가 욕을 해도 기특하지요?"라고 말입니다. 우습지만 사실이었습니다. 나는 유나가 욕을 할 수 있다는 게, 그것도 아주 적절한 욕을 했다는 게 기뻤습니다. 유나도 또래 문화를 배운 것이니까요. 6학년 또래문화의 대부분은 욕입니다. 물론 학교에서는 쓰면 안 되는 것입니다. 아이들도 그것은 잘 알고 있습니다. 나는 급히 정신을 차리고 유나에게 신성한 교실에서는 욕을 하면 안 된다고 말했습니다. 하지만 속으로는 기뻤습니다. 이렇게 지적 장애 학생들에게 통합학급에서의 협력수업은 지식 그 이상의 것, 성인인 교사가 일일이 가르쳐 줄 수 없는 많은 것들을 가르치고 배울 수 있는 수업입니다.

유나와 지선이처럼 다양한 강점을 가진 지적 장애 학생들이 많이 있지만 이 아이들의 공통적인 약점은 단기기억과 인지기능에 큰 어려움이 있다는 것입니다. 단기기억에 어려움이 있다는 것은 또래에 비해 정보를 기억하는 능력이 부족하다는 것입니다. 또한 정보를 투입하고 처리하는 과정에서 자극을 정확하게 지각하고 필요한 자극을 선택하는 능력, 정보를 비교하고 평가하는 능력, 추론하는 능력에서도 결함을 보이는 등 인지기능에도 어려움을 가지고 있습니다. 하지만 여기에서 포기해 버리면 안됩니다. 이 아이들의 장기기억은 여느 아이들과 비교했을 때 크게 뒤지지 않는다고 합니다. 그러면 우리는 장기기억이라는 강점에 집중하면 됩니다. 단기기억의 용량은 작지만 충분한 반복학습과 지속적인 시연으로 장기기억화 하게 되면 이 아이들도 충분히 진보하고 배워나갈 수 있습니다.

학교에서의 학습을 넘어 직업생활에서도 장기기억의 강점을 살릴 수 있습니다. '베어베터'라는 회사는 발달장애인의 특성과 강점을 적절히 활용하여 행복한 직업생활을 할 수 있도록 도와주는 회사라 발달장애인들에게 엄청난 인기를 누리고 있습니다. 여기서는 발달장애인들의 단기기억 용량을 고려하여 작은 단위로 쪼개진 반복학습과 지속적인 시연으로 기술을 익히게 합니다. 단순조작이 가능한 자동설비와 작업을 쉽게 만들어주는 보조도구를 이용해 쉽게 일할 수 있게 합니다. 매뉴얼도 발달장애인이 이해하기 쉽도록 만듭니다. 그리고 지하철 노선을 외우는 것에 강점을 가진 사람들은 지하철 배송 담당직원으로 채용하기도 하는 등 그들의 강점을 최대한 고려하여 직원을 선발합니다. 이렇게 발달장애인들이 성공적으로 직업생활에 적응할 수 있게 합니다. 그리고 발달장애인들이 하루 8시간 근무가 힘들다는 특성을 고려해 오전반과 오후반으로 나누어 하루 4시간 근무를 선택할 수 있게 하였습니다. 하루 중 4시간은 직업생활을 하고 나머지 시간은 취미생활을 할 수 있도록 한 것입니다. 이 회사는 장애인들의 평생교육과 평생직장의 취지를 모두 다 살린 직장이기도 합니다. 이 회사가 발달장애인을 채용하여 매출을 올리고 성장을 할 수 있었던 이유는 아마도 발달장애인들의 강점과 가능성, 잠재력에 집중했기 때문이라고 생각합니다. 이런 회사가 우리 사회에 더욱 많아졌으면 정말 좋겠습니다.

특수교육의 역사는 지적 장애의 역사라고 할 만큼 지적 장애는 특수교육의 기초가 된 장애영역이기도 합니다. 그동안의 특수교육은 지적 장애인의 약점에 교수적 초점이 맞추어져 있었던 것이 사실입니다. 진단과 사정부터 시작해 교수법, 지도방법, 개별화 교육 등에서 그들의 결함을 중재할 방법들에 집중해 왔습니다. 신경다양성 교실에서는 이러한 결함중심 접근과 함께 학생이 가진 능력을 발견하기 위한 강점기반 접근에도 익숙해져야 할 것입니다. 신경다양성 교실에서 지적 장애 학생들의 능력을 개발하고 그들이 역량을 발휘할 수 있도록 도와준다면 학업뿐만 아니라 그들의 삶과 미래 또한 한결 밝아질 것입니다.

5장

하연이 이야기

01

하연이와의
만남

3월에 아이들은 교사와 친구들에게 잘 보이기 위해 자신의
본성을 잘 드러내지 않습니다. 수업태도도 바르고 친구들에게도
조심스럽게 행동합니다. 5학년 우리 반도 그랬습니다. 3월 2일
에 개학을 했지만 코로나19로 고학년은 등교를 일주일에 두 번
밖에 하지 못해 3월이 다 지나도록 개학 첫 주 같은 느낌이었습
니다. 여학생들은 아직 단짝 친구를 찾지 못한 것 같고 방과 후
에 연락을 해서 만나는 아이들도 많지 않아 보였습니다. 하교하
면 곧장 집이나 학원으로 향하고 있었습니다. 4월이 되니 여학
생들은 서로에게 좀 더 친근해진 듯했습니다. 쉬는 시간에 서로
의 자리에 방문해서 재잘재잘 이야기를 나누고 까르르거리며 함

께 웃었습니다. 쉬는 시간에 들리는 여학생들의 웃음 소리는 따뜻하고 활기차 에너지를 생기게 하는 힘이 있습니다. 아이들이 이렇게 어느 정도 서로를 알아가고 공통의 관심사를 나누기 시작해서 나는 안심하였습니다. 그런데 하연이가 유독 눈에 띄었습니다. 하연이는 긴 생머리를 늘어뜨린 예쁘장하고 새침한 여학생이었습니다. 하연이는 쉬는 시간에 아무에게도 다가가지 않았습니다. 화장실에 다녀오는 것을 빼면 자리에 앉아만 있었습니다. 그림을 그리거나 책을 읽거나 하는 것도 아니고 아무것도 하지 않고 앞만 멍하니 보고 있었습니다. 나는 하연이에게 다가가 친구들에게 가보라고 했지만 하연이는 고개를 좌우로 흔들며 싫다는 표시를 하였습니다. 어디 아프냐고 하니까 모기소리만큼 작은 소리로 아니라고 대답하였습니다. 하연이는 수업시간에도 전혀 말이 없었습니다. 짝꿍과도 대화를 하지 않았습니다. 같은 모둠의 여학생과도 마찬가지였습니다. 한 명씩 차례대로 읽기를 할 때에도 차례가 되면 하연이는 아무에게도 들리지 않는 목소리로 책을 읽었습니다. 바로 옆 짝꿍에게도 들리지 않을 정도였습니다. 하연이는 먼저 손을 들고 질문을 하거나 발표를 한 적이 한 번도 없었습니다. 점심시간에 식당에서 급식을 먹고 나면 여학생들은 우르르 운동장 놀이터로 몰려 가지만 하연이는 곧장 교실에 와서 자기 자리에 앉아 있었습니다. 여전히 아무것도 하지 않은 채 앉아 있었습니다. 보통 혼자 있는 아이들은 책을 읽거나 낙서를 하는 등 자기가 무언가를 하고 있다는 것을 드러내는 경우가 대부분인데 하연이는 아무것도 하지 않고 정면을 바라보고 있었습니다. 친구가 무언가를 물어보면 말은 하지 않고 고개를 끄덕이거나 좌우로 흔드는 것으로만 대답하였습니다. 비언어적인 제스처로만 종일을 보냈습니다.

우리 반 아이들은 일주일에 두 번 등교해서 대면수업을 하고 나머지 3일간은 원격수업을 했는데 원격수업에서도 하연이의 모습은 똑같았습니다. 마치 정지화면인 듯 그림처럼 앉아 있었습니다. 표정에도 변화가 없고 몸을 움직이지도 않았습니다. 혹시 자신의 사진을 화면에 띄어놓은 건지 의심이 되어서 하연이에게 내 목소리가 잘 들리느냐고 물었더니 음소거를 잠시 해제하고 아주 작은 모기소리로 '네' 하고 대답하였습니다. 하연이는 수업에 열심히 참여하고 있었습니다. 아이들을 소회의실로 보내 모둠활동을 할 때도 하연이는 정지화면 같은 모습으로 다른 아이들이 주고받는 이야기를 듣고만 있었습니다. 자신의 의견을 말하지도 질문하지도 않았습니다. 하지만 모둠친구들과 공동으로 하는 문서작성을 한 결과물을 보면 분명히 하연이도 참여해서 자신의 몫을 해냈습니다. 하연이는 인지능력에는 전혀 문제가 없었던 것입니다. 단지 말을 하지 않는 것이 문제였습니다. 그런데 원격수업을 하던 어느 날 놀라운 일이 생겼습니다. 하연이의 화면을 보니 하연이의 엄마가 방으로 들어오는 모습이 보였습니다. 하연이는 엄청나게 큰 소리로 "엄마 왜 들어와. 나 수업중이잖아. 빨리 나가!"라고 말하였습니다. 평소에 하연이는 늘 컴퓨터의 마이크를 꺼두는데 그날은 켜져 있었던 것입니다. 우리 반 아이들과 내가 모두 하연이의 목소리를 크고 생생하게 듣게 된 것입니다. 몇몇 아이들이 "와! 하연이가 큰 소리로 말했다!"라고 하는 바람에 하연이가 깜짝 놀라며 마이크를 껐습니다. 하연이는 집에서는 보통 아이들과 마찬가지로 말을 잘하는 아이였습니다. 학교에서만 말을 하지 않았던 것입니다.

하연이는 선택적 함묵증(selective mutism)이 있었던 것입니다. 선택적 함묵증은 말을 잘하는데도 특정한 장소나 상황에서 말을 하지 못하는 것으로 불안장애의 일종입니다. 정서·행동장애 범주 안에서 내면화된 행동문제를 가지고 있는 것으로 분류합니다. 일반적으로 정서·행동장애 중 외현화된 행동문제를 가진 장애로는 품행장애, 반항성 장애, ADHD가 있고, 내면화된 행동문제를 가진 장애로는 불안장애, 우울장애와 양극성 장애가 있으며, 외현화나 내면화로 분류되지 않는 기타 장애로는 조현병과 틱장애가 있습니다. 그러나 이러한 정서·행동장애가 있다고 모든 아이들이 특수교육대상자로 선정되는 것은 아닙니다.

특수교사의 특별한 지원이 더 필요한 경우에만 특수교육대상자로 선정되는데 특히 외현화된 행동문제를 가진 아이들이 주로 선정되고 있습니다. 내면화된 행동문제를 가진 아이들은 겉으로 드러나는 문제행동이 그리 크지 않기 때문에 문제학생이라거나 특수교육대상자, 또는 특별한 지원이 필요한 학생으로 보고 있지 않습니다. 하지만 이 아이들도 특별한 관심과 세심한 관찰이 필요한 아이들이며 특히 통합교육 환경에서 더욱 도움이 필요합니다. 선택적 함묵증의 발병률은 1% 정도로 추정하지만 실제 선택적 함묵증을 가진 사람은 훨씬 많을 것입니다. 일반적으로 말수가 없는 것을 장애로 이해하거나 병원의 진단까지 받는 사례는 많지 않기 때문입니다.

나는 하연이가 걱정스러워 하연이 엄마에게 상담을 요청하였습니다. 하연이가 학교에서 전혀 말을 하지 않고 있는데 혹시 알고 있느냐고 물었습니다. 하연이 엄마는 알고 있다면서 하연이에 대한 이야기를 해주었습니다. 하연이는 1, 2학년 때는 함묵증이 없었다고 하였습니다. 학교에서도 집에서도 같은 목소리 톤으로 자연스럽게 말하였고 친한 친구도 몇몇 있었다고 합니다. 그런데 하연이가 3학년 말이 되었을 때 얼굴에 여드름이 조금씩 나기 시작했다고 합니다. 여드름이 3~4개 정도 이마에 나기 시작했는데 처음에는 뾰루지가 올라온 줄 알고 곧 사라질 거라고 말해 주었더니 하연이는 곧 안심을 하였다고 합니다. 그런데 뾰루지가 잘 사라지지 않고 조금씩 더 나기 시작하자 여드름이 나기 시작했다는 것을 알게 되었다고 합니다. 그때부터 하연이는 이마에 난 여드름을 엄청나게 신경 쓰기 시작했다고 합니다. 여드름에 안 좋다고 하는 초콜릿, 사탕, 과자. 음료수 등 보통 아이들이 좋아하는 음식들을 입에 대지도 않았다고 합니다. 그리고 그때부터 사람들이 자기의 이마에 난 여드름을 쳐다보는 것을 두려워하기 시작했고 가족이 아닌 다른 사람과는 말을 하지 않는 아이가 되어버렸다고 했습니다. 갑작스럽게 변해버린 아이의 모습에 가족들도 많이 당황했다고 합니다. 마치 나에게 전화가 오기를 기다렸다는 듯 하연이에 대한 얘기를 자세히 해 주었습니다. 하연이가 학교에서 전혀 사회적 관계를 맺지 못하는 것은 아닌지, 혹시라도 왕따를 당하지 않을지 큰 걱정을 하고 있었습니다. 하연이는 4학년을 암울하게 보냈고 5학년이 된 지금도 여전히 행복해 보이지 않았습니다.

강점기반
진단하기

하연이의 문제에 대해 이렇게 알게 되었으니 이제부터는 신경다양성 관점에서 바라보기로 하였습니다.

하연이는 인지적·학업적 문제가 전혀 없었습니다. 오히려 다른 아이들보다 더 집중을 잘하는 모습을 보였습니다. 수업 중 쓸데없는 대화를 하지 않고 다른 아이들의 방해 행동에도 전혀 관심을 두지 않으니 수업집중도가 아주 높았습니다. 말을 하지 않아 사회성 발달에 문제가 있을 것이라고 생각했지만 그렇지 않았습니다. 하연이에게는 우리 반은 아니지만 친한 친구가 있었고 밤새 수다를 떨 만큼 친하게 지낸다고 했습니다. 하연이는 우리 교실에서는 비언어적인 의사소통만으로도 학교생활을 무리 없이 해나가고 있었습니다. 우리 반에는 하연이를 변호하고 대변해주는 여학생들이 많이 있었습니다. 하연이로 인해 놀이나 게임이 중지될 경우에도 남학생들이 하연이 탓을 할까 싶어 여학생들은 너도나도 하연이를 대변해주고 "하연이가 일부러 그런 것이 아니잖아."라고 하면서 편을 들어줍니다. 아이들의 이런 모습에서 하연이가 우리 반에 소속감을 가질 수 있겠구나 싶어서 안심이 되었습니다.

하연이는 글을 아주 잘 씁니다. 말로 표현하지 않을뿐 글로는 잘 표현했습니다. 국어 교과서를 검사하다 보면 깜짝 놀랄 때가 많았습니다. 생각이 깊고 글쓰는 능력도 훌륭했습니다. 하연이가 발표하기 어려워서 내가 대신 읽어주면 아이들은 박수를 치면서 감탄했습니다. 하연이는 그림도 아주 잘 그렸습니다. 만화 캐릭터를 곧잘 그리는데 아주 정교하게 그려서 작품을 본 여학생들은 하연이의 그림을 가지고 나에게 와서 봐달라고 하였습니다. 손을 표현한 부분에는 손톱의 네일아트까지 정교하게 그려놓았습니다. 컬러링 작품에서는 하연이만의 독특한 색깔이 잘 나타나 자기만의 미술세계가 있는 듯 보였습니다. 말을 잘 하지 않는 하연이가 글과 그림으로 자신을 표현할 수 있다는 게 참으로 다행이었습니다. 나는 이러한 하연이의 강점을 활용하여 하연이를 위한 신경다양성 교실을 만들어 보기로 했습니다.

하연이를 위한
강점기반 보편적 학습설계

내가 소속된 신경다양성 교실 연구모임에는 일본에서 박사 학위를 받고 귀국해서 선택적 함묵증 학생의 임상치료를 하고 있는 조성하 박사님이 있습니다. 조성하 선생님은 선택적 함묵증 학생에게 가장 큰 불안을 유발시키는 사람이 다름 아닌 담임 교사라고 했습니다. 나는 갑자기 온몸에서 힘이 빠져나가는 것 같았습니다. 누구보다도 하연이를 걱정하고 도와주기 위해 열심히 노력하는 사람인데 내가 하연이의 가장 큰 불안요인이라니…. 하지만 가만히 생각해보니 맞는 말이었습니다. 나는 하연이에게 끊임없이 말을 걸었고 다른 친구들 앞에서 말을 해보라고 강요를 했으니까요. 나는 하연이의 목소리가 너무 작아 조금이라도 크게 들렸으면 하는 바람에 하연이에게 마이크를 대준 적이 있었는데 그것 또한 하연이를 더욱 위축되게 만드는 일이라고 해서 또 한번 좌절했습니다. 캐나다 맥매스트 아동 병원의 임상심리학자인 안젤라 맥홈과 찰스 커닝햄, 멜라니 바니에가 함께 쓴 《아이가 말을 안해요》(Helping Your Child with Selective Mutism)에서는 아이가 학교에서 말을 하지 않는 것은 사회공포증과 관련되어 있다고 합니다. 사회공포증을 보이는 아동들은 타인에 의한 부정적인 평가를 극도로 두려워하고 스스로를 당황하게 만드는 말이나 행동을 할까봐 과도하게 걱정을 한다고 합니다. 스스로를 창피하게 만들 수 있다는 공포가 이 아이들로 하여금 소수의 매우 친하고 안전한 개인들하고만 사회적 교류를 하게 만든다는 것입니다. 선택적 함묵증을 보이는 아이들은 특히 말을 해야 하는 상황에서 더 큰 사회공포증을 가지고 있다고 할 수 있습니다. 아이의 불안함이 유독 말할 때의 공포로 연결되어 있는 경우가 많이 있습니다. 하연이의 사회공포증은 처음으로 여드름이 나던 때에 시작되었던 것 같습니다. 나는 하연이가 사회공포증에서 잘 벗어날 수 있도록 도와주어야겠다고 결심했습니다.

우선 하연이가 나로 인해 불안감을 가지면 안 되기에 하연이와 상담을 했습니다. 엄마로부터 고민 얘기를 들었다고 하고 여드름에 대한 이야기도 하였습니다. 여드름이 나는 것은 아주 자연스러운 신체변화 과정이고 우리 반 친구들 누구나 앞으로 여드름이 다 날 것이라고 했습니다. 하연이가 다른 친구들보다 조금 빠른 것뿐이며 일찍 났으니 아마도 다른 친구들보다 더 빨리 사라질 수도 있다고 하였습니다. 그리고 이마에 난 몇 안되는 여드름에만 주목하는 사람은 거의 없다고도 말해 주었습니다. 하연이가 걱정하는 것만큼 다른 사람들은 하연이의 여드름에 관심 없다고 하였더니 생긋 웃었습니다. 아주 작은 목소리지만 "우리 엄마도 그렇게 말씀하셨어요."라고 말로 답이 돌아왔습니다. 함묵증이 생기고 1년이 지났으니 하연이도 어느 정도 객관적으로 상황을 보고 받아들이고 있는 듯하였습니다. 하연이와 상담을 하며 다행히 희망이 보였습니다. 그동안 표정의 변화를 거의 본 적이 없었는데 나를 보고 웃기까지 하였으니까요. 나는 당분간 하연이가 불편해 하는 상황에서 발표나 말을 시키지 않겠다고 약속했습니다. 하연이는 고개를 끄덕였습니다. 하연이의 마음속에서 담임선생님이라는 가장 큰 불안 요소를 조금이라도 덜어 버린 것 같아 내 가슴이 다 후련했습니다.

　나는 하연이를 좀 더 세밀하게 관찰하고 어떤 상황에서 말하는 것을 더욱 어려워하고 스트레스를 받는지 정보를 수집하기로 하였습니다. 하연이는 선생님과 친구에게 질문하는 것을 어려워하였습니다. 하연이는 학업적 인지적 문제가 없는데, 어느 날 수학 단원평가를 보았을 때 뒷장의 문제들을 거의 풀지 않은 채 시험지를 제출한 적이 있었습니다. 시험지를 걷을 때는 내가 미처 알아채지 못했고 채점하다가 알게 되었습니다. 하연이가 수학익힘책을 풀 때 분명히 다 알고 있는 것으로 확인했었는데 그 문제들을 풀지 않은 것이 의아했습니다. 가만히 생각해보니 하연이가 이 문제를 몰라서가 아니라 시간이 부족해서 못 풀었던 것이었습니다. 다른 아이들 같았으면 "선생님 다 못 풀었으니까 시간을 더 주세요."라고 했을 텐데 하연이는 그런 말을 하지 못했던 것입니다. 나는 단원평가나 수행평가를 볼 때 충분하게 시간을 줍니다. 그래서 시간이 없어서 못 푸는 아이들은 거의 없습니다. 그런데 하연이는 그 말을 나에게 하지 못해서 풀지 못했던 것입니다. 이런 비슷한 일들은 그 이후에도 자주 있었습니다. 나는 수업의 도입부분에서 아주 쉬운 게임을 하곤 합니다. '고마워 카드'라는 가치덕목 카드를 자주 활용하는데 아이들에게 9장의 카드를 나누어 주고 내가 화면에 보여주는 고마워 카드의 초성과 같거나 색깔이 같은 카드가 있으면 자기의 카드를 뒤집는 게임입니다. 누구든 할 수 있는 간단한 게임이어서 우리 반 아이들은 자기가 가진 카드 9장을 거의 다 뒤집습니다. 그런데 하연이를 보니 하나도 뒤집지 않고 있었습니다. 깜짝 놀라 하연이에게 가서 왜 안 뒤집었느냐고 물어보니 아이는 눈만 꿈뻑거렸습니다. 순간 얼음이 된 것 같았습니다. 하연이는 내가 게임설명을 할 때 잠깐 놓친 모양이었습니다. 이해를 하지 못했던 것이 아니라 설명을 듣지 못했던 것입니다. 그럴 경우 보통 옆 짝꿍에게 '이거 뭐하는 거야?' '어떻게 하는 거야?'라고 편안하게 물어보았을 텐데 하연이는 안타깝게도 물어보지 못했습니다.

하연이는 또한 주목을 받을 때 신체 움직임이 둔해지고 경직되는 경향이 있었습니다. 하연이는 체력측정에서 무려 2등급을 받을 정도로 운동능력이 좋은 아이였습니다. 우리 반에는 1등급을 받은 아이가 한 명도 없었고, 2등급을 받은 아이가 20% 정도 되니까 하연이는 상위 20%에 속할 만큼 운동능력이 우수하였습니다. 그런데 하연이는 게임 활동만 하면 자신의 운동능력을 전혀 발휘하지 못하고 몸이 경직되는 것 같았습니다. 모든 아이들이 하연이를 쳐다보는 경우에 더욱 그러하였습니다. 준비운동으로 하는 달리기 릴레이에서 하연이는 자신의 차례가 되면 아주 부자연스럽게 뛰어갑니다. 그리고 정해진 지점을 돌아 다시 친구들이 있는 자리로 돌아올 때쯤에는 뛰지 않고 걸어왔습니다. 골인지점으로 빨리 뛰어 들어와야 다음 릴레이를 하는 친구가 빨리 뛰어나갈 수 있는데 하연이는 고개를 푹 숙이고 부자연스러운 걸음걸이로 터벅터벅 걸어왔습니다. 교실에서 간이배구를 할 때도 그런 적이 있었습니다. 하연이는 자기의 자리로 오는 공을 잡지 않고 피했습니다. 충분히 잡을 수 있는 쉬운 공인데 피하는 그런 행동이 더욱 아이들의 주목을 받게 하였습니다. 분명히 운동을 잘하는 아이인데 왜 저렇게 부자연스럽게 행동하는지 의아했습니다. 승부욕이 높은 몇몇 남학생들은 그런 하연이를 종종 원망했습니다. 하연이가 그런 난처한 상황이 되면 여학생들이 즉각 방어를 해주며 하연이를 감싸주었습니다. 하연이는 말을 하지 않아도 되는 상황에서도 자신이 주목을 받게 될 경우 몸이 긴장되고 경직되는 불안을 느끼고 있었던 것입니다.

종합해보면 하연이는 많은 친구들이 보는 앞에서 말하는 것과 행동하는 것에 가장 큰 불안을 느끼고 있었습니다. 이런 상황이 일상적으로 일어나는 학교생활에서 하연이가 큰 불안을 지속적으로 느끼고 있었다고 생각하니 너무나 안타깝고 안쓰러웠습니다. 초등학교 아이들은 걱정거리 하나 없이 밝고 해맑아야 하는데…. 어린 하연이가 학교에서 항상 이런 불안과 싸우고 있었다고 생각하니 얼마나 힘들었을지 마음이 아팠습니다. 나 또한 우리 아이를 키우면서 엄청난 불안감에 휩싸인 적이 많았습니다. 희귀질환에 발달장애가 있는 아이를 어떻게 키울지 너무나 무섭고 두려웠습니다. 앞이 캄캄해 보였고 자신이 없었습니다.

한번 불안함이 엄습해오면 걷잡을 수 없는 파도를 만난 것처럼 헤어나지 못하고 힘들어졌습니다. 마음속 불안을 잠재우기 위해 생각을 바꾸려고 끊임없이 몸부림쳤지만 그럴수록 불안은 더 크게 다가왔습니다. 나의 불안은 아이가 커가고 세상에 점차 적응하는 것을 보면서 조금씩 사라지기 시작했습니다. 내가 그렇게 두려워했던 일들을 아이는 조금씩 해낼 수 있었고 더불어 나도 그 고비를 넘기면서 조금씩 불안함을 이겨낼 수 있었습니다. 한 고비 넘길 때마다 '아! 우리 아이도 할 수 있는 거였구나. 그렇게 두렵지만은 않은 것이었네.'라는 경험이 쌓이면서 불안이 시나브로 사라졌던 것 같습니다. 하연이도 자신이 직접 불안을 이겨내는 경험이 쌓이면, 불안을 사라지게 할 수 있을 것으로 예상했습니다.

30년 이상 선택적 함묵증에 대한 임상 경험이 있는 찰스 커닝햄(Charles Cunningham)은 선택적 함묵증 아이들에게 가장 효과적인 접근법은 행동치료 접근이라고 하였습니다. 행동치료 접근의 핵심적 구성요소는 '노출'과 '전이'입니다. 노출은 두렵고 불안하고 불편한 상황을 피하기보다 오히려 의도적으로 더 직면하여 극복하는 경험을 하고, 이를 점차 늘리는 것입니다. 노출은 모든 종류의 공포를 극복하는데 있어 가장 효과적이고 강력한 도구라고 합니다. 그런데 여기서 중요한 것은 절대로 욕심을 부려서는 안 된다는 것입니다. 부모와 교사의 욕심이 아이를 영영 말하지 않는 아이로 만들어버릴 수도 있습니다. 노출은 반드시 점진적이어야 합니다. 세심하게 계획된 상황들을 단계적으로 밟아가면서 아이가 연속적으로 성공경험을 얻도록 하고, 거기에서 생긴 자신감으로 새로운 상황에 도전하고 극복하도록 '전이'를 시켜야 합니다. 즉 점진적이고 단계적인 노출과 전이로 접근해야 하는 것입니다. 커닝햄은 이러한 접근을 '대화 사다리'라고 하였습니다.

　나는 하연이의 함묵증을 해결하기 위해 대화 사다리를 적용해 보기로 하였습니다. 대화 사다리는 두려움이 가장 덜한 상황에서의 말하기부터 시작해서 점진적으로 가장 두려운 상황에서의 말하기까지 단계를 높여나가는 것입니다. 대화 사다리 각 단계에서의 연습을 통해 얻게 된 성공경험은 미세하게 변경된 다른 상황으로 점차적으로 전이시켜 나갈 수 있습니다. 선택적 함묵증 아이들은 말해야 하는 압박감을 느낄 상황일 때 이를 회피하는 행동을 할 때가 많습니다. 교사가 질문을 할까봐 눈을 마주치는 것을 회피하거나 교사의 눈에 띄지 않으려고 조용히 앉아 있기만 할 수도 있습니다. 회피 행동이 반복되다 보면 더 많은 상황에서 회피하는 행동을 보이게 될 수 있습니다. 이러한 회피 행동이 고착되지 않도록 대화 사다리 단계에서 편안하게 말하는 노출 연습을 꾸준히 한다면 하연이도 충분히 극복할 수 있을 것으로 보였습니다.

나는 하연이의 대화 사다리를 활동요소와 사람요소로 나누어 긍정적 환경을 구축해 보기로 하였습니다. 선택적 함묵증 아이들은 '사람'과 '장소'와 '활동'에 따라 각각 다른 패턴의 말하기 모습을 보입니다. 예를 들어 가정에서 부모님과는 자연스럽게 대화를 하지만 학교에서 친구들이나 선생님과는 말하기 어려워 합니다. 사람과 장소와 활동에 따라 말하기의 어려움이 달라지는 것입니다. 그래서 각 요소별로 대화 사다리를 구축할 필요가 있습니다. 그런데 현실적으로 학교에서는 장소가 교실로 한정되어 있기 때문에 장소에 따른 대화 사다리는 따로 구축하지 않고 사람과 활동에 따른 대화 사다리 두 가지를 각각 3단계로 구축해 보았습니다.

활동에 따른 대화 사다리 3단계는 다음과 같습니다. 첫 번째는 가장 낮은 수준의 말하기 활동 단계입니다. 이 단계는 단답형 질문에 답을 하는 것입니다. 비언어적인 제스처로만 반응했던 것을 이제는 폐쇄적인 질문에 한 단어 정도로 말할 수 있도록 하는 것입니다. 이 단계에서는 하연이에게 목소리를 좀 더 크게 해보라던가 잘 안 들리니까 다시 해보라던가 하는 말을 하지 않기로 하였습니다. 하연이가 그저 말로 답을 했다는 것만으로도 안

도감을 느낄 수 있도록 하였습니다. 첫 번째 단계를 수월하게 잘 해내고 익숙해지면 그 다음 단계로 올라갑니다.

두 번째는 좀 더 많은 말하기가 요구되는 단계입니다. 짧은 텍스트를 읽거나 자신이 쓴 글을 읽는 단계입니다. 첫 번째 단계보다 더 많은 말하기가 요구되지만 그래도 하연이가 의지할 수 있는 읽을거리가 있는 상황에서의 말하기입니다. 교과서의 텍스트를 한 단락씩 짧게 돌아가면서 읽기를 할 때 하연이 차례가 되면 주저하지 않고 읽을 수 있도록 하는 단계입니다. 그리고 자신의 생각을 글로 짧게 쓰고 그것을 읽어보는 활동이 포함됩니다. 첫 번째 단계와 두 번째 단계에서 충분히 익숙해지고 연습이 되고 나면 마지막 단계로 넘어갈 수 있습니다.

세 번째 단계는 가장 높은 수준의 말하기가 요구됩니다. 이 단계에서는 개방적인 질문에 즉흥적으로 대답을 할 수 있도록 합니다. 하연이가 자신의 의견을 자유롭게 표현할 수 있도록 하는 단계입니다. 모두가 주목하는 가운데 어떤 제한도 없이 말을 하는 것입니다. 아주 자연스러운 말하기를 연습하는 이 단계까지 오게 되면 하연이는 함묵증을 극복하게 될 것입니다.

사람에 따른 대화 사다리 3단계는 이렇게 구성했습니다. 첫 번째 단계는 다른 사람들이 주목하지 않을 때 좋아하는 친구와 둘이서 작은 목소리로 대화를 나누는 것입니다. 하연이가 가장 편안하게 생각하는 친구와 단둘이서 대화를 잘 나눌 수 있다면 다음 단계로 넘어갈 수 있습니다. 두 번째 단계는 친한 친구가 아닌 임의로 선정된 모둠 친구들과 수업에서의 대화나 일상적인 대화를 나누는 단계입니다. 소그룹에서 말하기를 성공하였다면 이제는 대그룹에서 말을 하는 다음 단계로 넘어갈 수 있습니다. 세 번째 단계는 학급의 전체 아이들 앞에서 말하는 것입니다. 모든 아이들이 하연이만을 주목할 때도 자연스럽게 말하는 단계입니다. 또 먼저 손을 들고 자신의 생각을 말하거나 궁금한 것이 있으면 질문을 하는 단계입니다. 이 세 번째 단계가 가능하다면 하연이는 함묵증을 모두 극복하게 될 것입니다. 선택적 함묵증 아이들에게는 사람에 따른 대화 사다리가 가장 극복하기 힘든 요소라고 합니다. 함묵증과 연관된 사회공포증이 사람과 관련되어 있기 때문입니다. 하연이가 사람에 따른 대화 사다리도 잘 극복할 수 있기를 간절히 바랐습니다.

대화 사다리를 따로 활동과 사람에 따라 구분하여 구성하였지만 사실 활동과 사람은 별개의 것으로 나눌 수 없습니다. 두 요소는 어떤 식으로든 항상 함께 통합되어 있습니다. 나는 이 두 요소를 적절히 통합하여 구성한 대화 사다리를 하연이에게 적용하기로 하였습니다. 하연이가 대화 사다리 연습을 좀 더 의욕적이고 수월하게 할 수 있도록 하연이의 강점과 좋아하는 친구들을 활용해 보기로 하였습니다. 하연이는 글쓰기와 미술에 강점이 있고, 우리 반에는 하연이처럼 그림 그리기를 좋아하고 조용하면서 친절한 여자 친구들이 많았습니다. 다행히 우리 반 여학생들은 전체적으로 도덕성의 수준이 굉장히 높은 아이들이었습니다. 사춘기가 시작되는 소녀들답지 않게 날카롭거나 반항적이지 않고 마음이 따뜻했습니다. 나는 하연이가 이런 여학생들이 있는 우리 반이어서 정말 행운이라고 생각했습니다. 사춘기 여학생들의 생활지도는 남학생들보다 더 힘들 때가 많습니다. 나도 여자이지만 복잡미묘한 여자들의 관계는 참으로 어렵습니다. 친구가 보내는 눈빛만으로도 소외감을 느끼고 우울해 하는 아이들도 생기고 일부는 교사 몰래 왕따를 시키기도 합니다. 많은 교사들이 고학년 담임이 되면 이러한 여학생들로 인해 애를 먹습니다. 그런데 우리 반에는 그런 여학생이 한 명도 없었습니다. 모두가 하연이의 대변인이 되어 주었고 하연이를 소외시키지도 않았습니다.

　나는 예서와 세아에게 따로 도움을 요청했습니다. 하연이에게 먼저 다가가 하연이가 관심 있어 하는 대화를 시도해보라고 부탁했습니다. 두 명이 함께 다가가면 하연이가 부담을 느껴 자연스레 말을 하지 못할까봐 한 사람씩 가게 하였습니다. 예서가 먼저 다가가 하연이의 그림을 보고 칭찬을 했는데 둘은 서로의 그림을 보며 대화를 나누기 시작하였습니다. 처음에 하연이는 고개만 끄덕거렸습니다. 그런데 하연이의 표정에서 너무나 행복해 하는 것이 보였습니다. 예서가 다음에 또 하연이에게 다가가면 둘이 짧은 대화를 잘 나눌 수 있어 보였습니다. 예서는 매일 한 번 이상 하연이에게 먼저 다가갔습니다. 하연이는 아무것도 안 하고 멍하니 있다가 예서를 보면 반가워했습니다. 어느 날은 하연이가 집에서 그려온 그림을 예서에게 보여주었습니다. 예서는 잘 그렸다고 칭찬하고 그 그림을 나에게 가지고 와서 보라고 하였습니다. 나는 하연이의 그림을 수업시간에 모든 친구들에게 보여주었습니다. 아이들은 박수를 치며 멋지다고 칭찬하였습니다. 하연이가 당황하는 것 같았지만 내가 아무 말도 시키지 않아서 더 이상 불안해하지는 않았습니다. 예서와 하연이는 비언어적 제스처로 시작해서 짧게 대답을 하는 단계를 거쳐 10분 이상 대화를 주고받는 사이가 되었습니다.

햇살이 좋은 어느 날 나는 아이들과 야외 수업을 하기로 하였습니다. 미술수업이었는데 나태주 시인의 〈풀꽃〉이라는 시를 읽고 따뜻한 감동을 나누고 나서 풀꽃을 자세히 관찰하여 그리는 시간이었습니다. 코로나로 현장체험학습을 못 간지 2년이 되어 가는 아이들이어서 교정에서의 야외수업도 너무나 좋아했습니다. 아이들은 삼삼오오 모여 풀꽃을 관찰하며 그림을 그렸습니다. 예서는 혼자 그림을 그리고 있는 하연이를 발견하고 하연이에게 다가갔습니다. 두 아이는 서로 그린 그림을 칭찬하며 웃고 있었습니다. '이제 됐다!' 나는 내심 기뻤습니다. 하연이가 가장 편안해하는 친구와 단둘이서 자유롭게 대화를 주고받는 3단계의 대화 사다리까지 올라간 것입니다. 그렇다고 하연이가 예서와 있을 때 큰 소리로 말을 하는 것은 아닙니다. 내가 하연이가까이 다가가도 잘 들리지 않았습니다. 오로지 예서만 들을 수 있는 작은 소리였습니다. 그리고 하연이는 먼저 다가가지 않았습니다. 여전히 수동적인 태도였습니다. 예서가 다가갈 때만 하연이가 말을 하였습니다. 그래도 하연이가 친구와 이렇게 자연스럽게 대화를 나누는 것을 처음으로 보게 되어서 너무나 기뻤습니다.

그렇게 1학기가 지나고 2학기가 되었습니다. 코로나 확산으로 인해 1학기 말과 2학기 초에 각각 2주씩 원격수업을 하는 바람에 여름방학을 포함하면 거의 두 달 만에 아이들을 만나게 되었습니다. 두 달 만에 만난 하연이는 마치 3월 초와 같은 모습이 된 것 같았습니다. 교실에서 아무하고도 말하지 않고 다시 고개만 끄덕거리는 모습을 보였습니다. 하연이가 함묵증을 극복할 절호의 시기에 학교를 못 나오게 되어 다시 예전의 모습으로 되돌아간 것 같아 너무나 속상했습니다. 나는 세아와 하연이를 같은 모둠으로 배정했습니다. 하연이가 세아와 둘이서 하는 대화 사다리 연습도 하고 동시에 모둠에서의 대화 사다리로 점프할 수 있도록 돕기 위해서였습니다. 하연이가 1학기 때의 성공경험이 있었기에 분명히 빨리 적응할 수 있을 것으로 예상했습니다. 하연이는 가까이에 앉은 세아와 자연스럽게 쉬는 시간에 대화를 나누게 되고 그림을 잘 그리는 세아와 그림에 대한 이야기를 하면서 행복해했습니다. 확실히 1학기 때 예서하고의 대화보다 더 빨리 적응한 것 같았습니다. 이제는 하연이가 모둠에서 말을 할 수 있도록 시도할 수준이 되었습니다. 세아는 모둠활동을 할 때 하연이에게 지속적으로 말할 기회를 주었습니다. 다른 친구들이 한 번씩 다 말하고 나면 세아는 하연이에게 "너도 해 봐"라면서 기회를 줍니다. 그러면 하연이는 아주 작은 목소리로 말하였고 옆에 있던 세아가 다른 친구들이 들을 수 있도록 그 말을 반복해 주었습니다. 아직은 짧은 문장을 말하는 정도이고 모둠 친구들이 말할 기회를 주어야 겨우 말하는 정도이지만 그래도 일취월장하는 것이 보였습니다.

2학기도 중반에 다다르고 이제 마지막 3단계를 적용해 보고 싶었습니다. 전체 아이들 앞에서 말하는 것입니다. 너무 많은 욕심을 내는 것인가 싶어 조심스러웠는데 신경다양성 연구모임의 조성하 박사님이 여러 차례 동영상으로 하연이의 모습을 관찰한 결과 이제는 한 단계 높여도 될 것 같다고 하셔서 용기를 내보기로 했습니다. 전체 아이들 앞에서 우선은 한 단어로 답을 할 수 있는 질문을 하연이에게 던졌습니다. 하연이는 주저하지도 당황하지도 않고 바로 답을 하였습니다. 원격수업에서도 그런 기회를 자주 주었습니다. 원격수업에서는 다른 아이들이 말을 하지 않으면 아주 또렷하게 잘 들리기 때문에 하연이의 목소리를 들을 수 있는 아주 좋은 기회였습니다. 하연이는 대면수업과 원격수업에서 모두 질문에 대한 답을 어렵지 않게 해내었습니다. 그 다음은 좀 더 긴 문장을 말하도록 하는 단계입니다. 나는 우리 반 아이들에게 교과서의 텍스트를 한 문단씩 돌아가면서 읽도록 했습니다. 누구든 해야 하는 것이기에 차례가 왔을 때 하연이도 피할 수 없었습니다. 아주 작은 목소리로 읽었지만 하연이의 목소리가 작다고 불평하는 아이들은 없었습니다. 모두 교과서를 보고 있었으니 하연이의 목소리가 잘 들리지 않아도 눈으로 글을 읽을 수 있었습니다. 그렇게 긴 문장을 소리내어 읽는 것도 해냈습니다.

이번에는 교과서의 텍스트를 읽는 것이 아닌 하연이의 의견을 말하는 단계로 높여보고자 하였습니다. 그런데 개방적인 질문에 즉흥적으로 대답하도록 성급하게 시도한다면 하연이가 자신의 의견이 분명해도 곧장 말로 발표하기는 어려울 것입니다. 나는 아이들에게 자신의 생각을 글로 써보는 시간을 짧게 주었습니다. 아이들은 각자 자기의 의견을 썼고 돌아가면서 읽었습니다. 하연이도 차례가 되었을 때 쓴 글을 읽었는데 너무 작은 목소리여서 아이들에게 잘 들리지 않았습니다. 나는 하연이가 쓴 글을 대신 크게 읽어주었습니다. 하연이가 글을 너무나 잘 써서 아이들과 나는 함께 박수를 치며 칭찬했습니다. 하연이의 글을 읽으면 마치 다른 아이를 보는 것 같았습니다. 비언어적인 표현과 짧게 한두 단어로만 말하는 아이에게 이렇게 긴 문장의 의견이 있다는 것이 신기하게 느껴질 정도였습니다. 하연이가 자신의 생각을 글로 잘 표현할 수 있는 능력이 있어서 다행이었습니다. 즉각적인 대답이 어려울 때 이렇게 글로 나타내면 말하는 부담을 덜 수 있고 자신의 의견도 충분히 잘 전달할 수 있을 것입니다. 작은 목소리였지만 하연이는 많은 아이들 앞에서 자신이 쓴 의견을 말하는 두 번째 대화 사다리 미션도 해냈습니다.

이제는 마지막 단계인 학급의 전체 아이들 앞에서 자신의 생각을 즉각적으로 표현하는 시도를 할 때가 되었습니다. 사실 대중 앞에서 자신의 의견을 말하는 것은 하연이만 어려워하는 것은 아닙니다. 우리 반에는 하연이 말고도 반 아이들 앞에서 말할 때 불안을 느끼는 아이들이 4~5명 정도 있었습니다. 발표불안이 있는 아이들은 어느 반에나 있고 성인들도 많습니다. 많은 사람들에게 주목받는 것이 두렵고 혹시라도 자기가 틀린 답을 말할까봐 걱정이 되어 또 두려움이 커집니다. 다른 사람들을 굉장히 의식하는 사람들입니다. 나는 사실 하연이가 이 단계를 성공하지 못해도 괜찮다고 생각했습니다. 2단계의 대화 사다리까지 성공했다면 3단계로의 전이는 하연이의 의지에 따라 또 성장해가면서 충분히 가능하다고 생각되었습니다. 그래도 하연이와 헤어지기 전에 한번 욕심을 내보고 싶었습니다. 그날은 수학시간이었습니다. 아이들에게 한 명씩 수학문제에 대해 설명해보도록 하는 시간을 가졌습니다. 하연이의 차례가 되었을 때 하연이는 전혀 말을 하지 못했고 또 얼음이 되어 버렸습니다. 아차 싶었습니다. 아직은 하연이에게 무리한 요구였던 것입니다. 나는 하연이가 불안해하는 것 같아 바로 다른 아이에게 넘겼습니다. 하연이에게 3단계는 아직은 넘기 힘든 벽과 같았습니다.

그런데 놀라운 일이 생겼습니다. 2학기 말이 되어 교과 진도가 거의 끝나갈 때입니다. 이 시기에는 보통 복습을 하며 시간을 보냅니다. 이 날은 아이들이 가장 어려워하는 사회과목의 역사 부분에 대한 복습을 위해 스피드 퀴즈 게임을 하는 시간을 가졌습니다. 스피드 퀴즈는 모둠원 4명이 앞으로 나와서 한 명이 설명하면 나머지 세 명의 친구들이 맞추는 방식이었습니다. 아이들은 1명씩 돌아가면서 설명을 합니다. 설명을 잘 하지 못하겠으면 '패스'를 할 수 있는 기회도 있습니다. 드디어 하연이네 모둠이 되었습니다. 하연이가 과연 어떻게 설명할까 궁금했습니다. 앞에서 다른 친구가 설명할 때 하연이는 한 번도 맞추지 않았고 다른 친구들만 열심히 맞추었습니다. 하연이가 설명할 차례가 되었습니다. 그런데 내가 지금껏 교실에서 들어본 적이 없는 가장 큰 목소리로 하연이가 설명을 하는 것이었습니다. 하연이의 설명에 모둠 친구들은 정답을 맞추었고 우리 반 아이들은 하연이의 큰 목소리에 박수를 치며 환호했습니다. 그 순간 하연이는 활짝 웃고 있었습니다. 짧게 주어진 시간 안에 최대한 많이 맞추어야 하는 게임이어서 하연이가 잘하고 싶은 욕구와 의지가 순간적으로 생겨났던 모양입니다. 한 해가 가기 전에 드디어 하연이가 3단계를 성공하였습니다.

3단계의 성공이 한 번으로 끝나지 않고 계속되기를 바라며 나는 또 다른 시도를 하였습니다. 우리 반은 국어 교과서의 문학 작품을 읽은 후에 모든 아이들이 한 명씩 돌아가면서 자신의 생각이나 느낌을 말하는 시간을 가집니다. 이번에는 사전에 글로 쓰지 않고 즉각적으로 말하게 하였습니다. 이런 경우 외향적인 아이들이 보통 초반부에 앞서서 발표를 합니다. 발표 불안이 있는 아이들은 마지막까지 남습니다. 발표가 진행되다 보면 남은 아이들도 모두 한마디씩 발표를 해야 하기 때문에 이 아이들은 눈치를 보다가 주뼛거리며 손을 들고 발표를 하고 안도의 한숨을 내쉽니다. 하연이는 끝까지 손을 들지 않았고 나와 눈을 맞추지 않으려고 고개를 푹 숙이고 있었습니다. 하연이가 불안해하는데 굳이 시키면 안 되겠다 싶어 수업을 종료하고 대신 쉬는 시간에 하연이를 내 앞으로 불러 말하게 하였습니다. 하연이는 내 앞에서 예전보다 더 편안하게 잘 대답하였습니다. 하연이가 3단계를 다시 한번 성공하지는 못했지만 예전보다 훨씬 더 자연스럽고 빈번하게 말하고 있어서 기뻤습니다. 하연이는 그간 많이 변해 있었습니다. 질문을 하지 못했던 아이가 나에게 질문도 하기 시작한 것입니다. 오늘 필요한 준비물이 무엇이냐고 물었고 가지고 오지 못했으니 빌려 달라고도 했습니다. 이제는 됐다 싶었습니다. 더 이상 질문을 하지 못해서 활동에 참여하지 못하는 하연이가 아니었습니다.

신경다양성 연구모임의 팀장을 맡고 있는 이원희 박사님이 나의 수업을 촬영하러 우리 학교를 방문하였을 때입니다. 내 수업촬영은 항상 우리 학교 특수교사인 김숙희 선생님이 해주었는데 그날 수업은 김숙희 선생님과의 협력교수였기 때문에 촬영을 부탁하게 되었습니다. 아이들에게는 낯선 외부인이지만 이원희 박사님은 이미 여러 차례 동영상으로 우리 반 아이들의 모습을 보았기에 아주 익숙해 하였습니다. 하연이를 보고 반가워하였고 하연이의 이름을 많이 불러주며 잘하고 있다고 격려도 해주었습니다. 그런데 낯선 사람이 다가오자 하연이가 긴장하는 것이 얼핏 보였습니다. 수업이 다 끝났고 아이들을 모두 보낸 후 협의회를 하는데 이원희 박사님이 하연이가 직접 자기에게 다가와서 "와주셔서 감사해요!"라고 인사를 하고 갔다고 했습니다. 처음 본 사람에게 하연이가 그런 인사를 하였다니 너무나 놀라웠습니다. 이원희 박사님은 하연이가 곧 함묵증을 극복할 수 있을 것 같다고 하였습니다. 나는 하연이와의 1년이 다 가버린 것이 아쉬웠습니다. 학교에 더 많이 나왔다면 더 많은 대화 사다리를 연습할 기회가 있었을 텐데…. 아쉬움을 뒤로하고 겨울방학을 맞이하게 되었습니다.

겨울방학이 끝나고 아이들을 다시 만나게 되었습니다. 방학 과제로 쓴 일기장을 검사하다가 나는 깜짝 놀랐습니다. 세아의 일기장에 하연이네 집에 방문하여 놀았던 일이 적혀 있었습니다. 하연이가 학교에서와는 다르게 말도 잘하고 웃음도 많았으며 시간이 언제 갔는지 모를 정도로 재미있게 놀았다고 했습니다. 그리고 둘이서 교환일기를 쓰기로 했다는 것입니다. 비밀도 털어놓고 서로의 감정도 나누기로 해서 기대가 된다고 하였습니다. 드디어 우리 반 친구와 교류를 하게 된 것입니다. 이렇게 해내다니…. 하연이는 나의 기대 이상이었을 뿐 아니라 스스로 충분히 성장할 수 있는 저력이 있는 아이였습니다.

선택적 함묵증 학생을 위한
신경다양성 교실

내가 선택적 함묵증 학생을 만난 것은 하연이가 처음이 아닙니다. 하연이를 만나기 2년 전에 맡았던 4학년 학급에서도 선택적 함묵증 학생이 있었습니다. 유하라는 아이였는데 사실 하연이보다 더 심각한 상태였고 하연이보다 더 오랫동안 지속되고 있었습니다. 초등학교 입학 이후 4년 가까이 계속 그러한 증상을 보이고 있었기에 많이 안타까웠습니다. 유하는 학교에서 아무하고도 말을 하지 않을뿐더러 어떤 표정도 짓지 않았습니다. 모두가 박장대소를 하며 웃고 있는 상황에서도 유하는 웃지 않았습니다. 가끔 유하가 입을 씰룩거리는 모습을 나에게 들키게 되면 깜짝 놀라며 다시 무표정한 얼굴로 돌아갔습니다. 나는 유하가 말을 하지 않는 것보다 아무런 표정도 짓지 않는다는 것이 더 걱정이 되었습니다. 그런데 나는 유하 엄마의 카카오톡 프로필 사진을 보고 너무나 놀랐습니다. 유하는 외동딸이었는데 엄마와 찍은 수많은 사진 속에서는 아주 환하게 웃고 있었던 것입니다. 처음 보는 유하의 모습이었습니다. 그냥 보통 아이들이랑 똑같았습니다. 나는 유하가 엄마와 있을 때의 사진을 보고 놀라고, 유하 엄마는 우리 교실에서의 유하의 사진을 보고 놀랐습니다. 유하를 맡던 해에 나는 아이들의 모습을 사진으로 많이 찍어 동영상으로 만들어 학부모들에게 보내곤 했습니다. 그때 유하 엄마에게 연락이 왔었는데 유하가 여전히 학교에서는 무표정이라면서 큰 걱정을 하였습니다. 유하 엄마가 학교에서의 유하 모습을 보고 처음으로 놀랐던 때는 유하가 1학년 때라고 합니다. 1학년 담임선생님이 학급 홈페이지에 올려놓은 사진에 유하가 아무런 표정 없이 앉아 있는 모습을 보고 너무나 큰 충격을 받았다고 했습니다. 집에서의 모습과 완전히 상반된 모습이었기 때문입니다. 집에서는 조잘조잘 말도 잘하고 잘 웃고 감정 표현을 잘하는 아이인데 학교에서는 경직된 표정으로만 일관하고 아무하고도 말하지 않고 있었던 것입니다. 그런데 그때는 초등학교 1학년이라는 인생의 전환기여서 아이가 많이 긴장해서 그런 줄로 알고, 집에서는 수다쟁이였기 때문에 곧 달라지리라 여겼다고 합니다. 그런데 유하의 선택적 함묵증은 좀처럼 나아지지 않았고 4학년까지 이어지고 있었습니다.

유하는 선택적 함묵증에 나름대로 적응해서 살아가고 있다는 느낌이 들었습니다. 유하는 내가 질문을 하고 "다시 한 번 말해보렴."이라던가 "안 들리니까 크게 말해봐!"라는 말을 할까봐 자신의 차례가 되면 하연이보다 뚜렷한 목소리로 빨리 말해버립니다. 두려운 상황에 대처해 한 번에 빨리 끝내서 두 번 세 번 반복하지 않으려고 순간 용기를 냅니다. 주저하는 모습으로조차 자신이 주목받는 상황을 만들지 않으려고 하는 것 같았습니다. 그렇게 해서 학업생활은 그럭저럭 유지해 나갈 수는 있었지만 또래들과의 관계는 그렇게 할 수 없었습니다. 또래관계는 정답만 말하고 끝날 수 없습니다. 또래와는 수많은 공감을 나누어야 하고 함께 웃어주어야 관계를 형성해 나갈 수 있습니다. 특히 여학생들은 더욱 그러합니다. 유하는 친구들이 다가와도 무표정이었습니다. 비언어적인 끄덕임만 있을 뿐 친구와 핑퐁대화를 이어가지 못했습니다. 유하는 학교에서 감정이 드러나는 표정을 짓거나 자연스럽게 대화하는 모습을 들키지 않으려고 하였습니다. 우리 반 아이가 "선생님, 유하가 웃어요"라는 말을 하면 유하는 깜짝 놀라 정색을 하였습니다. 유하는 자신의 본 모습을 드러내는 것에 엄청난 공포가 있었던 것입니다.

유하는 표면적으로는 내가 하연이에게 적용했던 대화 사다리의 3단계를 모두 할 수 있었습니다. 단답형으로 대답하는 것도, 긴 텍스트를 읽는 것도, 자신의 생각을 즉각적으로 말하는 것도 작은 목소리지만 빠르게 해낼 수 있었습니다. 짝꿍과의 말하기에서도, 모둠에서의 말하기에서도, 학급전체에서의 말하기에서도 유하는 겉으로는 다 할 수 있었습니다. 그렇지만 이러한 말하기는 그저 그 상황을 빨리 모면하기 위한 유하만의 대처방법이었을 뿐이었습니다. 유하는 3단계의 각각의 상황에서의 불편함을 전혀 극복해내지 못하고 있었습니다. 유하의 말하기는 자연스럽지 않았습니다. 유하의 무표정이 더 이상 말하고 싶은 마음이 없다는 것을 보여주었고 말해야 하는 상황을 만들지 않으려고 큰 벽을 쌓고 있다는 것을 보여주었습니다. 유하에 비하면 하연이는 학교에서 대화 사다리 3단계를 진정으로 극복해내고 있었습니다. 학년 말 즈음에 하연이에게 마음을 열 수 있는 우리 반 친구가 생겼다는 것은 하연이가 대화 사다리 단계를 모두 잘 해냈다는 증거입니다. 반면에 유하는 반에서 어떤 단짝 친구도 찾지 못하고 학년을 마무리하게 되었습니다. 나는 유하를 생각하면 아직도 아쉬움과 안타까운 마음이 듭니다. 하연이보다 더 두터운 벽을 쌓고 있었던 아이였기에 그 벽이 쉽게 사라지지 않았던 것 같았습니다. 그런데 어쩌면 유하의 함묵증은 내면의 두려움을 조절하고 살아나기 위한 자신만의 절박한 시도였을지도 모릅니다.

유하가 함묵증 극복에 실패하였다고 해서 유하의 미래가 암담한 것만은 아닙니다. 유하는 말하기에는 어려움이 있었지만 아주 똑똑한 아이였습니다. 유하가 가진 능력을 북돋아준다면 충분히 행복한 인생을 살아갈 수 있을 것입니다. 유하는 엄청난 독서광이었습니다. 틈만 나면 책을 읽었는데 그것이 쉬는 시간에 아무하고도 대화를 하기 싫어서 시작되었는지, 정말로 책을 좋아해서 시작되었는지는 모릅니다. 시작이 어떻든 유하는 우리 반에서 가장 책을 많이 읽는 아이였습니다. 그리고 정말로 빠져들어서 읽었습니다. 책을 많이 읽었다는 증거는 유하의 글 속에서 나타납니다. 유하의 글을 보았을 때 내가 하연이의 글을 보고 느꼈던 이질감을 똑같이 느낄 수 있었습니다. 유하와 대화를 충분히 하지 못했기 때문에 유하가 어떤 생각과 어떤 표현을 쓰는 아이인지 잘 알지 못했는데 글에 나타난 풍부한 감정과 표현들은 완전히 다른 아이로 보이게 하였습니다. 유하는 글쓰기에 재능이 있었습니다. 자신의 감정을 표현해낼 수 있는 글쓰기를 할 수 있다는 것이 정말 다행이었습니다. 유하는 자신의 불안 때문에 사회생활에 제약을 받을 수 있지만 자신의 강점인 글쓰기로 얼마든지 소통할 수 있고 발전할 수 있는 아이였습니다.

토머스 암스트롱은 '불안'을 지적·예술적 창조를 위한 본질적 조건이라고 하였습니다. 많은 예술가들이 자신의 불안을 예술작품 속에 풀어 놓는다는 것을 우리는 잘 알고 있습니다. 빈센트 반 고흐가 그랬고 쿠사마 야요이가 그랬습니다. 이렇게 유명한 화가가 아니어도 많은 작가와 예술가들이 자신의 불안을 고백하는 일은 많이 있습니다. 불안이 창조의 시작이자 동력이 되었던 것입니다. 불안은 누구에게나 있습니다. 겉으로 아무런 걱정 없어 보이는 사람도 다 불안은 있습니다. 불안이 꼭 나쁜 것만은 아닙니다. 불안은 삶에 동기를 부여하고 미래를 대비하게 하고 경쟁력을 높여주기도 합니다. 불안을 잊기 위해 창의적인 일에 온 에너지를 쏟아붓는 사람들도 많습니다. 나는 유하와 하연이가 글쓰기를 통해 자신의 불안을 조절하고 그 재능을 살려 자신만의 커리어를 쌓아가길 바랍니다. 그렇게 해서 자신의 강점이 두드러져 삶에서 주도적 역할을 할 때 자신의 약점이 보완되고 또 극복될 수도 있습니다. 유하가 함묵증을 극복하지 못했다고 거기에만 매달려 있기보다는 자신의 강점을 살릴 수 있는 기회가 계속 주어진다면 유하는 현재에 발목을 잡히지 않고 더 앞으로 나갈 수 있을 것입니다. 약점이 아니라 그 사람만의 강점을 우선해 강화되도록 돕고 교육해야 하는 이유입니다.

특정 상황과 조건에서 입을 열지 않더라도 글로 자신의 감정과 생각, 의견을 드러내고 타인과 소통하는 것도 삶을 성숙하게 만드는 중요한 힘이자 능력입니다. 또, 글을 쓰는 것은 새로운 생각과 이야기를 만드는 훌륭한 도구가 됩니다. 고전 평론가인 고미숙 작가는 《읽고 쓴다는 것, 그 거룩함과 통쾌함에 대하여》에서 글쓰기는 '양생'과 '구도'의 시간이라고 하였습니다. 글쓰기를 통해 삶의 의미를 부여할 수 있고 자존감이 생겨나며 소외에서 벗어날 수 있다고 하였습니다. 글쓰기를 하는 동안 자기를 항상 성찰할 수 있어 헛된 욕망으로 잘못된 길에 빠질 염려도 줄어들기 때문에 양생과 구도라고 표현한 것 같습니다. 고미숙 작가의 글은 워낙 철학적이어서 그 깊이를 다 이해할 수는 없지만 나의 삶에 비추어보면 어느 정도 이해가 갑니다. 나의 글쓰기는 재미없는 논문을 쓰는 것에서부터 시작되었습니다. 온갖 제약과 규정으로 가득한 논문이라는 틀 속에서 글을 쓰는 것은 고통스러웠지만 그 글을 다 써 내려가는 동안 나의 정신은 제일 맑았고 머릿속에 난잡하게 흩어져있던 지식들이 차곡차곡 체계를 잡아나가는 것 같아 머리가 시원해지는 느낌까지 받았습니다. 그렇게 힘들게 논문을 쓰고 나자 공저자로 참여한 첫 책 《교사 통합 교육을 말하다》는 아주 술술 써 내려갈 수 있었습니다. 논문보다 훨씬 제약이 적고 감정을 마음껏 듬뿍 실을 수 있는 글을 쓸 수 있어서 아주 신이 났습니다. 그때도 또한 마음의 치유를 경험했던 것 같습니다. 두 번째인 이 책은 나를 거쳐간 아이들과의 소중한 경험들을 휘발되어 버리는 기억 속에만 담아두기가 아까워 쓰기 시작하였는데 바쁜 시간에 매일 짬을 내어 글쓰기에 집중을 하면서 나는 또 한번 양생과 구도의 시간을 가질 수 있었습니다. 글쓰기는 누구나 할 수 있는 감정의 표출구이자 치유의 시간이며 고귀한 창조행위입니다. 나는 하연이와 유하가 겪는 불안이 글쓰기라는 아름다운 창조행위로 승화될 수 있기를 바랍니다.

선택적 함묵증 아이들은 학업에서 자칫 자신의 능력보다 낮은 평가를 받을 수 있습니다. 시간을 좀 더 달라는 말을 하지 못해 문제를 못 풀었던 하연이처럼 자신의 요구를 제때 표현하지 못하면 많은 불이익이 따를 수 있습니다. 교사는 함묵증 아이들(또 유사한 상황의 아이들)을 좀 더 세심하게 관찰하고 이 아이들이 표현하지 못한 요구를 알아차릴 수 있어야 합니다. 이런 알아차림이 없다면 이 아이들은 자신의 능력이 낮게 평가되는 것에 또 다시 좌절할 것이고 강점을 살리지도 못할 것입니다. 이런 과정이 악순환이 되지 않도록 할 필요가 있습니다. 만약에 구술평가를 한다면 함묵증 아이들은 매우 불리할 것입니다. 구술평가가 어려운 함묵증 아이라면 비언어적 평가방법에 대한 선택권이 주어져야 합니다. 고학년이라면 글쓰기로 대신하도록 선택권을 주면 좋고, 저학년이라면 맞는 그림을 가리키거나 그림으로 표현하는 등의 비언어적인 방법을 허용해 주어야 합니다. 그리고 충분한 시간을 주어 불안으로 인한 집중력 상실이나 압박에서 벗어날 수 있도록 하면 더욱 좋습니다. 나는 구술평가를 할 때 하연이에게 글쓰기를 시키기도 하지만 내 앞에 나와서 속삭이듯 말해도 된다고 했습니다. 그렇게 하면 하연이는 덜 불안해하였습니다. 많은 아이들이 자기만을 쳐다보는 상황이 아니기 때문에 내 앞에서는 편안하게 말할 수 있었습니다.

구술평가의 또 다른 대안으로 녹음을 하는 방법이 있습니다. 내가 대학원에 다닐 때 함께 공부를 하던 선생님 중에는 뇌병변 장애가 있는 분이 있었습니다. 대학원 수업의 대부분은 원생들의 발표로 이루어지는데 이 분은 오랜 시간 서서 말하기가 어려웠습니다. 숨도 차고 힘이 들면 발음도 정확하지 못했습니다. 이 분은 자신의 그런 약점을 잘 알고 있었고 자신의 발표 차례가 되면 집에서 발표내용을 녹음해 왔습니다. 그렇게 해서 발표를 멋지게 해냈습니다. 나는 함묵증 아이들이 가장 편한 장소인 집에서 구술평가 항목에 대한 녹음이나 녹화를 해와도 된다고 허용해 주었으면 좋겠습니다. 그렇게 녹음이나 녹화를 해 온 자료를 교사가 혼자 보아도 좋고 아이의 불안도가 어느 정도 안정되었다면 반 친구들 앞에서 보여주면 더욱 좋을 것 같습니다. 교사들이 선택적 함묵증 아이를 세심하게 관찰하고 꾸준하게 기록하다

보면 이외에도 아이에게 적합한 다양한 평가방법을 찾아낼 수 있을 것입니다. 부디 이 아이들을 다른 아이들과 똑같은 방법으로 대하고 평가하는 실수를 범하지 않기를 바랍니다.

선택적 함묵증 아이들이 대화 사다리를 연습하는데 있어서 자신의 강점을 활용하는 것과 함께 또래 친구의 역할도 중요하다는 것을 눈치채셨을 것입니다. 먼저 다가가 준 예서와 세아 덕분에 하연이는 눈부신 발전을 할 수 있었고 마침내 여느 또래 아이들처럼 우정을 나눌 수 있게 되었습니다. 학교에 자신이 편안하게 느끼고 의지할 만한 친구가 있다는 것은 이 아이들이 함묵증에서 벗어나는데 아주 큰 도움이 될 것입니다. 함묵증 아이에게 다가갈 수 있을 만한 배려심이 깊고 마음이 따뜻한 아이에게 부탁을 하면 좋을 것입니다. 단, 다가가 주는 아이가 일방적으로 도움을 주는 것에 너무 지쳐 있다면 다시 부탁하지는 말아야 합니다. 또래관계는 그야말로 자연스러운 상호작용으로 형성되는 것이기에 의무와 강요가 돼 버리면 안 되기 때문입니다. 그리고 이와 함께 학급 전체 아이들이 함묵증 아이를 보호하고 배려해 줄 수 있는 분위기를 형성하는 것도 매우 중요합니다. 함묵증 아이가 말을 하지 못하고 주저하는 것을 못마땅해 하거나 빨리 말하라고 재촉하는 학급 분위기라면 이 아이는 더 이상 말할 용기를 낼 수가 없습니다. 하연이는 말하기뿐만 아니라 체육활동에서도 불안하면 몸이 경직되어서 게임을 할 때 자주 실수를 했습니다. 이럴 때 주변에서 이 아이를 탓하거나 비난을 한다면 더욱 위축될 수밖에 없습니다. 교사는 함묵증 아이를 이해하고 배려할 수 있는 구체적인 방법들을 학급 아이들과 함께 의논하고 찾아보고 실천할 수 있도록 격려해주어야 합니다. 그렇게 한다면 학급 아이들은 함묵증 아이 덕분에 삶의 귀한 가치를 배우는 소중한 경험을 하게 될 것입니다.

6장

현우 이야기

현우와의
만남

현우는 내가 서울 학교로 복귀한 지 2년째에 맡았던 4학년 남학생이었습니다. 현우는 또래보다 약간 작은 키에 몸은 호리호리하지만 윤기가 흐르는 머릿결에 건강한 피부빛의 귀여운 아이였습니다. 얼굴에는 장난기가 가득하고 눈은 호기심으로 반짝거렸습니다. 3월 첫 주에는 현우의 행동이 눈에 띄지 않았습니다. 선생님에게 잘 보이기 위해 나름 열심히 노력하고 있었던 것 같습니다. 아이들은 보통 3월 한 달간은 최고의 모범생이 됩니다. 한 달 정도는 잘 참아냅니다. 그런데 현우의 인내심은 일주일밖에 되지 않았습니다. 현우는 수업에 5분 이상 집중하지 못했습니다. 5분 정도 앉아 있으면 엉덩이를 들썩거리기 시작합니다.

옆에 앉은 짝꿍을 툭툭 건드리고 앞에 앉은 친구의 등을 콕콕 쑤십니다. 현우가 속한 모둠은 금세 집중력이 흐트러지고 시끌시끌해져서 지적을 받습니다. 짝꿍과 모둠 친구들이 자신의 행동을 받아주지 않고 불편해하면 버럭 화를 내기도 합니다. 그러고 나서는 교실을 돌아다니며 다른 모둠 아이들의 활동에 참견을 하며 방해를 합니다. 현우의 이러한 행동에 아이들의 민원과 불만이 속출하기 시작했습니다. 나는 현우가 특별한 관심이 필요한 아이라는 것을 금세 알아차릴 수 있었습니다. 현우를 좀 더 세심하게 관찰해보기로 했습니다.

현우는 인지능력에는 문제가 없어 보였으나 학업성적은 부진을 겨우 면한 정도였습니다. 현우는 가만히 앉아서 읽고 쓰는 활동을 가장 힘들어했습니다. 읽고 쓰는 활동이 시작되면 현우의 얼굴은 금세 시무룩해지고 지루해하며 하품을 하기 시작합니다. 수학시간에도 마찬가지였습니다. 문제를 반복해서 푸는 활동이 나오면 아까 다 했던 문제인데 왜 또 푸느냐고 화를 냅니다. 그리고는 수학익힘책 푸는 것을 거부하였습니다. 4학년 교육과정은 초등학교에서는 큰 전환기에 해당됩니다. 3학년까지는 구체적 조작기에서 가능한 교육과정들로 구성되어 있다면 4학년부터는 형식적 조작기의 활동들로 학업 수준에서 점프가 일어납니다. 그래서 많은 아이들이 4학년에 들어오면 어려움을 호소하기 시작하고 학습부진 학생들도 많이 생겨납니다. 4학년 과정을 잘 소화해낸 아이들은 고학년 과정도 무리 없이 해내지만 그렇지 못한 아이들은 고학년 과정을 따라가기 어려워 부진이 쌓이고, 이를 만회하려면 많은 시간과 노력이 필요해집니다. 그래서 4학년 교사들은 아이들이 모두 기초학력수준에 도달할 수 있도록 다방면의 노력을 합니다. 몇 주간 관찰한 결과 현우는 학업 실패의 위험성이 매우 높아 보였습니다.

현우는 DSM-5에 나오는 ADHD의 증상을 모두 가지고 있었습니다. 주의력 결핍, 과잉행동, 충동성, 공격성까지 나타났습니다. ADHD(Attention-Deficit Hyperactive Disorder)는 '주의력 결핍 과잉행동장애'로 학령기 아동에게서 흔히 나타나는 질환 중에 하나입니다. DSM-5에는 부주의(주의력 결핍)와 과잉행동-충동성에 대한 증상이 각각 9가지로 제시되어 있는데 그중에서 5가지 증상만 충족되어도 ADHD로 진단될 수 있다고 하며, 12세 이전에 출현하는 것으로 알려져 있습니다. ADHD의 핵심적 특성은 '**주의력 결핍**'과 '**과잉행동-충동성**'입니다.《정서 및 행동장애아 교육》(윤점룡, 이상훈 외)에서는 이 특성들에 대하여 다음과 같이 설명하고 있습니다.

주의력 결핍은 같은 나이의 아이들만큼 주의를 유지하지 못하거나 과제활동에 반응하지 못하며 규칙이나 지시를 따르지 못하는 데에서 드러납니다. 그래서 주의력 결핍이 있는 아이들은 다른 아이들처럼 과제를 끝까지 마치지 못하고 자신에게 주어진 활동을 하는 가운데 쉽게 한눈을 팔고 시간을 들여 집중해야 하는 활동을 정확하게 수행하는데 있어서 지구력이 현저하게 떨어집니다.

과잉행동은 수업시간에 안절부절못하고 몸부림을 치며 목적 없이 교실을 돌아다니고, 보이는 모든 것을 만지며 연필을 소리 나게 두드리거나 다른 아이들을 난폭하게 밀기도 하는 행동으로 나타납니다. 이 아이들의 행동에는 매우 힘이 넘쳐 보이지만 목표지향적이지는 못합니다. 해야 할 과제와 상관없는 일을 하거나 다른 사람을 방해하는 데에 자신의 에너지를 소모합니다. **충동성**은 반응과 행동이 생각보다 앞서고 자신의 즉각적인 반응을 억제할 수 없는 특성이라고 할 수 있습니다. 충동성이 있는 아이들은 다른 사람의 제지에도 자신의 행동을 멈추거나 조절하기가 매우 어렵습니다. 그래서 다른 사람들을 자주 방해하고 자신의 행동이 받아들여지지 않으면 금세 좌절하며 심하게 욕을 하기도 합니다.

주의력 결핍은 인지영역의 장애이고, 과잉행동과 충동성은 행동영역의 장애로 여러 가지 문제를 야기할 수 있습니다. 학교생활에서 학습부진이 나타날 수 있으며, 행동조절이 어려워 공격적인 행동과 또래와의 잦은 다툼으로 인해 집단 내 사회적 고립감과 소외감, 위축, 자존감의 결여 등이 수반될 수 있습니다. ADHD는 3, 4세 무렵에 시작되는데 보통 학령기에 들어서면서 알아차리게 되는 경우가 많습니다. 건강보험심사평가원(2022)에 따르면 ADHD의 출현율은 5.9~8.5%이며, 남학생이 여학생보다 5배나 많이 나타난다고 보고하고 있습니다. 실제로 많은 초등학교 교사들이 거의 매해 학급에서 1명 이상 ADHD가 있는 학생을 만나고 있다고도 합니다.

많은 교사들은 ADHD 아이들 때문에 애를 먹고 있습니다. 실제 이 아이들과 관련된 문제와 어려움으로 학교를 그만두거나 병휴직을 내는 선생님들을 너무나 자주 보았습니다. 전에 결근을 한 선생님 반에 보결수업을 들어간 적이 있습니다. 1학년 학급이었고 그 반에 들어가니 올망졸망한 1학년 아이들이 나를 향해 우르르 모여들었습니다. 아이들은 나에게 몇 학년 선생님이냐, 오늘은 무엇을 할 거냐 쉴 새 없이 물었습니다. 겨우 아이들을 자리에 앉히고 수업 활동이 시작되었습니다. 그런데 그때 한 아이가 "선생님, 저 아이 때문에 우리 반 선생님이 화병이 나서 학교에 못 오셨어요."라고 말하는 것이었습니다. 나는 깜짝 놀라 화병 유발자로 지목된 아이를 쳐다보았더니 교실을 끊임없이 배회하고 있는 것이었습니다. 그 아이가 이 말을 들었으면 어쩌나 걱정이 되었는데 표정을 보니 그런 말에 전혀 신경을 쓰지 않는 듯 보였습니다. 그 말이 사실이 아니길 바랐지만 실제 그 반 선생님은 ADHD 학생으로 인해 병이 났던 것입니다. 교사들은 더 이상 자신의 통제가 작동하지 않는 아이라고 여겨지는 순간 엄청난 좌절감을 느끼며 자신의 에너지를 다 소진해 무기력해지는 번아웃(burnout)을 겪습니다.

ADHD는 DSM-5에서 정서·행동장애 범주에 속하지만 우리나라에서는 ADHD 아이들이 특수교육대상자로 선정되는 경우는 거의 없습니다. 앞 장에서 나왔던 학습 장애와 마찬가지로 ADHD 아이들도 특수교육대상자로 선정해 지원할 여력이 없기 때문입니다. 이 아이들은 특수교육대상이 아니어서 학교에서 특수교육 서비스를 받지 못하기 때문에 온전히 담임교사 한 명의 몫이 됩니다. 홀로 감당해야 해서 더욱 힘들 수 밖에 없습니다. 지금까지 현우의 이야기와 ADHD에 대한 전반적인 이야기를 들으셨는데 어떠신가요? 가슴이 답답하고 목이 턱 막히나요? 과연 이 아이를 어떻게 가르쳐야 할지 난감하고 당황스러우신가요? 올 한 해는 망했다라는 느낌이 드실 수도 있습니다. 저도 그랬습니다. 하지만 우리에겐 신경다양성이라는 희망이 남아있으니 미리부터 좌절하지 않아도 됩니다.

강점기반
진단하기

현우에게 ADHD 특성이 있다는 것을 알았으니 나는 이제
신경다양성의 관점에서 현우를 자세히 살펴보기로 했습니다.
현우는 우리 반 응급구조대원이었습니다. 누구에게 무슨 일
이 생기면 어디선가 현우는 빛보다 빠른 속도로 달려와 친구를
데리고 보건실에 다녀옵니다. 그때 우리 교실이 4층이었는데 현
우는 하루에도 몇 번씩 아픈 아이를 부축하며 4층을 오르락내리
락 했습니다. 나는 1층에서 4층을 오르내리는 것이 하도 힘들어
되도록 움직일 일을 만들지 않으려고 애썼지만 현우는 마치 날
다람쥐처럼 하루에도 수십 번씩 잘도 오르내렸습니다. 응급구조
대원이 된 그 순간만큼은 현우는 공격성이 사라지고 마치 천사

가 되는 것 같았습니다. 아픈 아이를 진심으로 위로하고 그 친구가 보건실에서 처치를 다 받을 때까지 기다리고 심지어 그 친구의 가방도 교실에서 챙겨 가져다줍니다. 나는 처음에 현우가 친한 친구들에게만 그렇게 대하는 줄 알았습니다. 그런데 우리 반 아이들 누구에게나 응급구조대원이 되어 주었습니다. 현우의 공격성에 불만을 표출했던 아이들도 이런 도움을 받고 나면 현우를 완전히 다르게 대하였습니다.

　현우는 우리 반 봉사왕이었습니다. 다른 교실로 가져가야 하는 물건이 있으면 언제나 자기가 하겠다고 나섭니다. 분리수거 당번이 아닌데도 늘 자기가 분리수거를 하고 오겠다며 재활용품 바구니를 들고 1층까지 다녀옵니다. 칠판 당번이 아닌데도 늘 칠판지우개를 빨아옵니다. 이런 현우를 나는 우리 반 봉사왕으로 선정하고 반 친구들과 함께 많은 칭찬을 하였습니다. 현우가 보건실을 다녀오는 것도 봉사를 하러 가는 것도 사실은 가만히 앉아 있는 것이 힘들기 때문에 어떻게든 엉덩이를 떼고 움직이려고 하는 욕구에서 시작된 것임을 알고 있습니다. 하지만 이렇게 결핍이나 문제가 아닌 강점 중심으로 관점을 탁 바꾸어 바라보니 현우는 심각한 ADHD를 가진 문제아가 아니라 다른 사람에게 한없이 베푸는 착한 아이라는 것을 알게 되었습니다.

　현우는 또한 우리 반에서 신박한 놀이를 창조하는 가장 창의적인 아이였습니다. 교실에 있는 물건들을 이용하여 현우가 놀이를 만들면 아이들은 하나둘 현우 곁으로 모여듭니다. 현우는 많은 아이들이 자신에게 관심을 보여주며 주목하는 것을 즐기는 듯하였습니다. 자신이 창조한 놀이를 친절하게 설명하고 한 명씩 해보라면서 순서도 정해줍니다. 주도성과 리더십까지 있는 아이였습니다. 공부를 할 때는 그렇게 무기력하고 웃음이 사라져버리는 아이인데 놀이를 할 때면 세상에서 가장 호기심에 찬 똘망똘망한 아이가 됩니다. 현우가 놀이를 창조하고 주도하는 모습을 목격하지 못했다면 나는 현우에게 창의성과 주도성, 리더십이 있다는 것을 알아차리지 못했을 것입니다. 어떠한가요? 이제는 현우가 너무나 사랑스러운 아이로 보이지 않나요?

현우를 신경다양성 관점으로 바라보는 것은 현우를 위한 것이기도 하지만 나 자신을 위한 것이기도 했습니다. 현우를 ADHD 특성을 가진 아이로만 본다면 나는 이 아이를 가르칠 자신감이 모두 사라져 버릴 것입니다. 문제행동만 가득한 아이를 변화시키는 것은 불가능해 보이고 이런 감정이 쌓이다 보면 아이를 만나는 것도 힘들어질 것입니다. 그렇게 되면 일과 직장생활은 힘들고 버겁고 피하고 싶어져 결국 나는 너무나 불행하고 우울해질 것입니다. 아마도 번아웃으로 학교를 떠나는 교사들이 대부분 이런 과정을 거치게 되는 것 같습니다. 나는 오랫동안 학교에서 아이들과 함께 하고 싶은 교사입니다. 어렵게 제2의 교사생활을 다시 시작하였는데 쉽게 그만두고 싶지는 않습니다. 내가 오랫동안 교사로 남으려면 나의 신체건강 뿐 아니라 정신건강을 유지하는 것이 가장 중요할 것입니다. 신경다양성 관점은 나의 정신건강을 위한 관점이기도 합니다. 아이의 문제행동만이 아니라 그 문제행동의 이면에 숨겨진 요구와 필요, 강점과 장점을 찾아 그것에 집중하려고 노력한다면 ADHD 아이들과도 충분히 행복한 학교생활을 해나갈 수 있을 것입니다. 그럼 지금부터는 현우와 내가 어떻게 행복한 학교생활을 해나갔는지 이야기해 보겠습니다.

현우를 위한
강점기반 보편적 학습설계

내가 대학원에 다닐 때 'ADHD 학생 교육과 중재방법'이라는 수업을 들은 적이 있습니다. 이 수업에서는 각자 ADHD에 대한 저서들과 연구논문들을 찾아 분석하고 정리해 발표하기로 하였습니다. 나는 ADHD에 대한 문헌을 찾기 위해 도서관에 갔다 독특한 제목의 책을 발견하였습니다.《ADHD는 없다》라는 책이었습니다. ADHD가 없다니 이게 무슨 말인가 궁금해졌습니다. 내가 찾아 다루어야 할 책은 ADHD 학생에 대한 중재에 관한 것이었지만 ADHD가 왜 없다고 하는지 너무나 궁금해서 이 책부터 읽게 되었습니다. 이 책은 ADHD로 진단된 자녀를 기르는 엄마인 김경림 님이 쓴 책이었습니다. 저자는 책에서 ADHD로 진단된 아이들을 온갖 문제행동이 있는 아이들로 쉽게 낙인찍는 사회상과 아이들이 낙오자가 될지도 모른다는 불안감에 무턱대고 약물치료를 받고 있는 현실을 비판하였습니다. 대안으로 결함이 아닌 ADHD 아이들의 창의성과 직관력, 민감한 감수성, 높은 에너지 수준이라는 강점에 집중할 것을 제안하였습니다. 실제로 저자는 자신의 자녀를 학교교육의 틀에 맞추는 것을 그만두고 강점을 마음껏 펼칠 수 있는 교육환경을 만들어주어 아이는 행복하게 커나갈 수 있었습니다. 이 책은 당시 나에게 큰 충격을 주었습니다. 장애를 결함, 결핍보다 강점에 주목해 바라볼 수 있다니, 너무나 신선하고 한 쪽 날개로 어렵게 발버둥치다 양 날개를 찾은 듯한 느낌이었습니다. 나는 ADHD 학생 중재법을 소개하는 수많은 책들보다 이 책이 훨씬 더 많이 공감이 되었습니다. 이후 내가 토머스 암스트롱을 통해 약점과 강점을 균형있게 보게 된 후에《ADHD는 없다》가 신경다양성 교실과 같은 맥락이었다는 것을 깨닫게 되었습니다.

나는 현우를 위한 신경다양성 교실을 만들기로 결심하였습니다. 나는 그동안 현우에게 "똑바로 앉아서 선생님 쳐다보고, 바른 자세로 교과서에 써야지!"라고 말할 때면 죄책감이 밀려왔습니다. 현우가 엉덩이를 붙이고 바른 자세로 앉아 있는 것을 가장 힘들어 한다는 것을 잘 알면서 내가 애써 외면하고 있는 것 같았기 때문입니다. 가만히 앉아 있으라는 말은 현우에게 하나도 도움이 되지 않는 말이었습니다. 그런 말을 하면 할수록 현우는 더더욱 가만히 앉아 있지 못하고 심지어는 분노를 표출하기까지 하였습니다. 그렇다면 현우를 어떻게 수업에 참여시켜야 할까? 가만히 앉아 있기 힘들어 한다면 서 있게 하면 되지 않을까? 그렇다고 현우만 서 있게 하면 안 되니까···. 그래서 나는 모든 아이들이 서서 공부할 수 있도록 수업을 디자인해 보았습니다.

국어시간이었는데 서로 존중하는 말로 대화하기를 연습하는 수업이었습니다. 이 수업은 보통 존중하는 대화의 여러 가지 예시를 알아보고 짝꿍과 연습하는 방식으로 진행됩니다. 나는 이를 변형해 짝꿍하고만 대화 연습을 하는 것이 아니라 모두 일어나서 활동지를 들고 돌아다니며 여러 친구를 만나 대화 연습을 한 다음 서로 사인을 하도록 하였습니다. 아이들은 처음에 무척 어색해 하였습니다. 정말로 돌아다녀도 되는 것인지 서로 눈치만 보고 쭈뼛거렸습니다. 내가 다시 얼마든지 돌아다니며 활동지를 완성해도 된다고 하자 아이들은 금세 신이 나서 교실을 돌아다니면서 만난 친구와 대화 연습을 하고 서로의 활동지에 사인을 하였습니다. 현우는 제일 신이 나서 폴짝거리면서 친구를 찾아 나섰습니다. 교실은 무척 시끄러웠지만 이 활동에 열심히 참여하지 않는 아이는 단 한 명도 없었습니다. 그렇게 누구하나 빠짐없이 모든 아이들이 즐겁게 국어수업을 할 수 있었습니다.

이번에는 수학시간입니다. 수학수업은 새로운 내용을 배우면 관련된 여러 유형의 연습문제를 풀어야 합니다. 4학년은 사칙연산을 마무리하는 단계여서 복잡한 연습문제를 풀어야 하는 시간이 많이 있습니다. 그런데 현우는 이런 연습문제 푸는 것을 아주 싫어했습니다. 아까 풀었던 문제와 숫자만 바꾼 건데 도대체 왜 또 풀어야 하느냐고 화를 냅니다. 현우 입장에서는 다 아는 내용인데 왜 또 풀어야 하는지 의문이 생길 수도 있습니다. 수학천재여서 한 번만 풀고 다른 문제를 안 풀어도 모든 성취기준을 통과한다면 그렇게 하지 않아도 되지만 현우의 수학 시험지를 보면 반복연습이 되지 않아 많은 실수가 나타났습니다. 현우는 여러 문제 유형들이 숙달되지 않았던 터라 오히려 반복연습이 더 필요했습니다. 수학은 다양한 반복연습이 필수적인 과목이라 한 번만 풀고 넘어갈 수는 없습니다. 그래서 수학익힘책이 함께 있기도 합니다. 나는 어떻게 현우가 연습문제들을 화내지 않고 즐겁게 풀 수 있을지 고민해봤습니다. 현우가 수학문제를 풀기 싫어하는 것은 수학문제 자체를 싫어해서라기보다 가만히 앉아서 집중하기가 힘들기 때문입니다. 나는 수학시간도 돌아다니면서 할 수 있도록 설계해 보았습니다. 아이들 손등에 모두 각각 다른 숫자 스티커를 붙여주었습니다. 그리고 한 손에는 활동지를 들고 모두 일어나서 돌아다니면서 친구와 만나 각자의 손등에 있는 숫자로 곱셈과 나눗셈을 하게 하였습니다. 전에도 움직이는 수업을 해본 적이 있던 아이들은 바로 적응해서 교실을 돌아다니며 친구와 만나 활동지에 곱셈과 나눗셈을 했습니다. 아이들은 수업이 끝날 때까지 집중하여 곱셈과 나눗셈을 충분히 연습할 수 있었습니다. 현우가 수학 연습문제를 처음으로 화내지 않고 불평하지 않고 해냈던 시간이었습니다.

움직이는 수업을 몇 번 해보니까 여러 가지 아이디어들이 더 쉽게 떠올랐습니다. 사회시간에도 움직이는 수업을 적용해보고 싶었습니다. 사회시간에는 여러 가지 경제활동에 대하여 배우고 있었습니다. 이번 수업은 생산자와 소비자, 판매자의 역할에 대하여 배우는 시간이었습니다. 나는 이 수업도 엉덩이를 붙이지 않는 수업으로 설계했습니다. 모둠마다 아이들에게 생산자 1명, 판매자 1명, 소비자 2명의 역할을 주었습니다. 생산자와 판매자의 역할을 하는 아이들은 모둠에 남아 물건을 생산하고 판매하는 역할을 하게 하였으며 2명의 소비자 역할 아이들은 다른 모둠을 돌아다니면서 물건을 사오도록 하였습니다. 소비자 아이들이 다른 모둠을 모두 방문하고 나면 이번에는 모둠의 다른 친구들과 역할을 바꾸어서 한 번 더 하도록 하였습니다. 아이들은 생산자와 소비자, 판매자의 다양한 역할과 관점을 직접 경험해 볼 수 있었고, 움직임이 많은 현우도 즐겁게 배울 수 있는 시간이었습니다. 가만히 앉아서 하는 활동이 대부분인 주지 교과 수업에서 움직이는 활동 수업은 현우까지 모두 적극적으로 참여시키기에 아주 좋은 아이디어였습니다. 그렇다고 주지 교과 시간마다 매번 움직이는 수업을 한 것은 아닙니다. 만약에 그렇게 했다면 꾸준히 실천하기 어려웠을 것입니다. 나는 일주일에 서너 시간 정도만이라도 실천하고자 했더니 부담도 줄고 꾸준히 할 수도 있었습니다.

이번에는 교실의 도구를 활용해 보기로 하였습니다. 당시 우리 학교는 지역 보건소와 연계하여 비만예방교육 협력학교로 지정이 되었는데 그 대상이 내가 맡은 4학년이었습니다. 비만예방을 위한 여러 가지 교구들을 살 수 있는 예산이 내려왔습니다. 그때 우리 학년 선생님들과 함께 구입했던 교구들은 현우의 움직임 욕구를 채워주기에 아주 적합했습니다. 내가 활용했던 첫 번째 교구는 스탠딩 책상이었습니다. 스탠딩 책상은 아이들이 의자에 앉지 않고 서서도 공부할 수 있도록 하는 책상입니다. 스탠딩 책상 4개를 한 세트로 놓고 모둠별로 한 시간씩 돌아가면서 스탠딩 책상에 서서 공부할 수 있도록 하였습니다. 그리고 스탠딩 책상 밑에는 밸런스 패드를 두어 그 패드 위에 올라가 중심을 잡으면서 서 있도록 하였습니다. 수업이 시작된 지 5분이 지나면 엉덩이를 들썩거리며 돌아다니던 현우였는데 밸런스 패드 위에 올라서서 스탠딩 책상에서 공부할 때면 전혀 돌아다니지 않았습니다.

두 번째 교구는 짐볼이었습니다. 아이들 의자 높이만한 짐볼을 4개 구입하여 한 시간에 한 모둠씩 돌아가면서 의자 대신 앉게 하였습니다. 짐볼 의자가 등받이가 없어 불편할 것 같지만 생각보다 굉장히 편안하고 허리를 곧게 펴주어서 1시간은 잘 앉아 있을 수 있었습니다. 그런데 짐볼 의자의 경우는 아이들과 규칙을 정할 필요가 있었습니다. 짐볼에 앉는 모든 아이들은 바운싱을 하고 싶은 욕구가 가득해집니다. 특히 현우의 경우 짐볼 의자에서 바운싱을 하면 교실 천장까지 닿을 만큼 높이 오르기 때문에 수업이 시작되면 바운싱은 금지시켜야 합니다. 바운싱은 쉬는 시간에 얼마든지 할 수 있다고 규칙을 정해주면 아이들은 짐볼 의자에서도 차분히 앉아 있을 수 있었습니다.

이렇게 우리 반 아이들은 하루에 한 시간씩 스탠딩 책상과 짐볼 의자에서 수업을 할 수 있었습니다. 움직이는 수업활동이나 움직일 수 있는 교구의 활용은 현우를 위한 신경다양성 교실의 아이디어로 시작되었지만 우리 반 아이들 모두 즐거워했고 다들 그 시간이 오기를 기다렸습니다. 사실 4학년 아이들은 모두 움직임의 욕구가 큽니다. 단지 현우가 좀 더 컸을 뿐입니다. 그래서 현우를 위한 신경다양성 교실이 모든 아이들에게도 잘 맞았던 것입니다. 우리 반에서 가장 힘든 아이를 참여시키기 위한 노력이 모든 아이들의 참여와 적극적인 활동을 더욱 북돋울 수 있었습니다. 현우를 포기하지 않으려고 했던 작은 노력이 몇 배 더 큰 보상으로 나에게 되돌아 온 것 같아 기뻤습니다.

움직이는 수업 활동으로 현우의 수업참여도가 많이 높아지기는 했지만 현우는 여전히 '시작하기'를 참 어려워하였습니다. 미술활동이나 글쓰기 활동을 시작하려면 한참 동안 뜸을 들였습니다. 수업시간의 반이 지나도록 뜸을 들이고 있기도 했고 어떨 땐 한참을 뜸만 들이다가 결국 과제수행을 포기하고 친구들을 방해하기 시작했습니다. 그렇게 해당 시간에 주어진 과제를 끝내지 못하는 경우가 다반사였습니다. 주어진 과제를 끝마치지 못한 날은 남아서 하고 가라고 하면 현우는 분노를 표출했습니다. 왜 자기에게만 나머지 공부를 하라고 하느냐고 화를 냈습니다. 나는 현우의 시작을 도와주어서 다른 아이들과 함께 끝맺을 수 있도록 해보기로 하였습니다. 미술활동의 경우 나는 수업 전에 종종 참고작품을 만들어 놓습니다. 나는 이 참고작품을 반만 만들어 아이들에게 보여준 후 아이들의 동의를 얻어 그 작품을 현우에게 주었습니다. 현우는 작품을 처음부터 만들지 않아도 되고 내가 반만 만든 작품을 이어서 만들면서 제시간에 완성할 수 있었습니다. 이번에는 현우가 괴로워하는 글쓰기의 시작을 도와주기로 하였습니다. 글쓰기 시간이면 다른 아이들은 10줄 정도는 금방 채워서 쓸 수 있었는데 현우는 한 줄도 못 쓰는 경우가 많았습니다. 생각이 잘 떠오르지 않는지 한숨만 쉬고 있었습니다. 나는 아이들이 글쓰기를 시작하기 전 예시로 한두 문장을 칠판에 써 줍니다. 첫 문장을 어떻게 시작해야 할지 떠오르지 않아서 힘들어 하는 아이들이 많기 때문에 예시 문장에서 힌트를 얻어 써나가도록 하기 위해서입니다. 나는 이 예시 문장에 현우의 이름을 넣어서 현우가 쓴 것처럼 보이게 하였습니다. 칠판에 쓴 예시문장에 자기 이름이 나오면 현우는 집중을 잘 했습니다. 현우는 내가 쓴 예시문장을 자신의 교과서에 그대로 쓰면서 시작해 여기서 떠올린 생각으로 다음 문장을 이어나가면 되었습니다. 그렇게 해서 현우도 다른 아이들처럼 10줄을 채울 수 있었습니다. '시작'을 도와주는 별거 아닌 시도 덕분에 현우는 괴로운 나머지 공부를 하지 않아도 되었습니다.

이러한 다방면의 노력으로 현우의 수업태도는 놀랍게 향상되었습니다. 그렇지만 불쑥불쑥 나타나는 공격성과 충동성은 좀처럼 사라지지 않았습니다. 현우가 자기에게 욕을 했다거나 때렸다며 매일 아이들은 울면서 나에게 찾아왔습니다. 급기야 학부모의 민원전화까지 받았습니다. 현우의 공격성 때문에 아이가 학교 가는 것을 힘들어한다고 하였습니다. 현우의 행동이 고쳐지지 않으면 학교를 보내지 않겠다고도 하였습니다. 나는 현우를 남겨서 상담을 하고 몇 번에 걸쳐 다짐도 받았습니다. 상담을 하는 동안 현우는 나와 눈도 마주치지 않고 건성으로 대답을 하고 가버렸습니다. 이러한 상담만으로 현우의 태도가 변화될 리가 없었습니다. 나는 다른 방법으로 접근해야만 했습니다. 한창 현우에 대해 골몰할 때 학교에서 '회복적 생활교육'을 소개하는 교사연수가 있었습니다. 한국평화교육훈련원(KOPI:Korea Peacebuilding Institute)에서 나온 강사님의 연수였습니다. 그때 들었던 강의의 충격과 감동을 지금도 잊을 수가 없습니다. 마치 신세계를 본 듯하였고 내가 막연히 꿈꾸던 생활교육의 모습이 선명하게 구체화되는 것 같은 강렬한 느낌이었습니다.

나는 연수가 끝나자마자 여러 가지 자료를 찾아 읽었습니다. 회복적 생활교육은 회복적 정의(Restorative Justice)의 패러다임을 기반으로 한 생활교육 방법입니다. 회복적 정의는 잘못을 하면 벌을 받는다는 '응보적 정의'와는 달리 피해자의 피해가 극복되는 것에 궁극적인 목표를 갖습니다. 피해자의 회복과 관계없이 잘못을 일으킨 사람에게 일방적으로 주어지는 벌이나 비난을 넘어서는 접근입니다. 피해를 회복하는 과정에서 가해자가 자신의 행동으로 인해 발생한 피해와 영향을 직시하도록 하고 그 피해를 자기 스스로 책임지게 합니다. 이때 공동체가 함께 회복적 정의를 만드는 과정에 참여할 때 관계회복과 진정한 정의가 이루어진다고 합니다.(KOPI 홈페이지)

회복적 정의 운동은 1970년대 캐나다의 작은 마을 엘마이라(Elmira)의 청소년 보호관찰관에 의해 처음으로 시도되었다고 합니다. 범죄를 저지른 10대 청소년들에게 형벌을 내리는 대신 피해를 당한 집들을 일일이 찾아가 그들의 피해와 고통을 직접 듣고 자신의 잘못을 뉘우치고 사과하게 하였습니다. 가해자와 피해자가 대면하는 과정에서 가해학생들은 무거운 책임감을 느끼게 되고, 피해자들 또한 가해자들의 진정한 사과에 회복될 수 있었다고 합니다. 이후 가해학생들은 다시 마을의 구성원으로서 건강하게 살아갈 수 있었다고 합니다. 가해학생들에게 법적 처벌보다 더 효과적인 선도와 예방의 결과를 가져오게 된 것입니다.

내가 개별적으로 훈육하고 상담하는 것만으로 현우의 행동이 달라지지 않았던 이유가 나의 생활지도가 회복적 정의에 기반하지 않았기 때문이라는 것을 깨달았습니다. 아이들이 나에게 달려와 현우의 행동을 이르면 나는 현우에게 다가가 훈육을 하였습니다. 그러나 현우는 나와 다짐한 약속을 금세 까먹고 똑같은 행동을 반복하였습니다. 현우는 나에게 야단을 맞았으니 자신은 책임을 다 졌다고 생각했을 것이고, 피해를 입은 아이들은 현우의 태도가 달라지지 않아 전혀 회복하지 못했던 것입니다. 내가 했던 생활지도는 바로 응보적 정의였던 것입니다. 나는 회복적 생활교육을 해보기로 결심하고 참고할 책들을 찾던 중에 박숙영 선생님이 쓴 《회복적 생활교육을 만나다》를 보고 또 한 번 큰 감동을 받았습니다. 저자는 평화수업을 하러 방문한 교실에서 욕설과 폭력이 난무하는 초등학교 5학년 아이들을 만나게 됩니다. 그 학급의 아이들은 평화교육을 하러 온 선생님의 수업에 전혀 관심을 보이지 않았습니다. 쉬는 시간에 있었던 두 아이의 다툼으로 학급의 분위기는 경직되어 있었고 두 아이는 소리 없이 서로를 비난하고 있었습니다. 박숙영 선생님은 밤새 준비한 수업을 내려놓고 원형으로 둘러 앉아 토킹스틱을 돌려가며 한 명씩 자신의 심정을 말하는 회복서클을 시작하였습니다. 우선 다툼을 했던 두 아이에게 한 명씩 심정을 말하게 하였고 나머지 아이들에게는 이런 일로 인해 현재 자신의 마음이 어떤지 차례대로 말하게 하였습니다. 한 명의 학생만 재미있다는 표현을 하고 나머지 학생들은 신경 쓰이고 짜증나고 무섭다고 말하며 불편한 심정을 표현하였습니다. 그렇게 한 바퀴를 다 돌고 나서 앞으로 이런 일이 반복되지 않기 위해서는 우리가 무엇을 하면 좋을지 이야기해보는 시간을 가집니다. 아이들은 싸우려면 밖에 나가서 싸웠으면 좋겠다, 먼저 사과를 하고 사이좋게 지냈으면 좋겠다, 말리는 사람이 있어야 한다는 등의 말을 했습니다. 이 회복서클로 학급에서 맴돌던 긴장감은 사라지고 다시 평화와 안전의 분위기가 만들어졌다고 합니다.

교사들이 학급 안에서의 갈등을 해결해 보려고 아이들과 개별적인 상담과 만남을 하며 고군분투하지만 근본적인 해결이 되지 못했던 것은 문제해결과정에 공동체를 참여시키지 않았기 때문이었습니다.

나는 현우의 공격성 문제를 풀기 위해 바로 회복서클을 시작하였습니다. 아이들을 둥글게 원을 만들어 앉히고 토킹스틱도 준비했습니다. 나는 한 명씩 현재 자신의 마음을 이야기하도록 하였습니다. 회복서클 시간이 형식적으로만 흐르지 않도록 하기 위해 나부터 먼저 솔직한 심정을 말하였습니다. 우리 학급에서 현우로 인한 다툼이 자주 일어나고 학부모의 민원전화까지 받게 되어 너무나 속상하고 눈물이 난다고 하였습니다. 그래서 너희들의 도움을 받고 싶고 이 문제에 대해 다 같이 얘기해보고 싶다고 하였습니다. 아이들은 나의 말에 갑자기 숙연해졌습니다. 장난을 하던 아이들도 장난을 멈추고 진지한 눈빛으로 쳐다보았습니다. 현우도 마찬가지였습니다. 아이들은 토킹스틱을 들고 한 명씩 이야기를 시작하였습니다. 우리 반에 싸움이 자주 일어나서 깜짝 놀랄 때가 많다, 친구가 울면 너무 속상하다, 현우가 자신에게 욕설을 해서 며칠 동안 잠을 못 잤다고 했고 몇몇 아이들은 현우에게 받은 상처를 떠올리다가 울어버렸습니다. 이렇게 첫 번째 질문에 대한 토킹스틱이 한 번 다 돌고 나서 두 번째 질문을 하였습니다. 이번에는 우리가 이 문제를 어떻게 해결하면 좋을지 한 명씩 이야기해보도록 하였습니다. 현우가 화가 나면 열까지 세었으면 좋겠다, 화가 날 때 욕을 하는 것이 아니라 자신이 왜 화가 나는지에 대해 말을 했으면 좋겠다, 다툼이 생기면 주위에 있는 아이들이 빨리 달려와서 서로의 말을 듣고 사과하게 했으면 좋겠다 등등의 말이었습니다. 한 시간 동안 진행된 회복서클에서 현우는 지금까지와는 아주 다른 모습을 하고 있었습니다. 나에게 아무리 야단을 맞아도 눈도 꿈쩍 않던 아이였는데 눈에 눈물이 글썽거렸습니다. 현우가 말할 차례가 되었을 때 현우는 자신이 그동안 너희들에게 많은 잘못을 한 것 같다고 앞으로는 안 그러겠다고 하였습니다. 이 말은 현우가 전에도 자주 했던 말이었지만 회복서클에서의 현우의 말은 느낌이 완전히 달랐습니다. 현우가 처음으로 불편한 현실과 직면하고 스스로 책임의식을 느끼는 순간 같았습니다.

현우는 이후 놀라울 정도로 다른 아이가 되었습니다. 현우의 공격성과 충동성이 완전히 사라진 것은 아니지만 그런 행동이 나오려 할 때마다 스스로 움찔하며 자신의 모습을 알아차리고 자제하려고 노력하고 있었습니다. 그런 모습이 보일 때마다 친구들과 나는 현우를 칭찬하였습니다. 얼마 후 우리는 또다시 회복서클을 만들었습니다. 이번의 질문은 요즘 현우의 행동에 대해 어떻게 생각하느냐는 것이었습니다. 아이들은 한 명씩 돌아가면서 현우가 착해져서 학교에 오는 것이 즐거워졌다, 체육시간에 넘어져서 아팠는데 현우가 보건실에 잘 데려다 주어서 고마웠다, 현우가 열심히 공부하려는 모습이 보기 좋다, 현우랑 노는 것이 재미있다 등의 말을 하였습니다. 현우는 또다시 눈물을 글썽거렸습니다. 현우 차례가 되었을 때 현우는 앞으로도 우리 반 봉사왕과 응급구조대원을 더 잘할 것이라고 말하였습니다. 나 혼자서 그렇게 애를 써도 안 되던 현우의 태도 변화가 회복서클로 단박에 이루어지다니 정말 놀라웠습니다. 회복서클은 이후에도 우리 반에 사소한 문제가 생겼을 때마다 열렸습니다. 회복서클로 인해 아이들은 공동체의 문제해결 방법을 배워나갈 수 있었고, 이 방법이 더딘 것 같지만 서로의 실천을 이끌어낼 수 있는 가장 확실한 방법이라는 것도 알아가고 있었습니다. 현우에게 ADHD가 있기 때문에 공격성과 충동성의 문제는 내가 어찌할 수 없을 거라고 여겨 포기했다면 이 문제는 영원히 해결되지 않았을 것입니다. 어쩌면 다른 많은 교사들처럼 좌절하거나 번아웃으로 향했을지도 모릅니다. 하지만 현우도 다른 아이들처럼 공동체에 긍정적인 기여를 하고 싶은 욕구가 있다는 것과 연습을 통해 자신의 감정을 충분히 컨트롤 할 수 있는 능력이 있다는 것을 믿었습니다. 그리고 무엇보다 친구를 위로할 수 있고 봉사도 잘하던 아이였기에 그 강점을 북돋아 준다면 자신의 약점도 충분히 보완해나갈 수 있을 거라고 믿었습니다. 그러한 믿음이 현우의 변화를 이끌어냈던 것 같았습니다.

현우와 함께 했던 그 해에 교원능력평가에서 우리 반 아이들이 나를 평가한 말 중에 가장 많이 사용한 것이 '공평'이라는 단어였습니다. '우리 선생님은 공평하다.'라는 표현을 아이들이 많이 써서 놀랐습니다. 어떤 면에서 아이들이 나를 공평하다고 평가했는지 궁금해서 아이들에게 물었습니다. 내가 현우와 성민이(학습부진학생)를 더 많이 가르쳐주고 돌봐주었는데 공평한 것 맞느냐고 질문했습니다. 아이들은 나의 질문에 당황하는 듯했고 한 남학생은 "생각해보니 차별하셨네요."라고 하였습니다. 잠시 후 한 여학생이 "차별하신 것은 맞지만 그것은 정당한 차별이었어요. 그러한 차별을 하지 않으면 그 아이들은 우리와 똑같이 활동을 끝내지 못하잖아요."라고 했습니다. '정당한 차별'이라…. 아이들은 '역차별'이라고 부정적으로 이해하지 않고 명확하고 진심으로 이해해 그렇게 표현했던 것입니다. 평등(equality)이 사람의 능력과 상관없이 모두에게 똑같이 주어지는 것이라면 공평(equity)은 사람의 능력에 따라 역으로 차별을 두어 그 출발선을 같게 지원하고 만들어주는 것입니다. 아이들은 우리 반에서 다양성의 선상에서 가장 끝 쪽에 있는 두 아이에게 내가 했던 행동들이 정당한 차별이라는 것을 알았고 그것이 공평하다는 것을 느끼고 있었던 것입니다. 신경다양성 교실은 아이들에게 공평의 의미가 무엇인지 말이 아닌 삶으로 보여주는 교육이라는 것을 새삼 깨닫게 되었습니다.

ADHD 학생을 위한
신경다양성 교실

교사는 ADHD를 치료하는 치료사가 아니라 이 아이들을 교육하는 교육자입니다. 치료와 교육은 엄연히 차이가 있습니다. 치료는 결함을 없애 정상으로 만든다는 것을 기본 전제로 하는 반면 교육은 결함이 있더라도 이 아이의 잠재력을 최대한 계발하여 성장하게 하는 것을 목표로 합니다. 그렇기 때문에 교육자는 결함중심이 아닌 신경다양성 관점에 바탕해 강점중심으로 아이를 바라보며 교육적 접근을 해야 합니다. 그런데 시중에 나와 있는 수많은 ADHD 서적들은 이들의 치료에만 초점을 맞추는 것들이 대부분입니다. 그러다 보니 그 방법들 중에는 아이와 매일 만나고 장기간 함께해야 하는 교사들에게는 큰 도움이 되지 않는 것들이 많습니다. 예를 들어 ADHD가 있는 아이들의 약점이 산만한 것이니까 공부를 하는 교실에는 아이를 자극할 만한 것을 아무것도 두지 말아야 하며, 심지어 칸막이가 있는 책상에서 공부를 하는 것이 효과적이라고 소개하기도 합니다. 과연 이런 교실에 현우가 들어가고 싶을까요? 아마도 한두 번은 들어가서 정말로 집중을 하고 공부를 할 수 있을 것입니다. 그런데 이런 교실에 매일 들어가서 집중을 해야 한다고 강요한다면 아이는 얼마나 괴로울까요?

토머스 암스트롱에 따르면 ADHD 아동들은 뇌의 도파민 수치가 낮은 만성적인 자극 갈구 상태에 있다고 합니다. 도파민은 운동 활동, 동기부여, 보상추구와 관련된 신경전달물질입니다. ADHD 아동들은 도파민 수치가 낮아서 신경계가 스스로 신경전달물질을 다시 채워야 하기 때문에 끊임없이 자극을 추구한다고 합니다. 그래서 보통의 아이들에게는 자극이 되는 것도 ADHD 아동들에게는 충분하지 않아 더 많은 자극을 요구하게 되는 것입니다. 토머스 암스트롱이 인용한 ADHD 연구자인 톰 하트만(Tom Hartmann)은 ADHD가 있는 사람들을 '농부들의 세상에 있는 사냥꾼'이라고 비유하였습니다. 농부는 땅에 씨앗을 심고 인내심 있게 기다리고 현재보다 미래에 대해 생각하고 계획을 세웁니다. 반면 사냥꾼은 끊임없이 움직이고 항상 경계를 늦추지 않고 늘 본능에 의존해 음식과 은신처를 찾고 동물의 먹잇감이 되지 않으려고 애를 씁니다. 사냥꾼의 기질을 가진 ADHD 아이들에게는 네모난 교실과 네모난 책상, 네모난 칠판, 네모난 교과서가 너무나 지루하고 힘들게 느껴질 것입니다. 그렇다면 이 아이들에게 의도적으로 충분한 자극을 준다면 어떻게 될까요? 역설적이게도 도파민 수치를 증가시킬만한 더 높은 자극을 제공하면 오히려 진정이 되면서 차분해지는 효과가 있다고 합니다. 나는 이 접근이 더 타당해 보였습니다. 내가 현우에게 자리에 가만히 앉아 있으라는 말을 하지 않을수록 아이는 더 얌전히 앉아 있는 것을 목격할 수 있었습니다. 움직임이 있는 수업을 통해 현우의 움직임 욕구를 충분히 충족시켜 주었더니 아이는 더욱 차분해졌습니다.

그렇다면 ADHD 아동이 있는 교실은 어떠해야 할까요? 토머스 암스트롱이 인용한 ADHD 연구자인 시드니 젠탈(Sydney Zentall)은 음악, 색깔, 움직임, 상호작용이 많은 교실을 꾸미자 ADHD 아이들의 증상이 줄어들었다는 연구결과를 발표했습니다. 스탠딩 책상과 밸런스 패드, 짐볼이 있던 우리 반 교실이 그러한 교실의 예가 될 수 있습니다. 스탠딩 책상이 없다면 ADHD 학생에게 책상 2개를 사용할 수 있도록 하면 좋을 것입니다. 자기 책상에서 지루해지면 다른 책상으로 옮겨가게 하는 것만으로도 주의가 환기될 수 있습니다. 이외에도 해외의 사례로 책상의 발받침 부분에 재봉틀 페달을 설치해서 아이가 계속 발을 움직이도록 하는 모습을 본 적이 있습니다. 현실적으로 재봉틀 페달은 구하기도 힘들고 값도 나가니까 그보다 쉽게 적용할 수 있는 가성비 좋은 방법으로 검은색의 두꺼운 고무줄을 이용할 수 있습니다. 책상 다리 아래쪽에 고무줄을 묶어놓고 고무줄 위에 다리를 올려놓은 다음 마음껏 움직이게 하는 것입니다. 다리를 움직이고 떠는 것은 사실 우리나라의 정서에서는 복 나가는 행동이라며 금기시하지만 ADHD 아이들이 차분히 공부를 할 수 있다면 그 정도는 허용해 줄 수 있지 않을까요? 다리를 움직일 수 있는 고무줄과 함께 촉각자극을 받을 수 있는 펠트를 책상 안쪽에 대준다면 ADHD 아이들은 수업시간에 책상을 떠나지 않아도 될 것입니다.

나는 서울시교육청 통합교육지원단으로 활동하고 있는데 교육청에서 추진하고 있는 저학년 교실 공간혁신을 위한 '꿈을 담을 교실' 사업에 아이디어를 제공해 달라는 의뢰를 받았습니다. '꿈을 담은 교실(꿈담교실)'은 노후화된 교실을 미래사회의 변화에 대비하여 창의적이고 감성적인 공간으로 혁신해 가는 것을 목표로 하는 종합 디자인 사업입니다. ADHD 아이들은 주로 저학년 아이들 중에 많이 있습니다. ADHD의 증상은 나이가 들어감에 따라 자연스럽게 완화되는 경우도 많이 있습니다. 저학년 교실에서는 1~2명의 ADHD 증상이 있는 아이들이 발견됩니다. 나는 ADHD 아이들을 위한 교실이 저학년 꿈담교실로 적합하다고 생각하여 움직임과 상호작용, 색깔이 풍부한 교실을 제안하였습니다. 이러한 환경으로 저학년 교실을 꾸민다면 ADHD 아이들은 물론이고 다른 아이들에게도 긍정적인 자극과 영향을 줄 수 있는 멋진 교실이 될 것입니다. 또한 이 교실에서는 유치원 누리과정과도 연계를 할 수 있어 초등학교로의 갑작스러운 전환으로 인한 긴장감도 덜어줄 수 있을 것입니다.

토머스 암스트롱은 교실환경의 변화와 함께 ADHD 아이들에게 '거친 신체놀이시간'과 '녹색시간'을 주어야 한다고 하였습니다. 요즘의 아이들은 고학년이 되면서 컴퓨터 게임이나 유튜브 시청, 스포츠 경기 보는 것을 더 좋아하게 됩니다. 컴퓨터 게임과 유튜브가 없던 시절의 아이들보다 훨씬 덜 움직이고 앉아서 지내는 아이들이 더 많아지고 있습니다. ADHD 아이들에게는 이러한 컴퓨터 앞에서의 실내 놀이보다 녹색공간인 자연 속에서 활기찬 놀이를 충분히 경험하도록 하는 것이 더 좋습니다. 현우가 놀이의 창조자였듯이 놀이는 이 아이들의 강점을 살리는 것과 동시에 도파민 부족을 해결할 수 있는 매우 좋은 방법입니다.

ADHD 아이들에게는 자연에서 친구들과 자유로운 신체 놀이를 할 수 있는 시간이 더 많이 주어져야 합니다. 내가 시골학교에서 근무할 때 시골학교 아이들은 아침에 등교해서 축구를 하고, 중간 놀이 시간에 축구를 하고, 점심시간에도 축구를 하고, 방과 후에도 축구를 합니다. 그래서 아이들의 얼굴은 모두 다 까맣습니다. 이에 비해 도시 아이들의 얼굴은 모두 하얗습니다. 내가 근무하고 있는 도시의 학교는 공간은 협소한데 학생은 1600여명이나 되는 거대학교여서 운동장을 마음대로 이용할 수가 없어 축구도 거의 못 합니다. 방과 후에는 다들 공부하러 학원에 갑니다. 한창 뛰어놀아야 할 아이들이 책상 앞에만 앉아 있으라고 강요당하고 있는 것 같아 애처롭습니다. 어쩌면 이러한 환경으로 내몰고 있는 어른들에 의해 ADHD 증상이 더 악화되는 것은 아닐까요?

　토머스 암스트롱은 ADHD를 가진 성인들에게 적합한 직업 환경으로 신체활동과 변화무쌍함, 새로움과 높은 자극이 동반되는 환경을 제안하였습니다. 이러한 환경에 적합한 직업으로는 소방관, 응급구조대원, 출장영업사원, 산림경비원, 경찰관, 발명가, 사업가, 프리랜서, 예술가, 운동선수 등이 있습니다. 이 직업들은 외부활동이 많고, 자주 출장을 가게 되어 여러 곳을 돌아다닐 수 있으며 매일 새로운 상황에 적극적으로 관여할 수도 있습니다. 또한 응급상황에 대처하고 신체 활동을 하며 짧은 시간에 여러 가지 일을 할 수 있는 창의적인 직업이기도 합니다. 위와 같이 토머스 암스트롱이 제시한 ADHD 성인을 위한 직업들은 현우에게 무척 적합해 보였습니다. 현우는 이미 우리 반의 응급구조대원이니까요. 현우의 강점에 집중하니 현우가 커서 선택할 수 있는 직업이 이렇게나 많아졌습니다. 반면 현우에게 최악의 직업 환경은 하루에 8시간씩 칸막이 사무실에 앉아서 일하는 사무직일 것입니다. 만약에 현우가 이런 직업을 가진다면 매일 똑같은 일을 하며 지루해할 것이 분명하며 신체활동이 부족하여 무척 괴로워할 것입니다. ADHD 아이들을 이러한 최악의 환경으로 내몰지 않으려면 어려서부터 그들의 강점에 주의와 관심을 더욱 기울여야 할 것입니다.

나는 여러 초등학교에서 교직원 대상 통합교육 연수를 종종 합니다. 한번은 강의를 마치고 연수를 들은 선생님들과 인사를 나누고 있었는데 한 선생님이 나를 끝까지 기다리고 있었습니다. 멀리서 보니 그 선생님의 눈이 빨갛게 변해 있었습니다. 다른 사람들이 모두 강당을 빠져나가자 이 선생님은 울며 나에게 다가왔습니다. 왜 그러느냐고 물었으나 격하게 오열을 하고 있어서 말을 잇지 못하였습니다. 한참을 울고 나서 조금 진정이 된 선생님은 자신의 자녀 이야기를 해주었습니다. 4학년 남자 아이인데 같은 학교에 데리고 다닌다고 하였습니다. 선생님의 자녀는 ADHD가 있는 아이였습니다. 지금 맡고 있는 담임선생님이 이 아이를 도저히 감당할 수 없다며 곧 휴직을 한다고 하였습니다. 동료 교사이기도 한, 아이의 담임선생님의 힘든 모습을 부모로서 지켜보는 것이 참으로 괴로웠을 것입니다. 선생님의 이야기를 들어보니 자녀의 담임선생님은 굉장히 꼼꼼하고 아이들 관리를 철저하게 잘하는 능력 있는 교사였습니다. 그러나 이 아이의 돌발행동이 담임선생님이 정한 규범에 자꾸만 어긋나니 견딜 수 없는 지경에 이르렀던 것입니다. 담임선생님도 아이도 부모도 모두 다 엄청난 상처를 받고 있었습니다. 선생님은 앞으로 자녀를 어떻게 해야 할지 나에게 조언을 구했습니다. 나는 가슴이 아팠지만 이 학교를 떠나라고 말해주었습니다. 아이의 특성을 마음껏 펼칠 수 있는 대안학교나 작은 시골학교에 보내는 것이 좋겠다고 하였습니다. 공교육 교사인 내가 공교육을 떠나라는 말을 해버렸습니다.

우리나라 공교육은 아직까지 ADHD 아이들을 충분히 포용할 만큼 인식의 성장을 이루지 못했습니다. 학교의 딱딱한 환경과 마찬가지로 교사들도 여전히 딱딱한 마음의 틀을 깨지 못하고 있습니다. 하지만 언제까지 이 아이들을 다른 학교로 또 공교육 밖으로 보내버리겠니까? ADHD 아이들을 바꿀 수 없으니 환경이 바뀌어야 하고 교사가 바뀌어야 합니다. 우리 연구모임선생님들은 우스갯소리로 신경다양성 교실은 아이를 뺀 나머지 모두를 바꾸는 교실이라는 말을 합니다. 이 말은 농담 같지만 사실입니다. ADHD 아이를 바꾸어 교사에게 맞추는 일은 불가능에 가깝습니다. 그런 불가능한 일을 하는 데에 에너지를 다 써버리니 번아웃이 생기는 것입니다. 아이도 살고 교사도 살 수 있는 윈윈(win-win) 방법은 강점중심 접근법인 신경다양성 교실을 만드는 것입니다.

7장

도현이 이야기

도현이와의
만남

도현이는 내가 시골학교에서 근무하던 두 번째 해에 맡았던 6학년 학생입니다. 가녀린 몸에 피부가 새하얀 남학생이었습니다. 남자아이였지만 나는 도현이가 참 예뻤습니다. 가끔 도현이가 웃을 때면 마치 활짝 핀 백합꽃을 보는 것 같았습니다. 도현이는 자폐성 장애 1급 진단을 받은 학생이었습니다. 내가 도현이를 처음 본 것은 우리 아이가 시골학교에 입학한 때로 그때 도현이는 4학년이었습니다. 나는 그 다음 해에 시골학교로 복직을 하였기 때문에 당시는 학부모였습니다. 나와 도현이 엄마는 하교 시간에 맞추어 아이들을 데리러 가야 했기 때문에 자주 만나게 되었습니다. 도현이는 외동아들로 발화가 되지 않는 중증장애 학생이었습니다. 도현이 엄마는 주변에서 도현이를 특수학교에 보내지 왜 일반학교에 보내느냐는 말을 끊임없이 들으며 괴로워 하며 힘겹게 학교에 보내고 있었습니다. 그 고통이 나에게도 그대로 전해져 와 가슴이 저렸습니다. 도현이 엄마는 내가 교사라는 것을 알고 만약 이 학교로 복직을 하게 되면 꼭 도현이를 맡아달라고 하였습니다. 그리고 2년 뒤 나는 도현이를 맡게 되었습니다.

6학년이 된 도현이의 초등학교에서의 마지막 통합교육을 정말 멋지게 해보고 싶었습니다. 3월 2일, 나는 큰 설렘을 안고 교실에서 도현이를 기다렸습니다. 그런데 도현이는 우리 교실에 나타나지 않았습니다. 실무사 선생님은 도현이가 10시 반쯤 등교를 했지만 통합지원반에서 우리 교실로 오는 것을 거부해 가지 못하고 있다고 하였습니다. 나는 도현이를 데리러 통합지원반으로 갔습니다. 도현이는 나를 자주 봐왔지만 함께 가자고 하니 놀라며 손을 뿌리치고 거부의사를 표현했습니다. 결국 그날 도현이는 통합지원반에만 있다가 하교하였습니다. 도현이는 2학년 때까지는 통합학급에 잘 들어갔다고 합니다. 그런데 3학년이 되면서부터 통합학급에 가는 것을 너무나 힘들어하고 거부했다고 했습니다. 1, 2학년 교실은 통합지원반과 같은 1층이었는데 3학년부터는 교실이 2층에 있었습니다. 2층 교실에 가는 것을 싫어해서 3, 4, 5학년 때까지 3년 동안이나 제대로 통합학급 수업에 참여하지 못한 것입니다. 도현이가 3년 동안이나 거부하며 하지 못한 통합교육을 올해 내가 과연 잘 해낼 수 있을지 걱정이 밀려왔습니다.

나는 우선 도현이를 교실에 오게 하는 것부터 해야 그 다음에 뭐라도 할 수 있었습니다. 나는 조급하게 생각하지 않고 매일 조금씩 도현이와 우리 교실에 오는 연습을 하기로 결심하였습니다. 나는 매일 아침 도현이가 학교에 왔다는 메시지를 받으면 도현이를 데리러 통합지원반으로 달려갔습니다. 첫 시작은 도현이와 통합지원반 문 밖까지만 함께 나오는 연습을 하고, 다음 날은 통합지원반 복도까지 나오는 연습을 하고, 그 다음은 1층 계단 아래까지, 다음은 1층과 2층 사이의 계단참까지, 그 다음은 2층 계단 위까지 가는 연습을 하였습니다. 그 다음에는 2층 계단을 지나 2층 복도까지, 그 다음은 우리 교실 앞까지 가는 연습을 하였습니다. 마지막으로 드디어 우리 교실에 도현이가 한발자국 들어왔습니다. 도현이가 교실에 들어오자 우리 반 아이들이 박수를 치며 좋아하는 바람에 도현이는 놀라서 귀를 막고 나가버렸습니다. 어쨌든 도현이가 교실에 들어오는 것까지는 성공하였습니다. 그 다음날 도현이가 어제 놀랐던 기억 때문에 교실에 들어오지 않으면 어쩌나 걱정이 되었습니다. 나는 미리 우리 반 아이들에게 도현이가 큰 소리에 놀라니까 도현이가 들어와도 큰 소리를 내지 말아달라고 부탁하였습니다. 도현이가 교실에 처음 발을 넣을 때 큰 소리가 날까봐 귀를 막고 긴장을 하는 것이 보였습니다. 그런데 예상과 다르게 아이들이 조용하게 있자 도현이는 살금살금 교실에 들어와서 구석에 가만히 서 있었습니다. 자기 자리까지 가는 것은 어려운 것 같았습니다. 나는 도현이가 서 있는 교실 구석으로 책상과 의자를 옮겨주어 마침내 도현이가 자기 책상 앞에 앉게 되었습니다. 그렇게 되기까지 무려 3주나 걸렸습니다. 시간이 좀 걸리긴 했지만 드디어 도현이가 우리 교실에 있는 모습을 볼 수 있어서 너무나 기뻤고 시작이 반이라고 입실을 하고 착석까지 하였으니 도현이와의 신경다양성 교실을 만들어나갈 자신감이 생겼습니다. 나는 우선 도현이의 특성부터 정확히 파악해야 했습니다.

도현이는 발화가 안 되었는데 '마마마' '빠빠빠'와 같은 양순음을 주로 내었습니다. 도현이는 실무사 선생님에게도 '마'라고 하였고 나에게도 '마'라고 하였습니다. 친구들에게는 그런 표현을 쓰지 않는 것으로 봐서 선생님을 '마'라고 하는 것 같았습니다. 도현이는 섭식장애와 수면장애가 있었습니다. 도현이는 6년 동안 우리 학교에서 급식을 한 번도 먹지 못했습니다. 아무리 시도를 해봐도 도현이를 먹이지 못했다고 했습니다. 급식을 먹지 못하기 때문에 도현이는 10시 반쯤 등교해서 2시 반에 하교를 했습니다. 도현이 엄마에 의하면 도현이가 먹는 음식의 종류는 채 10가지도 되지 않는다고 했습니다. 청각뿐만 아니라 미각과 촉각도 무척 예민해서 그러한 섭식장애가 생겨난 듯했습니다. 잘 먹지 못하기 때문에 도현이는 무척 말랐습니다. 남학생의 손이라고 보이지 않을 정도로 손은 길고 가느다랬습니다. 손톱은 마치 종잇장처럼 얇았습니다. 도현이의 손이 나의 손에 스치면 내 손등에 자주 상처가 났는데 손톱이 너무 얇아서 그랬던 것 같습니다. 충분하게 음식을 섭취하지 못해서 손톱으로까지 영양이 공급되지 않았던 것입니다. 도현이는 또한 수면장애도 있어 힘들어하였습니다. 도현이가 잠을 잘 못 자니 도현이 엄마도 잠을 잘 못 자고 있었습니다. 도현이는 6학년이었지만 입학 전 1년을 유예하여 나이는 중학교 1학년 나이였습니다. 사춘기 호르몬이 왕성하게 나오기 시작하면서 도현이는 더욱 잠자는 것이 어려웠습니다. 충분한 수면을 하지 못하니 감각은 더욱 예민해진 것 같았습니다.

도현이의 착석시간은 10분이 채 되지 않았습니다. 도현이는 조금 앉아 있다가도 손으로 귀를 틀어막고 나가려고 했습니다. 수업시간이 아직 끝나지 않았으니 앉으라고 하면 소리를 지르기도 했습니다. 심지어는 바닥에 누워버릴 때도 있었습니다. 한번 바닥에 누워버리면 일으켜 세우는 데까지 시간이 많이 걸리기도 하였습니다. 나와 실무사 선생님 둘이서 일으켜 세울 수가 없을 때면 학교 보안관까지 합세해야 겨우 진정시킬 수 있었습니다. 도현이는 내가 감히 넘을 수 없는 높은 산처럼 보였습니다.

2013년에 발표된 DSM-5에서는 기존에 세부적으로 분류해 사용하던 자폐성 장애, 아스퍼거 장애, 비전형 자폐 등을 없애고 '자폐스펙트럼장애(Autism Spectrum Disorders: ASD)'라는 명칭으로 공식적으로 통일해 사용하고 있습니다. 자폐스펙트럼장애는 사회적 상호작용과 의사소통에서 지속적인 결여를 보이면서, 제한적이고 반복적이며 상동적인 행동이나 관심, 활동을 보이는 경우로 증상이 발달 초기(생후 3세 이전의 유아기)에 시작되고, 일상적인 기능이 제한되어 평생 동안 지속되는 장애입니다. 국내에서 자폐성 장애가 공식적으로 특수교육대상 장애유형으로 언급된 것은 1994년에 제정된 〈특수교육진흥법〉에서 정서장애의 일부로 포함되면서부터 입니다. 그러다 2007년 〈장애인 등에 대한 특수교육법〉이 제정되면서 자폐성 장애는 정서장애와 분리되어 처음으로 독립된 장애영역으로 추가되었습니다. 위 법에서는 특수교육대상자로서의 자폐성 장애를 '사회적 상호작용과 의사소통에 결함이 있고 제한적이고 반복적인 관심과 활동을 보임으로써 교육적 성취 및 일상생활 적응에 도움이 필요한 사람'으로 정의합니다. 자폐성 장애는 우리나라 특수교육대상자 중에서 두 번째로 높은 비중을 차지하고 있으며 매년 지속적으로 증가하고 있습니다. 전 세계적으로도 자폐성 장애의 출현율이 급격히 증가하고 있다는 보고가 이어지고 있는데 이는 자폐성 장애가 '자폐스펙트럼장애'로 포괄적이고 확대된 개념으로 변화되고, 진단도구들의 개발이 지속적으로 이루어지고 있기 때문이라고 볼 수 있습니다.

신경다양성이라는 개념은 자폐스펙트럼장애로부터 등장했습니다. 앞서 이야기했듯 신경다양성이라는 용어는 1999년 호주의 사회학자이자 아스퍼거 증후군(고기능 자폐스펙트럼장애)을 가신 아이의 엄마인 주디 싱어의 기고문에서 처음으로 사용되었습니다. 주디 싱어는 자폐스펙트럼장애를 질병으로 간주하지 말고 타고난 다양성이자 자연스러운 차이로 받아들이자는 신경다양성 운동을 펼쳐나갔습니다. 이후 신경다양성이라는 개념은 다른 정신적·발달적 장애영역까지 확대되고 장애의 사회적 모델로서의 통찰력을 증대시키는데 큰 영향을 끼치게 되었습니다. 그리고 토머스 암스트롱은 신경다양성 운동을 교육계로 확장시키는데 큰 역할을 하였습니다.

'스펙트럼'이라는 용어가 보여주듯 흔히 말하는 '자폐'는 그 증상과 모습이 매우 다양하고 폭도 넓습니다. 그래서 '신경다양성'으로 표현합니다. 사람마다 다르기 때문에 한 사람 한 사람의 특성과 소통 방법을 관찰하고 찾으려 노력해야 합니다. 나는 도현이가 넘을 수 없는 산처럼 보였지만 신경다양성의 관점으로 바라보고 접근한다면 도현이도 우리 교실에서 의미 있는 배움을 경험할 수 있을 것으로 믿었습니다.

강점기반
진단하기

지금까지 나는 도현이가 무엇을 못하는지, 무엇을 힘들어하는지에 대하여 파악하였으니 이제는 도현이가 현재 무엇을 할 수 있는지, 무엇을 좋아하는지와 같은 강점을 알아내기로 하였습니다. 우리 학교에서 도현이를 가장 잘 아는 사람은 특수교육 실무사로 도현이와 6년째 함께하는 분입니다. 도현이 엄마 다음으로 도현이의 손을 가장 많이 잡아준 분이기도 합니다. 새로 부임한 특수교사와 나는 실무사 선생님과 도현이의 엄마와 함께 개별화 교육 회의를 열고 도현이가 통합학급에서 할 수 있는 활동들이 무엇이 있는지 알려달라고 하였습니다.

도현이는 언어적·비언어적 지시 따르기를 할 수 있었습니다. 발화는 되지 않았지만 생활연령이 있고 수용언어도 지속적으로 늘어나면서 지시 따르기를 곧잘 할 수 있었던 것입니다. 그리고 간단한 조작활동도 할 수 있었는데 글씨 위에 덧쓰기, 색칠하기, 퍼즐 맞추기, 지시하는 사람 가리키기, 수 세기, 풀로 붙이기, 스마트 패드로 사진 찍기 등을 할 수 있었습니다. 특히 가위로 오리기를 아주 잘하였습니다. 도현이의 별명이 가위손이었는데 가위에 꽂히면 종일 오리려고만 해서 가위를 뺏어야 할 때도 있었습니다. 도현이는 선을 따라 가위질도 할 수 있었고 아주 잘게 자르기도 잘했습니다. 6학년에 들어서면서 소근육의 협응이 더욱 좋아졌다고 합니다. 도현이는 친구들과 잠깐씩 눈을 맞추고 하이파이브도 할 수 있었고, 친구들이 박수를 치면 따라 칠 수도 있었습니다.

도현이는 유튜브 보는 것을 아주 좋아하였습니다. 도현이 엄마에 의하면 특히 먹방(먹는 방송)을 가장 자주 본다고 하였습니다. 잘 먹지도 못하는 아이가 왜 남이 먹는 것을 그렇게 잘 보는지 신기하고 또 속상했습니다. 나는 도현이 엄마에게 도현이가 먹방에서 본 음식을 먹을 수 있느냐고 물었는데 절대 입에도 안 댄다고 하였습니다. 도현이가 먹방을 보는 것이 다른 사람이 먹는 모습에서 대리 만족을 느끼기 위한 것인지 아니면 다른 이유 때문인지 궁금해졌습니다. 도현이가 우리 교실에서 먹방을 보는 모습을 관찰해본 결과 도현이는 먹는 방송의 내용에 관심을 두고 있는 것이 아니라 빠르게 변하는 화면을 보는 것에 집중하고 있는 듯하였습니다. 도현이는 시각적 처리 능력에 강점이 있었던 것입니다.

도현이에게는 외적 강점으로서 우리 반 친구들이 있었습니다. 도현이와 우리 반 아이들은 6년째 한 학급에서 자라왔습니다. 전교생 50여 명의 시골학교여서 한 학년이 한 학급으로 이루어졌는데 우리 반은 남학생 9명과 여학생 2명으로 모두 11명이었습니다. 그 중에 장애학생이 2명 있었는데 1명은 경도의 자폐성 장애를 가진 현규였고 나머지 한 명이 도현이었습니다. 우리 반 아이들은 어릴 때부터 현규, 도현이와 함께 통합교육을 받아왔기 때문에 두 명을 대하는 태도가 남달랐습니다. 경도장애 학생인 현규가 쉬는 시간에 혼자 있으면 누구든 먼저 다가와 현규를 데리고 가서 함께 있도록 해줍니다. 중도장애 학생인 도현이가 교실에서 돌아다니거나 소리를 질러도 그냥 백색소음이려니 하며 아무렇지도 않게 넘깁니다.

우리 교실 문 앞에는 학급 사진이 있었는데 5학년 때 찍은 사진을 보니 5학년 교실이 아니라 우리 학교 병설 유치원 교실이었습니다. 나는 아이들에게 왜 유치원 교실에 가서 학급 사진을 찍었느냐고 물었더니 도현이가 유치원에 들어가서 나오지 않는 바람에 그곳에서 찍었다고 했습니다. 4학년 때 학급 사진은 통합지원반이었습니다. 그때도 아마 도현이가 학급에서 사진 찍는 데에 협조하지 않았던 것 같습니다. 아이들은 나보다 현규와 도현이의 특성에 대해 더 많이 알고 있어 도현이와 현규를 어떻게 대해야 하는지도 나에게 알려주었습니다. 아이들의 이런 모습을 보는 3월 한 달은 놀라움의 연속이었습니다.

우리 반 아이들은 두 장애학생 뿐만 아니라 소수를 대하는 태도 또한 특별했습니다. 우리 반에는 2명의 여학생이 있었는데 그중에 한 명이 10월에 전학을 온 터라 그 전에는 영선이 한 명 뿐이었습니다. 나는 동성 친구가 없어서 영선이가 얼마나 외롭고 힘들었겠나 싶어 안쓰러웠습니다. 그런데 놀랍게도 영선이는 전혀 외로워하지 않았습니다. 여학생들은 6학년이 되면서 외모에 관심이 많아지는데 영선이 또한 그러했습니다. 틴트도 바르기 시작하고 머리를 고데기로 말기도 하였습니다. 그런데 이러한 영선이의 관심사를 우리 반 남학생들이 함께 나누는 것이었습니다. 아침에 등교를 하면 우리 교실에는 영선이 헤어샵이 오픈합니다. 까치집을 하고 학교에 온 남학생들의 머리를 빗기고 고데기로 파마도 해줍니다. 틴트도 발라줍니다. 그런 모습이 우스웠지만 남학생들이 참 고마웠습니다. 영선이와 우리 반 남학생들이 이러한 관계를 형성하게 된 데에는 사연이 있었습니다.

영선이는 외동딸이었는데 엄마가 영선이 2학년 때 위암으로 돌아가셨습니다. 아빠는 일하러 나가야 해서 어린 영선이를 우리 반 남학생들의 엄마들이 함께 돌보게 되었다고 합니다. 이 아이들은 마을공동체에서 함께 살고 있던 것입니다. 그래서 이렇게 더욱 돈독한 사이가 된 것 같았습니다. 이 아이들과 함께라면 도현이를 위한 신경다양성 교실을 만드는 데 큰 힘을 얻을 수 있을 것 같았습니다.

도현이를 위한
강점기반 보편적 학습설계

도현이는 내가 처음으로 맡게 된 중도장애 학생이었습니다. 나는 중도장애 학생을 가르쳐본 경험이 없어서 전문가의 도움이 절실히 필요했습니다. 나는 이때도 일반교사와 특수교사로 구성된 연구모임을 하고 있었는데 연구모임의 두 명의 특수교사는 모두 중도장애 학생 전문이어서 큰 도움이 되었습니다. 두 특수교사는 모두 특수학교 경력이 있고, 그중 한 명은 장애가 심하여 학교에 나올 수 없어 집에만 머무르는 학생들을 위해 순회교육까지 나가는 교사였습니다. 충청도 전역에 살고 있는 장애학생의 집을 일일이 방문하며 열정적으로 수업을 하고 오는 그 선생님의 모습을 지켜보면서 나는 늘 감사함과 존경심이 솟구쳤습니다. 이런 분들의 헌신이 있기에 장애를 가진 사람들도 최소한의 교육 기회를 얻고, 인간다운 삶을 살아갈 수 있다는 생각이 들었습니다. 두 명의 특수교사는 영상을 통해 도현이를 관찰하고 도현이의 강점을 중심으로 지원할 방법들을 상세히 가르쳐 주었습니다.

우선 도현이의 착석시간을 40분까지 늘려야 했습니다. 도현이는 10분 이상 앉아 있지 못하고 밖으로 나가버리기 때문에 내가 준비한 수업을 거의 하지 못했습니다. 특수선생님들은 도현이의 착석시간을 늘리기 위해서는 긍정적 행동지원(PBS: Positive Behavioral Support)이 필요하다고 하였습니다. 나는 긍정적 행동지원을 교과서로만 배웠지 한번도 해보지 않았는데, 드디어 배운 것을 직접 실행해 볼 시간이 되었습니다.

대학원에서 공부할 때 긍정적 행동지원을 처음으로 접하게 되었습니다. 긍정적 행동지원이라니, 이름이 주는 밝은 느낌도 의미도 너무 좋았습니다. 긍정적 행동지원은 그동안의 전통적인 행동중재 방법들이 학생의 문제행동에 대해 벌과 같은 사후 반응적이고 처벌적인 방법을 사용하는 것에 반기를 들며 제안된 대안적인 방법으로, 문제행동의 예방을 강조하고 문제행동의 일시적 감소보다는 개인의 전반적인 삶의 질 향상을 목표로 합니다. 세상에 이런 긍정적이고 평화적인 중재 방법이 있다니…. 놀라웠습니다.

　종종 의사표현을 원활하게 하지 못하는 장애학생들을 막무가내로 처벌했다는 등 비인권적인 행각들에 대한 뉴스를 접할 때마다 나는 울분이 터졌습니다. 다소 극단적인 사례여서 뉴스가 되겠지만 이러한 방법들이 잘못되었다는 것을 사람들이 인식하지 않는다면 언제 어디서든 다시 발생할 가능성이 높습니다. 특히 장애인과 함께하는 직업을 가진 모든 사람들은 긍정적 행동지원에 대한 필수적인 지식을 가지고 있어야 합니다. 긍정적 행동지원이 보편화 되어야 그런 인권유린 행동들이 더 이상 나타나지 않을 것이라고 믿습니다.

　긍정적 행동지원은 강력한 강점기반 전략이기도 합니다. 긍정적 행동지원은 기존의 행동수정 전략과 달리 '문제행동이 발생하지 않는 상황'에서의 변인 파악을 중요하게 생각합니다. 개인의 선호도와 우선순위, 특성과 강점을 파악하여 선택기회를 제공하거나 선행사건을 수정함으로써 문제행동이 유발될 수 있는 자극을 감소시키거나 제거합니다. 그리고 바람직한 행동을 증가시킬 가능성이 있는 선행사건을 첨가하기도 하며 적절한 행동을 통해 원하는 것을 이룰 수 있도록 대체행동을 가르칩니다. 행동이 일어나는 환경을 바꿔주고 강점을 활용한 예방적 접근이기 때문에 궁극적으로 삶의 질이 향상될 수 있는 것입니다.

긍정적 행동지원의 대략적인 절차는 다음과 같습니다. 전통적 행동수정 방법에서는 문제행동이 타인에게 해를 주므로 반드시 제거해야 되는 것으로 보았다면, 긍정적 행동지원에서는 의사소통의 목적을 가지고 있다고 여기며 그것을 파악하는 데에 초점을 맞춥니다. 그래서 첫 번째 할 일은 그러한 문제행동의 기능을 파악하는 것입니다. 여기서의 기능은 바로 의사소통 기능입니다. 어떤 것을 표현하고 싶어서 그러한 행동을 하는지 파악하는 기능평가를 하고 그 다음에는 행동지원 계획을 개발하여 문제행동의 배경사건과 선행사건을 바꾸어주고 대체행동을 가르쳐주면 됩니다. 예를 들어 배가 고픈 채로 학교에 와서 기분이 나빠진 아이가 교실에서 울면서 수업에 참여를 하지 않는다면 이 아이의 우는 행동의 기능은 배가 고프니 먹을 것을 달라는 의미일 것입니다. 이러한 기능을 파악하여 아이에게 먹을 것을 주는 것으로 선행사건을 바꾸면 문제행동은 사라질 것입니다. 그리고 앞으로 배가 고플 때는 우는 것이 아니라 "먹을 것을 주세요!"라고 말할 수 있도록 대체행동을 가르쳐주면 됩니다. 긍정적 행동지원은 절차를 설명하는 단어가 복잡해서 그렇지 알고 보면 아주 쉬운 방법입니다.

나는 도현이가 왜 자리에서 일어나 귀를 막고 나가려고 하는지 그 행동에 대한 기능분석부터 하기로 하였습니다. 도현이가 중증장애라 과연 내가 아이의 행동패턴을 잘 알아낼 수 있을지 솔직히 자신이 없었습니다. 그러나 일단은 시도부터 해보기로 하였습니다. 기능분석을 위해서는 관심과 주의를 기울여야 합니다. 나는 관찰과 일화쓰기, 면담을 통해 충분히 살펴보기로 하였습니다. 나는 수업시간에 직접 관찰하기도 했지만 수업을 진행해야 했기 때문에 온전히 도현이만을 관찰할 수 없어서 수업을 동영상으로 촬영하고 이를 반복해서 보았습니다. 반복해서 보니 도현이가 갑자기 벌떡 일어나서 나가는 시점에 일정한 패턴이 있다는 것을 알게 되었습니다. 도현이는 수업시간 중 상황이 전환하는 시점에 일어났습니다. 내가 전체 학생과 함께 수업을 시작할 때는 가만히 있다가 나의 안내가 모두 끝나고 모둠활동을 하라고 하면 그때 도현이가 일어나는 것이었습니다. 모둠활동을 하기 위해 아이들이 웅성웅성거리며 책상을 끌 때 소리에 민감한 도현이가 그 시간이 힘들어서 일어나 나가려고 했던 것입니다. 그러면 나와 실무사 선생님은 아직 수업이 끝나지 않았으니 나가지 말라고 도현이 손을 잡아 끌었습니다. 그런데 도현이의 입장에서 보니 그 시간에는 그 자리를 피하고 싶어 보였습니다. 나는 '유레카!'를 외쳤습니다. 내가 처음으로 기능분석을 통해 해법을 유추하게 된 것입니다.

그 뒤로 나와 실무사 선생님은 도현이가 전환하는 시간에 일어나는 것을 허락해 주기로 하고 교실 밖으로 나가면 수업에 참여를 할 수 없으니 교실 뒷편에 매트를 깔아 놓고 거기에서 편하게 머물다가 다시 자리로 올 수 있도록 하였습니다. 그렇게 해서 도현이는 활동이 하나 끝날 때마다 일어나 매트로 가 있다가 아이들의 소음이 줄어들면 다시 자리로 와서 자기에게 주어진 과제를 했습니다. 이제는 더 이상 도현이를 나가지 않게 하려고 실랑이를 하지 않아도 되었고 도현이는 40분의 수업에 온전히 참여할 수 있었습니다.

실무사 선생님에 의하면 당시에 막 도현이가 그네타기를 시작했다고 했습니다. 6년 가까이 다른 아이들이 그네 타는 모습을 지켜보기만 했던 도현이었는데 갑자기 그네를 타기 시작했다는 것입니다. 도현이는 2교시가 끝날 무렵인 10시 30분경에 학교에 오는데 그때가 중간 놀이 시간이어서 전교생들이 모두 운동장에 나와서 놉니다. 그렇게 도현이는 등교하자마자 그네를 20분간 탑니다. 그네를 타고 난 후에는 도현이의 기분이 아주 좋아 보였습니다. 그네를 탈 때의 전정자극이 도현이를 기분 좋게 했던 모양입니다. 나는 도현이의 통합학급 수업시간을 중간 놀이 시간 다음인 3교시로 바꾸었습니다. 그 시간이 하루 중 도현이가 가장 잘 집중하여 참여하는 시간이었기 때문입니다. 이런 도현이의 사례를 통해 개인의 강점과 선호도, 우선순위를 파악하여 적용하는 긍정적 행동지원이 중증장애 학생에게도 효과적인 전략이라는 것을 깨닫게 되었습니다.

드디어 도현이가 우리 교실에서 안정적으로 착석을 하게 되었으니 나는 이제 도현이를 위한 수업활동들을 좀 더 풍성하게 만들어내야 했습니다. 도현이의 활동은 수업의 주제와 연관된 활동으로 구성하되 학습 목표를 달리할 수밖에 없었습니다. 나는 시각적 처리 능력이 좋은 도현이를 위한 활동에 풍부한 시각 자료들을 활용하기로 하였습니다. 예를 들어 사회시간에 '근대 문물의 수용으로 변화된 생활모습'을 배우는 수업에서는 도현이를 위한 활동으로 구한말 시대의 여러 가지 사진을 주고 옷, 음식, 집, 학교, 교통수단으로 분류하여 나누어 붙이는 활동을 구상하였습니다. '6·25 전쟁으로 인한 피해상황'을 배우는 수업에서는 한국군 이미지에 색칠하기, 6·25 전쟁의 피해 모습이 담긴 사진 오려 붙이기, 6·25를 겪은 할머니 할아버지께 편지 덧쓰기 등의 활동들을 만들었습니다. '지형도를 보고 지형적 특징 찾기'를 배우는 시간에는 세계지도에 색칠하기, 각 나라에 알맞은 사진 붙이기, 지도 퍼즐 맞추기, 종이비행기 접어서 날리기 등의 활동을 구상하였습니다. 미술시간에 '스톱모션 애니메이션'을 만드는 수업에서는 애니메이션 만드는 과정을 아이들에게 알려주기 위해 도현이의 모습을 촬영하여 애니메이션을 만들었습니다.

도현이는 자신의 모습이 나오는 동영상을 아주 신기하게 쳐다보았고 그날 수업도 잘 참여할 수 있었습니다. 나는 6학년 교육과정에서 도현이를 위한 여러 가지 활동들을 만들어 낼 수 있어서 아주 신이 났습니다. 내가 열심히 만들어 놓을 것을 도현이가 하나씩 다 해내는 모습을 보는 것이 정말 뿌듯했습니다.

나는 좀 더 욕심을 내보기로 하였습니다. 도현이도 발표를 할 수 있으면 좋겠다고 생각했습니다. 도현이에게도 표현적 배움을 경험해 보도록 하고 싶었습니다. 연구모임의 특수선생님은 수업 시간에 AAC를 활용해 볼 것을 권하였습니다. AAC(Augmentative and Alternative Communication, 보완대체 의사소통)는 말과 언어 표현 및 이해하는 데에 크고 직은 장애를 보이는 사람들에게 의사소통할 수 있는 기회와 능력을 향상시키도록 말을 보완하거나(augment) 대체하는(alternative) 방법을 말합니다. 뇌병변 장애나 자폐성 장애, 심한 조음장애를 가진 사람들이 AAC를 하나의 언어처럼 사용할 수 있습니다. 예전에는 AAC가 커다란 그림판으로 제작되었고 상징 그림을 누르면 그것에 해당되는 단어의 음성지원이 되는 보조공학도구였는데 이제는 스마트폰 앱으로도 잘 나와 있어 누구든 앱을 깔기만 하면 바로 활용할 수 있게 되었습니다.

도현이는 마침 언어치료실에서 AAC 훈련을 받고 있었습니다. 10년 넘게 언어치료를 하였지만 도현이에게 자발어가 나오지 않자 언어치료실 선생님이 이제는 AAC를 활용하는 것이 더 효율적이라고 판단하여 훈련을 시작했다고 했습니다. AAC는 훌륭한 보조공학기기이지만 AAC를 주로 사용한다면 말하기와 표현 능력의 발달을 저해한다는 우려도 함께 가지고 있습니다. 특히 자폐스펙트럼장애를 가진 사람에게는 자발어를 한 단어라도 말할 수 있는 것이 삶의 질적 차이를 가져올 만한 중요한 일이기에 AAC의 접근은 아주 신중해야 합니다. 나는 도현이가 치료실에서 AAC 훈련을 시작했다는 사실을 알게 되어 도현이 부모님의 허락을 받고 수업 중에 AAC를 활용하기로 결정하였습니다. 수업시간의 AAC는 표현적 욕구를 높이는 용도와 발표의 기회를 주기 위한 용도로 그 활용 목적을 명확히 하여 AAC의 순기능이 나타나도록 하였습니다.

그런데 막상 AAC를 어떻게 수업시간에 활용할 것인지 막막하였습니다. 우리 연구모임의 특수교사들은 특수학교에서는 AAC를 활용하여 학예발표회 때 연극까지 한다고 하였고, AAC의 활용이 처음에만 낯설지 한번 사용해 보면 활용방법이 무궁무진하다고 하였습니다. 나는 우선 도현이에게 상징 그림을 누르도록 해서 단어 정도의 음성지원이 나오도록 하였습니다. 도현이가 아직 AAC의 많은 카테고리를 찾을 수가 없어서 도현이 짝꿍에게 해당되는 그림을 찾아달라고 부탁하였습니다. 짝꿍이 그림을 찾아주면 도현이가 눌렀는데 도현이는 AAC에서 나오는 음성을 아주 좋아했습니다. 그렇게 도현이가 상징 그림 누르는 것에 익숙해진 후에는 좀 더 길게 표현하도록 도현이 짝꿍에게 문장을 입력해 달라고 하였습니다. 도현이는 단어보다 긴 문장의 음성지원을 더 좋아했습니다. 문장의 끝에는 항상 '김도현'이라고 이름을 넣어주었습니다. 도현이가 AAC를 이용해 발표를 하자 우리 반 아이들은 박수를 치며 도현이를 칭찬해 주었습니다. 도현이도 활짝 웃으며 함께 박수를 쳤습니다. 드디어 도현이도 발표를 할 수 있게 된 것입니다. AAC를 활용하면서 도현이는 전보다 더 수업에 살 참여하였고 도현이 모둠친구들은 도현이의 AAC를 열심히 입력해 주면서 서로 상호작용까지 할 수 있게 되었습니다.

도현이의 통합학급 수업참여도는 이렇게 지속적으로 향상되고 있었으나 도현이가 유독 참여하기 힘들어하는 한 과목이 있었는데 바로 음악수업이었습니다. 청각이 예민한 도현이는 소음이 가득한 음악수업을 제일 괴로워하였습니다. 음악시간 전에는 복도에서부터 손으로 귀를 막고 들어옵니다. 내가 피아노를 치고 있으면 내 손을 잡아끌며 피아노에서 일어나라고 하고 피아노 뚜껑을 닫아버립니다. 내가 노래를 하고 있으면 나에게 다가와 손가락을 입 앞에 대고 조용히 하라고 합니다. 음악 수업시간에 이론수업을 하면 얌전히 앉아서 활동지를 할 수 있지만 노래를 하거나 악기를 연주하면 벌떡 일어나 바로 나가버립니다. 특수교사들은 도현이에게 소음차단용 헤드폰을 써보게 하라고 하였습니다. 도현이가 두 손으로 조작활동을 해야 하는데 두 손으로 귀를 막고 있으니 아무것도 할 수 없는 것이 너무나 난감했는데 헤드폰을 착용해서 소음을 차단해주면 도현이의 두 손이 좀 더 자유로워질 수 있을 것 같았습니다. 나는 헤드폰을 구입해서 도현이가 두 손으로 귀를 막을 때 도현이 머리에 씌워주었습니다. 그런데 도현이가 깜짝 놀라면서 헤드폰을 잡아 빼서 던져버렸습니다. 내가 예고 없이 도현이에게 헤드폰을 씌워 그렇게 놀랐던 것 같습니다. 그래서 나는 내 머리에 헤드폰을 쓰고 책상에 앉아 글씨 쓰는 모습을 보여주었습니다. 도현이는 그 모습을 한참을 쳐다보았습니다. 나는 다음날 도현이가 우리 교실에 왔을 때 헤드폰을 또 씌웠습니다. 도현이는 보란 듯이 헤드폰을 또 벗어 던져버렸습니다. 그리고는 던진 헤드폰을 주워서 귀 부분의 쿠션을 손으로 다 잘게 뜯어버렸습니다. 그렇게 헤드폰 사용은 크게 실패하였습니다.

많은 발달장애 아이들이 청각의 예민함을 가지고 있습니다. 우리 아이도 어려서부터 청각이 예민하였는데 특히 온갖 기계음을 무서워하였습니다. 청소기 소리, 드라이기 소리, 면도기 소리,

마이크 소리, 사이렌 소리, 경적 소리, 공사장에서 나는 소음 등등 이런 소리가 나면 덜덜 떨면서 그 자리를 피하려고 하였습니다. 아이가 어렸을 때는 집에서 청소기도 잘 돌리지 못했고 드라이기와 면도기 소리가 나는 미용실도 가지 못했습니다. 미용사를 집으로 불러 아이를 붙들고 간신히 머리를 깎았습니다. 이렇듯 청각의 예민함을 가진 아이들은 소리에 대한 역치가 낮은 아이들입니다. 역치는 자극에 대해 반응을 일으킬 수 있는 최소한의 자극의 세기를 말하는데, 신경다양성 아이들 중에는 소리에 대한 역치가 낮은 아이들이 많이 있습니다. 즉, 특별한 자극이 있는 소리의 경우 작은 소리에도 민감하게 반응할 수 있는 것입니다. 일상생활이 힘들어질 만큼 소리에 대한 역치기 낮다면 '단계적 노출'을 통해 역치를 높여줄 필요가 있습니다. 소리가 날 때마다 그 상황을 피하면서 살 수는 없으니까요.

나는 아이가 어렸을 때 아이와 함께 동네 작은 공연장에서 하는 어린이 공연을 자주 보러 다녔습니다. 아이들의 환호성과 마이크 소리, 음악소리에 노출시켜 보고 싶었습니다. 처음에는 공연장에 들어가는 것도 무서워하였습니다. 공연장 밖에서 들리는 소리만 듣고 오기도 하였고 그 다음에는 공연장에 들어가 문 앞에 서서 언제든 뛰쳐나갈 준비를 하고 서서 공연을 보기도 하였습니다. 그 다음에는 앉아서 공연의 반쯤 보고 오고 마지막에는 공연 전체를 다 볼 수 있었습니다. 중학생이 된 지금도 마이크 소리와 환호성을 여전히 무서워하지만 충분히 견딜 수 있는 정도는 되었습니다. 단계적 노출은 분명히 효과가 있었습니다.

나는 도현이에게도 단계적 노출을 시도해보고 싶었습니다. 도현이의 음악수업 참여시간을 조금씩 늘려보기로 하였습니다. 도현이가 나에게 음악수업을 하지 말라는 신호를 계속 보내도 나는 음악수업을 이어나갔습니다. 나는 5분이 지나면 나가도록 허락해주었습니다. 도현이는 귀를 막고 괴로워하면서도 5분씩 음악수업 참여시간이 늘어갔습니다. 그렇게 5분, 10분, 15분씩 늘려나가게 되었고 도현이는 여전히 귀를 막고 음악시간에 참여하였지만 졸업하기 전에는 거의 40분 가까이 음악시간에 참여할 수 있었습니다. 심지어는 소음이 극에 달하는 사물놀이 수업시간에도 도현이는 귀를 막고 있다가 자기 차례가 되면 악기를 신나게 두드릴 수 있었습니다.

도현이는 이렇게 6학년에서의 마지막 통합교육을 마치고 특수학교로 진학하게 되었습니다. 졸업식을 하고 돌아서서 교문을 나서는 도현이와 도현이 엄마의 뒷모습을 보며 더 많은 것을 해주지 못한 아쉬움이 가득 남아 하염없이 눈물이 흘렀습니다. 나는 도현이가 신경다양인으로 이 세상을 누구보다 당당하고 행복하게 살아가길 바랍니다.

자폐성 장애 학생을 위한 신경다양성 교실

영국 케임브리지대학교 자폐연구센터의 사이민 배런코언 (Simon Baron-Cohen) 박사는 사람의 성향이 '공감'과 '체계화' 의 연속선상에 존재하는데, 공감자 (empathizer)에서부터 체계 자(systematizer)로 연속된 스펙트럼에서 자폐인은 체계자 방향 의 끝 쪽에 위치한다고 하였습니다. 공감자는 다른 사람의 기분 을 읽고 타인의 감정을 이해하고 친밀한 관계를 맺고 협력하는 데 능한 사람을 말합니다. 반면에 체계자는 예측 가능하고 제어 가능한 체계와 절차를 선호하는 사람으로 투입과 산출이 분명 한 컴퓨터나 수학, 기술적인 일에 능한 사람을 말합니다. 체계자 의 특성을 가진 직업군으로는 컴퓨터 프로그래머, 수학자, 엔지니어, 정비사, 과학자 등이 있습니다. 자폐인들 중에는 사회성과 의사소통 능력의 결함으로 공감자에 속하지는 못하지만 특정 대상에 대해 유별나게 강한 관심을 보이는 체계자에 속하는 사람들이 많이 있습니다. 그러나 이러한 자폐인들의 능력은 간과되거나 부정적인 특징으로 여기는 경우가 대부분입니다. 사람들이 자폐인이 할 수 있는 일보다 할 수 없는 일로 그들을 평가하기 때문입니다. 자폐인들의 체계자적 기질을 강박적인 것, 단편적인 것이라고 폄하하기보다는 그것을 이용하여 그들의 기질을 살려줄 수 있는 긍정적인 환경을 조성해 주는 것이 중요합니다. 자폐인들은 전체를 보는 것보다 세부사항을 파악하는데 재능을 가진 경우가 많이 있습니다. 토머스 암스트롱은 이를 숲을 보지 못하고 나무만 보는 것뿐이라고 부정적으로 평가하기보다 '부분에 대한 집중 분석' 능력이 뛰어나다고 긍정적으로 평가할 수 있다고 하였습니다.

앞에서 소개한 책《선물》에는 25살의 자폐성 장애 자녀를 둔 김석주 님의 이야기가 나옵니다. 김석주 님의 아들은 초등학교 때 전기선을 자르는 일에 집착하였다고 합니다. 작동하고 있는 가전제품의 전기선을 자르는 행동은 자칫 감전이 될 수 있는 아주 위험한 행동입니다. 그래서 손을 묶어서 위험한 행동을 하지 못하게도 해보고, 포만법(특정 문제행동을 싫증이 날 정도로 하도록 두거나 강제로 시켜서 문제행동을 줄이려 유도하는 방법)을 써서 집안의 모든 줄을 자르게 하는 방법도 써보았지만 전기선을 자르는 행동을 멈출 수 없었습니다. 김석주 님은 자녀의 행동을 사물에 대한 호기심이라는 긍정적인 동기로 바라보기 시작해 방과 후 수업으로 '지능로봇조립' 교실에 보내게 되었습니다. 아이는 지능로봇 프로그램에서 부품들을 마음껏 분해하고 다시 끼우고 원하는 대로 바꿀 수 있었습니다. 아이는 이후 중학교에 들어가서 과학의 날 조립대회에서 전교 1등 상을 받기도 하였습니다. 아이의 특별한 관심사를 소거시켜야 할 강박적 행동이 아니라 멋진 재능으로 길러낸 김석주 님이 너무나 존경스러웠습니다. 아이의 특별한 관심사는 아이가 세상을 알아가는 자기만의 이해 통로일 수 있습니다. 그리고 그것을 통해 아이는 불안을 극복하고 즐거움을 얻을 수도 있습니다. 그러한 아이의 특별한 관심사가 세상 사람들의 기준에 맞지 않는다고 없애버리려고만 한다면 아이는 자신의 모든 것을 빼앗겨 버리는 것이 될 것입니다. 우리가 아이들이 선호하는 것에 관심을 기울여야 하는 이유가 바로 여기에 있습니다. 우리는 그것을 이용하여 아이를 세상 밖으로 나오게 할 수도 있습니다.

토머스 암스트롱의 《Neurodiversity in the classroom》에는 자폐성 장애가 있는 아이들의 특별한 관심에 주의를 기울여 잠재력을 최대한으로 발휘한 사례들이 나옵니다. 고층 빌딩에 남다른 관심을 가진 학생에게 엠파이어 스테이트 빌딩의 창문 수를 추정하게 하고 고층 빌딩을 짓는데 필요한 공학적 방법을 조사하게 하였습니다. 교사는 그 학생을 학급에서 고층 빌딩 전문가로 인정해주고 포트폴리오를 만들어 다른 친구들에게 공유하게 하여 또래 수용을 촉진시키는데도 큰 도움을 받았다고 합니다. 또 다른 예로《월리를 찾아라》그림책의 월리 찾기의 달인이었던 한 자폐성 장애 학생의 이야기도 나옵니다. 그 학생은 다른 사람들이 놓친 작은 세부사항을 식별하는데 특별한 재능이 있었습니다. 이 자폐성 장애 학생에게 교실에서 잃어버린 물건을 찾는데 도움을 주는 "분실물 찾기" 전문가 역할을 하도록 하였다고 했습니다.

자폐성 장애 학생의 특별한 관심을 교육적으로 활용한 사례는 우리나라에도 많이 있습니다. 백석대학교 특수교육과의 박현옥 교수님은 〈자폐성 장애 학생의 제한된 특별한 관심을 활용한 선호도와 강점중심의 교육 모델개발 연구〉를 수행하였는데 연구논문에서는 그러한 사례들을 많이 찾아 볼 수 있습니다. 논문에는 연구에 참여한 교사들이 자폐성 장애 학생의 특별한 관심과 선호도를 교육적으로 활용한 번뜩이는 아이디어들이 넘쳐납니다. 엘리베이터에 집착하는 아이를 위해 수업 중 출석을 부를 때 한 명씩 엘리베이터를 타고 가는 그림을 보여주었더니 누가 왔고 누가 안 왔는지를 잘 표현할 수 있었다고 합니다. 빨대에 집착을 하는 한 아이가 집에서 갖가지 종류의 빨대를 수집하고 있었는데 그것을 이용하여 글자를 가르치고 도형을 가르치고 수를 가르쳤다고 합니다. 책장에 꽂힌 책 순서를 한 번에 외워버리는 학생을 위해 학교 도서관에서 책 정리하는 일을 마음껏 하도록 하기도 하였습니다.

자폐성 장애 학생의 특별한 관심을 활용한 사례 외에도 자폐성 장애 학생을 위한 강점기반 교수전략들은 증거기반 실제로서 국내외에서 비교적 많은 연구가 이루어지고 있습니다. 방명애, 박현옥, 김은경, 이효정 교수님의 공저인《자폐성 장애학생 교육》에는 교실에서 유용하게 활용될 수 있는 강점을 기반으로 한 여러 가지 전략들이 제시되어 있습니다. 그 중 몇 가지를 소개합니다. 먼저 자폐성 장애 학생의 체계자적 기질은 조직성을 선호하는 특성을 보이므로 학습의 구조화로 수업참여를 촉진시킬 수 있습니다. 구조화(structure)는 학생이 교수 학습활동의 순서와 과제를 예측할 수 있도록 계획하고 구성하는 것입니다. 예를 들어, 오늘 수업활동 순서는 어떻게 되는지, 어디에서 이루어지고, 사용되는 교구가 무엇인지, 얼마나 오랫동안 하는지, 언제 끝나는지, 누구와 함께 하는지 등에 대해 예측할 수 있도록 사전에 구체적인 정보를 제공하는 것입니다. 자폐성 장애 학생은 이렇게 예측할 수 있는 구조화된 환경에서 안정감과 편안함을 느끼며 자신의 불안을 조절할 수 있습니다.

《교사 통합교육을 말하다》의 공저자인 신상미 선생님은 자폐성 장애 학생을 처음 맡게 되었을 때 같은 말만 반복하고 갑자기 소리를 지르고 울어버리는 아이 때문에 무척 고생을 했다고 하였습니다. 그러던 중 특수교사의 조언으로 구조화를 실시하자 아이가 놀랍게 변하였다고 전했습니다. 아이가 학교에 등교하면 선생님이 오늘은 무엇을 할 것인지 시간표를 짚어주면서 구체적으로 말해주고, 언제 이동을 하는 시간이 있다는 것도 알려주었으며, 매 시간이 끝날 때면 다음에 하게 될 일을 얘기해주었다고 합니다. 그러자 아이는 안심을 하고 새 학급에 잘 적응하게 되었다고 했습니다. 자폐성 장애 학생들은 역동적이고 예측 불가능한 환경에서 심각한 어려움을 보이는 경우가 많습니다. 하지만 예측 가능한 환경에서는 불안수준이 낮아지고 안정수준이 높아져 활동 참여도가 높아집니다. 구조화는 자폐성 장애 학생의 체계자적 기질을 존중한 교수전략이라고 할 수 있습니다.

다음은 시각적 지원입니다. 자폐성 장애 학생들은 구어적(verbal) 정보에 집중하고 기억하고 이해하는 데에는 어려움을 보이지만 시각적 정보처리에서는 강점을 보이는 경우가 많습니다. 시각적 지원은 자폐성 장애 학생들이 너무 많은 언어적 정보 처리 과정에서 힘들어 할 때 혼란과 불안을 감소시키는 역할을 합니다. 교실, 운동장, 식당 등과 같은 학교 내 모든 상황에서 시각적 지원을 활용할 수 있습니다. 대표적인 것이 시각적 일과표(visual schedules)인데 하루나 일주일, 한 달 일정에 관한 정보를 시각적 정보로 나타내어 학생이 오늘은 어떤 활동을 해야 하는지, 활동의 순서는 어떻게 되는지를 구체적으로 알 수 있도록 보여줍니다. 시각적 일과표의 상징 이미지는 사진을 이용할 수도 있고 그림이나 단어, 문장, 아이콘 등 학생의 특성과 수준에 따라 다양하게 사용할 수 있습니다. 자폐성 장애 학생에게 수업 중 시각적 자료를 제공하면 청각적 정보만을 제시했을 때보다 수업 참여가 향상되는 것을 볼 수 있습니다. 나는 도현이의 활동자료를 만들 때 여러 가지 시각적 자료를 활용하였는데 교과서에 나온 사진 자료를 추려 활동자료를 만들기도 하였고, 도현이의 모습을 사진이나 영상으로 찍어 편집한 후 동영상 자료를 만들기도 하였습니다. 도현이를 찍은 영상을 수업 도입부분에 보여주면 도현이는 자기가 나오는 모습을 아주 흥미롭게 보았습니다.

이번에는 자폐성 장애 학생이 혼자 있고 싶어 하는 욕구를 존중해주는 공간에 관해서입니다. 자폐성 장애 학생들은 낮은 역치로 인해 감각 자극이 과부하되면 민감한 반응을 보일 수 있습니다. 이때 학생이 안정을 찾을 수 있는 공간이 교실 내에 있으면 매우 유용합니다. 나는 도현이가 청각 자극으로 힘들어 할 때 혼자 가서 쉬고 올 수 있도록 교실 뒤편에 매트를 깔고 푹신한 쿠션도 두었습니다. 그곳은 도현이가 안정을 유지하고 회복할 수 있는 진정영역이었습니다. 진정영역은 교실여건에 따라 다양하게 만들 수 있습니다. 단 진정영역이 과제를 회피하는 수단으로 이용되면 안 되고 일정한 시간 동안만 이용할 수 있도록 규칙을 정해 지도가 이루어져야 합니다. 진정영역에서 스스로 이완하는 것을 배우면 자신의 감정을 다스릴 수 있고 자기 통제력도 이끌어 낼 수 있습니다.

자폐성 장애 학생들 중에는 사람보다 기계와 상호작용하는 것을 선호하는 아이들이 많습니다. 그런 이유로 토머스 암스트롱은 자폐성 장애 학생들에게 보조공학이 특히 더 적합하다고 하였습니다. 자폐 인권 운동에서 시작된 신경다양성 운동도 실제 인터넷을 통해 확산되었다고 합니다. 이메일이나 대화방에서 주고받는 의사소통은 비언어적 신호 없이 글을 통한 의사소통을 하기 때문에 비언어적 신호를 포착하기 어려운 자폐성 장애인들에게 유용한 접근이었던 것입니다. 자폐성 장애 학생을 위한 보조공학도구는 모바일 기술이 발전하면서 더 쉽게 활용할 수 있게 되었습니다. 내가 도현이에게 적용한 AAC 이외에도 눈맞춤

소통능력을 향상시켜주는 'look at me' 프로그램도 있고, '화폐 배우기' 프로그램, '시계읽기' 프로그램, 생활습관 체험 애플리케이션 그리고 로봇까지 많은 보조공학도구들이 속속 개발되어 활용되고 있습니다.

코로나로 2020년에 사상 초유의 원격수업을 하게 되었는데 자폐성 장애 학생 부모와 특수교사들의 증언에 의하면 자폐성 장애 학생들 중에는 컴퓨터나 스마트 기기를 다루는 능력이 기대했던 것보다 훨씬 더 우수한 학생들이 많았다고 합니다. 자폐성 장애 학생들이 기계에 대한 호기심이 높은 편이고, IT 기반 수업이 시각적 지원이 잘 되어 있어 그러한 강점이 나타났던 것입니다. 전염병으로 인해 억지로 시작된 온라인 수입이있지만 장애 학생들의 또 다른 능력을 발견할 수 있었던 소중한 기회이기도 하였습니다. 앞으로 계속 발전하게 될 보조공학도구들은 자폐성 장애 학생들의 학습을 도와주는 중요한 역할을 하게 될 것입니다.

자폐성 장애 학생들은 자신의 능력과 관심에 따라 다양한 직업을 가질 수 있습니다. 그들의 직업에는 강점과 어려움을 둘다 고려해야 합니다. 토머스 암스트롱에 의하면 전체보다 부분을 보는 것에 능숙한 자폐인들은 천문학자나, 실험실 기술자, 생물학 연구원, 보석 감정인 등과 같은 직업에서 능력을 발휘할 수 있을 것이라고 하였습니다. 반대로 그들에게 맞지 않는 직업은 한 번에 여러 가지 일을 하는 작업이나 고객을 응대하는 일, 감각 과부하를 수반하는 일들인데 이러한 직업은 앞 장에서 소개된 ADHD를 가진 사람들에게는 아주 적합한 일입니다. ADHD를 가진 사람들의 성향과 자폐성 장애인의 성향이 정반대라는 것을 알 수 있습니다. 시각적 사고가 높은 자폐성 장애 학생들에게 적합한 직업으로 웹디자이너, 비디오 게임 디자이너, 자동차 정비사, 건물 유지보수 작업자, 사진작가 등을 권장하였습니다.

토머스 암스트롱은 자폐성 장애인의 강점을 극대화한 직업 모델로 덴마크의 스페셜리스테른(Specilaisterne)이라는 회사를 소개하고 있습니다. 스페셜리스테른은 소프트웨어 회사로 전체 직원 중 75%를 자폐성 장애와 아스퍼거 증후군을 포함한 자폐 스펙트럼장애를 가진 사람들로 고용한 사회혁신 기업입니다. 이 회사의 창립자인 토킬 손(Thorkli Sonne)은 자폐스펙트럼의 대표 증상 중 하나인 제한적이고 반복적이며 일정한 패턴이 유지되는 행동이나 활동에 집착하고 높은 수준의 집중력을 가진 것을 이들의 강점으로 파악하였습니다. 이와 같은 강점을 활용하여 자폐성 장애를 가진 직원들은 소프트웨어에 버그가 있는지를 테스트하는 일과 대량 데이터를 입력하는 일을 하였습니다. 이 일은 보통의 사람들이 하기에는 매우 지루한 일이지만, 혼자하는 일을 선호하고 세부사항에 집중하고, 시스템을 사용하는 데에 강점을 가진 고기능 자폐인에게는 아주 적합한 일이었습니다. 이는 고기능 자폐인들을 위한 긍정적인 환경 구축과 특성과 강점을 살린 직업에 대한 좋은 예가 될 수 있습니다. 우리나라에서도 자폐인의 재능을 활용할 수 있는 기업들이 많이 생겨나기를 바랍니다.

8장

다양성 존중 교육 이야기

좋은 통합교육이 되려면 신경다양성이 드러나는 학생뿐 아니라 학급(학교)의 모든 학생의 다양성이 수용되고 함께 어울리는 환경이 만들어져야 합니다. 그러한 환경을 만드는 기초로서 사람은 모두 다 다르고, 그러한 다양성이 사회와 미래를 보다 풍요롭게 만드는 힘이며, 창의와 협력의 기초라는 것을 충분히 이해하도록 가르칠 필요가 있습니다.

이번 장에서는 신경다양성 학생들을 포함한 교실의 모든 학생들을 위한 교육인 다양성 존중 교육에 대해 소개해 보고자 합니다. 이는 신경다양성 교실의 기초이자 단 한 명의 학생도 놓치지 않는 통합교육으로 가는 시작입니다. 여기서는 내가 활용한 자료와 수업을 중심으로 풀어갈 것입니다. 나의 사례에서 다양성 교육에 대한 아이디어와 힌트를 찾아 교실에서 실행해 보시기를 바랍니다.

다양성 존중
교육

신경다양성 교실(통합학급)을 맡게 된 교사들이 나에게 가장 많이 질문하는 것 중에 하나가 통합학급 운영의 특별한 노하우가 있느냐는 것입니다. 그러면 나는 자신 있게 다양성 존중 교육 '서로 다른 우리 함께 해요' 프로그램을 실천해보라고 추천합니다. 이 프로그램은 서울시교육청에서 2021년 3월에 제작 배포한 다양성 존중 교육 프로그램입니다. '서로 다른 우리 함께 해요'는 우리가 일반적으로 알고 있는 장애이해교육과는 다릅니다. 장애이해교육은 크게 두 가지로 나누어 볼 수 있는데 하나는 교과 삽입형 장애이해교육이며, 또 하나는 사회정서교육 프로그램으로서의 장애이해교육입니다. 전자가 우리가 보통 알고 있는 장애이해교육이고, '서로 다른 우리 함께 해요' 프로그램은 후자입니다. 그럼 이 두 가지 장애이해교육이 어떻게 다른지 알아보겠습니다.

먼저 교과 삽입형 장애이해교육은 교과수업시간에 수업 내용과 관련해 장애이해에 관한 내용을 직접적으로 다루는 것입니다. 예를 들면, 국어과에서는 문학작품이나 여러 가지 종류의 글에서 장애이해에 관한 내용이 다루어지며 사회과나 도덕과의 경우 인권에 대하여 배울 때 장애인 인권이나 장애인 차별문제 등에 대한 내용이 다루어집니다. 시대가 흐르면서 장애인권에 대한 의식이 높아짐에 따라 교과서에 장애와 장애인에 대한 내용이 더 많이 삽입되고 있으며, 장애인관의 변화도 빠르게 이루어지고 있는 것을 볼 수 있습니다. 예전 교과서에 나왔던 장애인의 이미지가 수동적이고 힘들게 살아가는 소외되고 불쌍한 사람들의 모습이었다면 요즘 교과서에 나오는 장애인은 능동적이고 사회구성원으로서 당당하게 어울려 살아가는 모습들을 강조하고 있습니다. 경인교육대학교 이대식, 김수연 교수님이 연구 개발한 장애이해교육 자료 'A-Dapt'(A Disability Awareness Package for Teaching)프로그램에는 더욱 다양한 삽입형 장애이해교육 내용들이 소개되어 있습니다. A-dpat 프로그램에서는 장애이해교육 내용을 사회, 도덕, 국어과에만 국한하지 않고, 과학과나 실과, 미술 등 다양한 교과에서도 다룹니다. 과학의 경우 소리의 진동이라는 과학적 개념을 다룰 때 자폐성 장애를 가진 사람이 소음에 반응하는 것에 대해 다룹니다. 또한 실과의 경우 효율적인 수송수단에 대해 배울 때 모두가 편리한 이동 편의시설을 구상해보는 시간을 가집니다. 미술의 경우 유니버설 디자인을 적용한 모형 건축물을 만들기도 합니다. A-Dapt 프로그램 홈페이지(http://inss.dothome.co.kr)를 방문하면 수업시간에 바로 사용할 수 있는 많은 자료를 다운받아 볼 수 있습니다. 이러한 교과 삽입형 장애이해교육은 장애와 장애인에 대한 올바른 지식과 태도를 갖도록 하는데 많은 기여를 하였습니다. 2022 개정 교육과정에서는 여러 교과에 더 많은 장애이해교육 내용이 삽입될 예정입니다.

교과 삽입형 장애이해교육이 장애와 장애인에 대하여 직접적으로 배우고 이해하는 것이라면 사회정서교육 프로그램으로서의 장애이해교육은 좀 더 광범위한 관점에서의 장애이해이자 다양성 존중 교육이라고 할 수 있습니다. 특히 '서로 다른 우리 함께 해요' 프로그램은 장애에 초점을 맞추기보다 다양성 수용과 공감능력 증진에 초점이 맞추어져 있습니다. 학교 현장에서는 이 두 가지 장애이해교육이 모두 필요합니다. 교과 삽입형 장애이해교육을 통해 장애에 대한 이해와 관심을 높일 수 있지만 이것만으로는 신경다양성 아이들이 실질적인 친구관계를 형성하고 공동체 문화를 만들어나가는 데에는 한계가 있습니다. 그래서 사회정서교육 프로그램인 다양성 존중 교육을 통해서 학급 구성원 모두가 다양성을 수용하고 협력적인 학급 문화를 만들도록 도움을 받아야 합니다. 장애학생이 없는 학급에서도 '서로 다른 우리 함께 해요' 프로그램은 협력적이고 긍정적인 공동체를 형성하는데 큰 도움이 됩니다. 나는 해마다 동학년 선생님들과 함께 학년 특색 교육활동으로 '서로 다른 우리 함께 해요' 프로그램을 운영합니다. '서로 다른 우리 함께 해요' 프로그램을 각 반에서 실천해보고 수업 나눔과 공유를 하는데, 선생님들은 '서로 다른 우리 함께 해요' 프로그램으로 학급의 아이들이 더욱 배려하고 존중하는 분위기가 만들어진 것 같다며 만족해합니다. 신경다양성 교실을 운영하는 선생님들은 '서로 다른 우리 함께 해요' 프로그램을 꼭 실천해 보시길 바랍니다.

이 프로그램은 다양성의 수용과 공감능력 증진에 초점을 맞추고 있는데 여기서의 다양성은 인종, 국가, 성별, 신체적·인지적 특성, 장애 여부, 사회경제적 배경, 종교, 학업 능력 등 모든 면을 포함합니다. 장애는 인간이 가진 여러 가지 다양성 중에 하나일 뿐입니다. 우리가 생물학적 다양성과 문화적 다양성, 인종적 다양성을 당연하게 받아들이듯이 다양성 존중 교육을 통해 뇌의 신경학적 다양성까지도 있는 그대로 받아들일 수 있습니다. 다양성은 자연의 섭리이고 더 나은 사회로 발전하기 위한 필수요건이기도 합니다. 신경다양성이 두드러지는 아이들이든 그렇지 않은 아이들이든 모두 저마다 강점, 약점, 재능, 성격이 다르기에 사회와 문화가 더욱 풍족하고 창의적이 될 수 있습니다. 이렇게 서로 다른 다양한 아이들이 공동체 속에서 서로를 수용하고 존중하며 살아가기 위해 다양성 존중 교육이 필요합니다. 그럼 '서로 다른 우리 함께 해요' 프로그램을 좀 더 구체적으로 알아보겠습니다.

'서로 다른 우리 함께 해요' 프로그램은 1~2학년군, 3~4학년군, 5~6학년군으로 나누어져 있으며 각 학년군별로 20차시 내외의 활동을 1년 동안 각 학급에서 꾸준히 실천할 수 있도록 구성되어 있습니다. 크게 5가지 주제의 활동으로 구분되어 있는데 여기에서는 5, 6학년군을 예시로 살펴보겠습니다.

제일 먼저 하는 활동은 **'나를 알아보아요'**라는 자기이해 활동입니다. 몇몇 통합학급 교사들은 아이들이 "선생님은 왜 쟤한테만 잘 해줘요? 또는 "왜 우리만 저 친구를 이해해야 해요?"라며 불평을 하는데 어떻게 하면 좋겠느냐며 나에게 묻습니다. 먼저 이런 질문을 한 학생의 속마음을 들여다볼 필요가 있습니다. 나는 이 아이가 그러한 관심을 자기에게도 가져달라는 뜻으로 해석합니다. 이는 통합학급 교사들이 종종 저지르는 실수이기도 합니다. 신경다양성 아이들에게 많은 관심을 쏟다 보니 그렇지 않은 아이들을 놓치게 되는 경우가 많이 있습니다. 그리고 아이들에게 신경다양성 아이들을 일방적으로 이해하고 배려하라고 하는 것도 별로 바람직하지 않습니다. 오히려 역효과가 나기도 합니다. 다른 사람을 이해하고 배려하기 위해서는 먼저 자신이 존중받고 있고, 배려받고 있다고 느낄 수 있어야 합니다. 그것이 바로 긍정적인 자아인식입니다. 자신에 대해 긍정적인 인식이 충분히 이루어져야 비로소 타인을 이해하고 배려할 수 있는 에너지도 생겨납니다. 그래서 '서로 다른 우리 함께 해요' 프로그램에서 제일 먼저 하는 활동이 긍정적인 자기이해에 관한 활동입니다. 나는 이 활동에 많은 정성을 쏟습니다. '나를 알아보아요' 활동에서 자신의 강점을 찾고 또 자신의 약점에 대해서는 긍정적인 해석을 해보면서 자신을 아끼고 사랑하는 마음이 생겨나도록 합니다. 이러한 활동을 충분히 하고 나면 비로소 타인에 대해 이해하는 활동으로 넘어갈 수 있습니다.

두 번째 활동은 **'친구를 알아가요'** 활동입니다. 내가 소중하듯 친구도 소중한 존재임을 알고 친구의 강점을 바라보고 친구에 대해 긍정적인 생각을 갖도록 합니다. 학급의 모든 아이들이 나와 단짝 친구가 될 필요는 없지만 같은 반 친구로서 지켜야 할 예절에 대해서도 고민해 보는 시간을 가집니다.

세 번째 활동은 '**학급을 세워요**'라는 활동입니다. 이 활동에서는 아이들과 함께 규칙을 만들고 좋은 학급의 구성원이 되고자 하는 동기를 키워주는 활동을 합니다. 학급의 체인지 메이커가 되어도 보고 자신만의 가치미덕도 키워나가는 활동들을 합니다. 또한 공평의 가치에 대해서도 생각해 보는 시간을 가집니다.

네 번째 활동은 '**갈등을 해결해요**'라는 활동입니다. 역지사지의 태도로 갈등을 해결하는 방법들에 대해 배웁니다. 친구의 입장에 대해 생각해보는 시간을 통해 같은 상황도 자신과 친구가 다르게 받아들일 수 있음을 알게 되고 실제 갈등상황에서 좀 더 여유 있게 대처하는 방법을 배워나갑니다.

다섯 번째 활동은 '**서로 다른 우리 함께 해요**'라는 활동입니다. 다르다는 것은 우리의 생활을 다양하고 풍요롭게도 하지만 때로는 편견을 갖게 하거나 차별로 이어지기도 합니다. 다양성으로 인해 벌어지는 편견과 차별을 알아보고 모두가 함께 살아가는 세상을 만들어보는 활동을 해봅니다. 또한 친구들과 협력하며 즐길 수 있는 놀이를 직접 만들어 보기도 하면서 함께하는 즐거움을 느껴봅니다.

지금까지 '서로 다른 우리 함께 해요' 프로그램의 대략적인 내용을 소개해보았는데 세부적인 자료(차시별 지도안과 활동지,

ppt 파일)는 서울시교육청의 특수교육 학습공유 공간(SELC) 사이트(https://sites.google.com/selc.sc.kr/selc/)에서 다운로드할 수 있습니다. '서로 다른 우리 함께 해요' 프로그램은 다양성 존중 교육뿐만 아니라 인성교육, 학교폭력예방 교육까지도 포괄할 수 있어 1년 동안 운영해보면 아이들이 달라지는 모습을 반드시 보게 될 것입니다. 나는 이 프로그램을 우리 반 특성에 맞게 재구성하거나 완전히 새롭게 제작하여서 실행해보기도 하였습니다. 내가 실천했던 '서로 다른 우리 함께 해요' 수업 중에 신경다양성 교실에서 해볼 만한 몇 가지 수업들을 소개하겠습니다.

행운의 반에 오신 것을
환영합니다!

이 활동은 주로 3월 첫째 주에 하는 활동입니다. 나는 먼저 아이들에게 미국의 교육학자 레오 버스카글리아(Leo Buscaglia)의 유명한 책 《살며 사랑하며 배우며》에 나오는 '동물학교 이야기'를 해주었습니다.

토끼, 새, 물고기, 다람쥐, 오리 등 수많은 동물들이 모여 학교를 만들기로 했습니다. 그런데 토끼는 달리기를 수업에 넣어야 한다고 했고, 새는 날기를 수업에 넣어야 한다고 했습니다. 그러자 물고기는 헤엄치기를 수업에 넣어야 한다고 했고, 다람쥐는 나무 오르내리기를 수업에 넣어야 한다고 했습니다. 모두들 자신의 특기를 수업에 넣어야 한다고 고집했기 때문에 동물들은 이 모든 것을 교육과정으로 만들었습니다.

토끼는 달리기를 잘했습니다. 어느 누구도 달리기로 토끼를 따라잡을 수는 없었습니다. 그런데 학교에서는 토끼가 날기 수업을 받으면 지적으로나 정서적으로 좋은 경험이 될 것이라고 했습니다. 그래서 선생님들은 날기를 가르치겠다는 일념하에 토끼를 높은 가지 위에 세워놓고 '토끼야, 날아봐! 날아보라니까!'라고 했습니다. 불쌍한 토끼는 가지에서 뛰어내렸고 결국 다리가 부러지고 머리를 다치고 말았습니다. 다리를 다친 토끼는 이제 달리기에서조차 A가 아니라 C를 받게 되었습니다. 그리고 노력을 인정받은 덕에 날기에서 D를 받았습니다. 학교는 이처럼 각 과목에서 고른 성적을 받은 토끼를 보면서 자기들의 교육방법에 대해 스스로 만족했습니다.

새의 경우도 마찬가지였습니다. 날아다니는 일이라면 누구도 새를 따라 잡을 수 없었습니다. 공중 곡예를 할 정도였으니 당연히 A였지만 두더지처럼 땅을 팔 줄 알아야 한다는 게 선생님들의 주장이었습니다. 새는 이 수업을 받다가 날개와 부리 등 온 몸이 다치는 바람에 결국엔 날 수 없게 되었습니다. 그래서 결국 날기 과목에서 C를 받았습니다.

다른 동물들도 다 이런 식이었습니다. 그런데 누가 이 학교를 수석으로 졸업했는지 아십니까? 바로 뱀장어입니다. 뱀장어는 거의 모든 과목에서 그럭저럭 다 잘할 수 있었기 때문입니다. 문제는 모두가 이것이 잘못되었다는 것을 알면서도 아무런 조치를 취하지 않았다는 사실입니다.

이 이야기를 읽고 나서 아이들은 웃기면서도 슬픈 이야기라고 하였습니다. 동물마다 잘하는 것이 있고 못하는 것이 있는데 못하는 것까지 굳이 잘하려고 하다 강점마저 약점으로 바꾸어 버린 것 같아서 안타깝다고 하였습니다. 그리고 아이들은 모든 동물들에게 똑같은 교육과정을 적용한 것이 잘못되었다고 지적하였습니다. 나는 동물학교의 학생들이 모두 다 행복해지려면 어떻게 하여야 하는지에 대해 질문하였습니다. 아이들은 학교가 동물들의 특성을 고려해주어야 한다고 하였고, 자기가 잘하는 것과 좋아하는 것을 선택해서 배울 수 있는 기회도 주어야 한다고 하였습니다.

나는 아이들에게 우리 반은 이러한 슬픈 동물학교가 되어서는 안 된다고 하였습니다. 각자 자신을 있는 그대로 받아들이고 사랑하며, 서로가 잘하는 것을 격려하고 북돋우면서 다양성이 주는 아름다움을 느끼며 살아갈 수 있는 교실로 만들고 싶다고 하였습니다. 나는 우선 아이들이 각자 자기 자신을 탐색할 시간을 갖도록 하였습니다. 자신이 무엇을 잘하는지 못하는지, 또 무엇을 할 때 가장 행복한지 등을 생각해보고 친구들 앞에서 자신을 소개하는 시간을 가졌습니다. 나는 시범을 보이기 위해 먼저 나부터 소개하였습니다.

나는 나의 상징을 '네잎클로버'라고 소개하는 것부터 시작하였습니다. 모두 다 알다시피 네잎클로버는 행운의 상징입니다. 나는 네잎클로버가 행운뿐만이 아니라 특별한 아이들을 뜻하기도 한다고 생각합니다. 네잎클로버는 수많은 세잎클로버 안에 숨어있는 특별한 토끼풀이니까요. 나는 늘 통합학급을 맡아 특별한 신경다양성 아이들도 행복한 교실을 만드는 일을 하고 신경다양성을 가진 아이를 키우는 엄마이기도 하기에 네잎클로버가 나의 상징이라고 말합니다. 네잎클로버가 나의 상징이므로 내가 맡은 학급은 늘 행운의 반이 된다고 말합니다. 행운의 반에 온 우리 반 아이들은 1년 동안 행운이 가득할 것이라고도 말해 줍니다.

이렇게 나의 상징을 칠판 한가운데에 그리고 잘하는 것, 좋아하는 것, 나를 행복하게 하는 것들에 대해서 마인드맵을 그리며 이야기해 줍니다. 그러고 나서 내가 싫어하는 것, 못하는 것도 소개합니다. 내가 이렇게 네잎클로버 행운의 반 선생님이라고 소개를 하고 나면 우리 반 아이들은 종종 너도나도 네잎클로버를 찾았다며 나에게 가져다줍니다. 나는 아이들이 준 네잎클로버들을 코팅해 간직하고 있다가 아이들과 함께 꺼내 보며 우리 반이 행운의 반이라는 것을 자주 상기합니다. 행운의 반이라는 말은 강력한 자기암시가 되기도 합니다. 아이들은 우리 교실에서의 생활을 긍정적으로 받아들이고, 자신이 특별한 사람이 된 것 같다고 말하기도 합니다. 신경다양성 교실을 운영하는 많은 선생님들도 행운의 반 아이디어를 따라해 보길 바랍니다.

아이들은 나의 소개를 들은 후 나름대로 자신을 탐색해 보기 시작합니다. 나는 아이들에게 자신이 잘하는 것, 좋아하는 것, 바라는 것, 싫어하는 것을 마인드맵으로 충분히 탐색해 본 후 자기를 상징하는 말을 만들어 보라고 합니다. 그러면 아이들은 자기가 좋아하는 것, 잘하는 것, 행복하게 하는 것들을 모두 종합해 자기를 상징하는 말을 만들어 마인드맵 가운데에 그림으로 그리고 글로도 써봅니다. 동물을 사랑하는 희수, 악기를 좋아하는 승민이, 태권도를 잘하는 민찬이, 아나운서 선준이, 날쌘돌이 준석이, 개그맨 영민이 등 자기가 잘하는 것, 자기가 선호하는 것으로 자기의 상징을 만들어 이름 앞에 붙입니다. 아이들과의 첫 만남에서 이 활동을 하면 아이들은 서로의 첫인상이 강하게 각인되어 친구의 상징들을 오랫동안 잘 기억하게 됩니다. 나는 아이들 각자가 가진 강점이 드러나는 이 상징들을 1년 동안 신경다양성

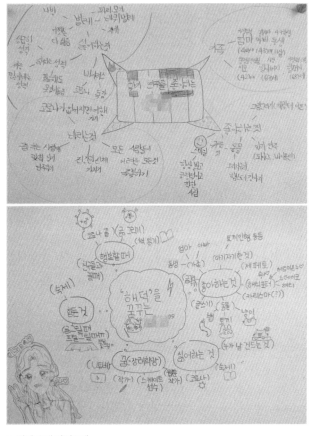

▶ 자기 소개 마인드맵

교실 만들기에 활용합니다. 이것을 이용하여 보편적 학습전략을
구상해보기도 하고 각자에 맞는 진로계획도 세워봅니다. 모두가
특별한 행운의 반에서 아이들은 한 사람 한 사람 모두 소중하고
아름다워집니다.

아나톨의 작은 냄비
이야기

이 수업은 내가 좋아하는 그림책인 이자벨 카리에(Isabelle Carrier)의 《아나톨의 작은 냄비》를 읽은 후 하는 수업입니다. 아나톨의 작은 냄비 이야기는 다음과 같습니다.

아나톨은 빨간색 작은 냄비를 달그락거리며 끌고 다닙니다. 어느 날 갑자기 머리 위로 떨어진 냄비인데 왜 그랬는지는 아무도 모릅니다. 아나톨은 그림을 잘 그리고 상냥하고 음악을 사랑하는 아이였지만 냄비 때문에 평범한 아이가 될 수 없었습니다. 냄비 때문에 자꾸 걸려 넘어지고, 앞으로 나아가는 데 걸림돌이 됩니다. 사람들이 아나톨의 냄비만을 쳐다보아서 아나톨은 힘들었습니다. 결국 아나톨은 숨어버리기로 합니다. 그때 한 아주머니를 만나는데 '그 사람'은 아나톨과 같은 '작은 냄비'를 가지고 있는 사람이었습니다. 그 사람은 아나톨에게 냄비를 가지고 살아가는 방법을 알려주었습니다. 냄비를 넣을 수 있는 가방도 만들어주고 아나톨이 무엇을 잘하는지, 어떤 재능이 있는지도 가르쳐 주었습니다. 냄비는 아직도 달그락거리지만 이젠 잘 보이지 않고 걸리지도 않습니다. 아나톨은 친구들과 마음껏 뛰어놀 수 있게 되었고 다시 명랑한 아이가 되었습니다.

나는 이 그림책을 아이들에게 읽어준 후 그림책에 대한 나의 어떠한 해석이나 생각을 말하지 않고 바로 모둠활동을 하였습니다. 아이들은 모둠별로 활동지의 질문을 함께 해결하며 이야기를 나누어보는 시간을 가졌습니다. 모둠 활동지의 질문 내용은 다음과 같습니다.

1. 아나톨은 무엇을 잘하는 아이였나요?
2. 아나톨이 잘하는 것이 많은데도 사람들은 왜 아나톨의 냄비

만을 쳐다보았을까요?

3. 아나톨이 숨어버리기로 한 까닭은 무엇일까요?

4. '냄비'는 무엇을 의미하는 것일까요?

5. 아나톨에게 냄비를 가지고 살아가는 방법을 알려준 '그 사람'
   은 어떤 사람이었을까요?

'아나톨이 잘하는 것이 많은데도 사람들이 아나톨의 냄비만
을 쳐다본 이유'에 대하여 아이들은 다음과 같이 말하였습니다.

냄비가 이상해서, 소리도 달그락거리고 색깔도 다른 사람들의
시선을 끌어서, 다른 사람들이랑 달라서, 아나톨의 장점보다 더
눈에 잘 띄어서, 냄비가 흥미로워서, 보통 사람들은 없는데 아
나톨만 있어서 등

'아나톨이 숨어버리기로 한 까닭'에 대하여는 이런 의견들
이 나왔습니다.

세상 사람들에게 실망해서, 사람들이 냄비에만 시선을 주고 관
심을 가져서 나는 필요 없는 사람이라고 생각해서, 냄비가 너무
걸리적거려서, 냄비의 불편함에 속상해서, 사람들에게 소외되

어서, 냄비가 너무 신경 쓰여서, 아나톨도 평범한 아이가 되고 싶어서, 냄비 때문에 피해를 보는 일이 많아서, 냄비를 가지고 있는 것을 숨기고 싶어서 등

'냄비는 무엇을 의미하는 것'인지에 대하여는 다음과 같은 생각들이었습니다.

장점이 될 수도 있고 단점이 될 수도 있는 것, 자기만의 개성, 짐덩어리 같을 때도 있지만 보물같이 소중한 것, 각자의 특징, 장애, 마음의 짐, 약점, 작지만 무시무시한 것 등

'아나톨에게 냄비를 가지고 살아가는 방법을 알려준 그 사람은 어떤 사람'이었을지에 대해 아이들은 이렇게 말하였습니다.

자기만의 개성을 이해해 줄 수 있는 사람, 각자의 특징을 좋게 쓸 수 있는 방법을 알려주는 사람, 자신만의 개성을 이해하고 도와 줄 수 있는 사람, 약점을 장점으로 깨닫게 해준 사람, 강점을 발달시켜서 약점을 덮어주는 사람, 상담지원사, 장애인 지원사, 사회복지사, 아나톨의 걸림돌을 좋게 사용할 수 있게 도와주는 선생님과 같은 사람, 부모님(아이와 닮았고 아이를 잘 이해해

주는 사람), 어려움을 겪었지만 잘 이겨낸 사람, 아나톨과 비슷한 약점을 가졌던 사람 등

나는 아이들이 모둠활동을 하는 모습을 지켜보면서 전율을 느꼈습니다. 아이들이 자신의 생각을 잘 표현하고 이 책의 의미도 잘 찾아낸 것 같아서였습니다. 나는 아이들의 이야기를 들은 후 아나톨의 냄비는 '내가 어찌할 수 없는 것'일 수도 있다고 덧붙여 주었습니다. 내가 우리 부모님을 선택해서 태어난 것이 아닌 것처럼 내가 바꿀 수도, 없앨 수도 없는 것이라고 말입니다. 그리고 누구나 냄비를 가지고 있을 것이라고 말해 주었고 나의 냄비에 대해서도 이야기해주었습니다.

나는 어려서부터 또래들보다 키가 월등히 커서 너무 싫었습니다. 요즘에야 키 큰 사람들이 주목받지만 옛날에는 그렇지 못했습니다. 그래서 나도 모르게 몸을 움츠리게 되고 사람들이 쳐다보는 것에 신경을 쓰게 되었습니다. 그런데 어느 날 문득 내가 평생 이렇게 움츠린 채로 살 수는 없다는 생각이 들었습니다. 나는 약점인 큰 키에 대해 좋은 점을 생각해보기로 하였습니다. 우선 만원 버스나 지하철에서 시원한 위 공기를 마실 수 있다는 점입니다. 그리고 내가 교사가 되면 현장체험학습을 갔을 때 제일 눈에 잘 띄어서 우리 반 아이들이 선생님을 잃어버리는 일이 절

대 없을 것입니다. 그런 생각들을 하니 나의 큰 키가 별로 걸리적거리지 않게 생각되었습니다. 나는 나의 냄비와 함께 살아가는 방법을 터득한 것입니다.

나의 이야기를 들으며 아이들은 깔깔거리며 웃었습니다. 그리고 다시 진지하게 자신만의 냄비에 대해서도 생각해보는 시간을 가졌습니다. 아이들은 자신만의 냄비를 활동지에 간단히 적고 모둠 친구들과 자신의 냄비에 대해 긍정적으로 바라보며 말하는 시간도 가졌습니다. 아이들은 이 수업을 통해 자신의 냄비도 친구의 냄비도 고치거나 없애려고 하기보다 그것과 함께 살아가야 한다는 것을 배울 수 있었습니다. 이 수업은 학부모 공개수업으로 진행되었던 수업입니다. 수업에 참관한 학부모님들이 다음과 같은 수업후기를 남겨주었습니다.

깊은 생각을 하게 되는 수업인 것 같습니다. 다양한 방법으로 다른 사람에 대해 한번 생각해 볼 수 있는 수업이고 협력하여 도출하는 유익한 수업이라고 생각합니다.

아이의 학교생활 모습을 볼 수 있어서 좋았고 아이의 생각이나 의견을 들을 수 있어서 좋았습니다. 아나톨의 이야기는 저도 여러 가지 생각을 할 수 있게 하는 소중한 시간이었습니다. 재미

있고 의미 있는 수업 감사드립니다.

아이들이 동화를 듣고 자신의 냄비를 생각하고 다른 친구로부터 격려와 해결방안을 나누는 것이 좋아 보였습니다. 무엇보다 아이들이 자연스럽고 즐겁게 참여하는 것을 보며 왜 그렇게 학교에 가고 싶어 했는지 수업이 왜 재미있다고 말하는지 알게 되었습니다. 아나톨의 냄비 동화는 저에게도 유익한 수업이었습니다.

우리 반은 신경다양성 교실입니다. 나는 우리 반이 신경다양성 교실이라는 것을 우리 반 아이들과 학부모들에게 이 그림책 이야기로 알려주고 싶었습니다. 이 세상 모든 사람들에게는 자기만의 냄비가 있다는 것, 그리고 그것과 함께 살아가는 방법을 가르쳐 주는 사람들도 있다는 것은 많은 위로가 될 것입니다. 이 수업을 하고 난 후 한 달이 지났을 무렵 우리 반의 한 여학생이 쉬는 시간에 나에게 다가와 이런 말을 하였습니다. "제가 생각해 보니 선생님은 아나톨의 작은 냄비에 나오는 '그 사람'인 것 같아요. 우리에게 '그 사람'처럼 가르쳐 주잖아요." 참새처럼 뽀로롱 날아와 내 귓전에 이 말을 속삭이고 아이는 친구들에게 가버렸습니다. 아이의 귀여운 말에 나는 모든 아이들의 '그 사람'이 되어야겠다고 생각했습니다.

나와 너
다시보기

    '나와 너 다시보기' 수업은 자신이 가진 약점을 친구들이 긍정적으로 해석해주어 자신을 다시 보게 만드는 수업입니다. 이 수업을 통해 자신의 약점을 긍정적으로 바라볼 수 있으며, 친구의 약점도 다른 관점에서 바라보고 긍정적인 면을 발견할 수 있게 됩니다. 우리가 평상시 좋지 않다고 생각하는 감정이나 행동이 정말 안 좋은 면만 있는지 살펴보는 시간을 통해 자신과 친구를 긍정적으로 바라보는 연습을 하는 기회가 될 수 있는 수업입니다. 이 수업 활동은 '서로 다른 우리 함께 해요'의 '긍정의 눈으로 바라보아요'(초등5,6학년 2.친구를 알아가요)를 활용하였습니다.

첫 번째 활동은 "즉석 앙케트 손들어!"입니다. 선생님이 보여주는 두 가지 단어를 보고 더 마음에 드는 단어에 즉각적으로 손을 들어보게 합니다. 나는 다음의 두 가지 단어의 쌍들을 차례대로 보여주었습니다.

산만하다	신중하다	불안하다	너그럽다	행복하다
vs	vs	vs	vs	vs
의젓하다	무모하다	편안하다	까칠하다	우울하다

아이들은 대부분 우리가 평상시 더 좋다고 생각해 온 단어들에서 손을 듭니다. '의젓하다, 신중하다, 편안하다, 너그럽다, 행복하다'의 단어를 90% 이상의 아이들이 선택합니다. 그렇다면 '산만한 것, 무모한 것, 불안한 것, 까칠한 것, 우울한 것'은 나쁘기만 한 것인지 다음 활동을 통해 생각해 봅니다.

두 번째 활동은 네 명의 인물을 보여주고 이 인물들의 특성을 설명하는 상반된 단어들을 아래의 그림과 같이 보여줍니다. 아이들은 상반된 두 단어들이 모두 한 명의 인물을 설명하는 단어에 해당될 수 있다는 사실을 알게 되고 모든 것은 다양한 시각으로 바라볼 수 있다는 것을 알아차리게 됩니다.

세 번째 활동에서는 이보나 흐미엘레프스카(Iwona Chmielewska)의 그림책《반이나 차 있을까 반밖에 없을까?》를

어떤 사람일까요?	어떤 사람일까요?
12척의 배로 왜적과 싸운 이순신 장군은 무모한 사람일까? 용감한 사람일까?	닭의 알을 품은 에디슨은 멍청한 사람일까? 호기심이 많은 사람일까?
어떤 사람일까요?	**어떤 사람일까요?**
세계적인 작품을 남긴 고흐는 예민한 사람일까? 섬세한 사람일까?	항상 kf94마스크를 쓰고 다니는 사람은 불안한 사람일까? 미리 조심하는 사람일까?

보여주고 서로의 느낌을 말해보는 시간을 가집니다.

누군가는 강아지를 귀여워하지만, 누군가는 강아지를 무서워하기도 합니다. 시끄러운 곳에서 감자칩 먹는 소리는 전혀 신경 쓰이지 않지만, 조용한 영화관에서 먹는 감자칩 소리는 매우 거슬립니다. 두 다리가 멀쩡한 사람에게 계단은 아무것도 아니지만, 휠체어를 타고 다니는 사람에게 계단은 장벽이 됩니다. 이 활동을 통해 아이들은 같은 상황을 다른 시각으로 볼 수 있다는 것을 배우게 됩니다.

네 번째 활동은 이 수업의 하이라이트로 '나와 너 다시보기'
입니다. 아이들은 활동지에 자신의 부족한 점 한 가지를 씁니다.
그리고 이 활동지를 모둠 친구들에게 주면 친구들이 롤링페이퍼
를 쓰듯이 아래에 돌아가며 댓글을 적어주는 것입니다. 댓글에
는 부족한 점을 긍정적으로 해석하여 써 주는 것입니다. 이 수업
은 신경다양성 연구모임 수업임상 자료로 활용하기로 하여 우리
학교 특수교사가 촬영을 해주었습니다. 특수선생님은 이 수업의
소개를 듣고 집에서 가족들과 먼저 이 활동을 해보았다고 하면
서 예시자료를 만들어 주었습니다. 나는 이 예시자료를 아이들
에게 보여주었습니다.

아빠의 부족한 점 : 욱! 하고 화낼 때가 있다.
- 아빠는 그래서 호통판사를 하면 잘할 것 같다.
- 불리한 상황일 때 화내면 이길 수 있다.
- 불의 앞에서 즉각적인 도움을 줄 수 있다.

엄마의 부족한 점 : 청각 등 감각이 예민하다. 그래서 시끄러운
것을 힘들어 하거나 갑자기 많은 자극이 들어오면 어려워한다.
- 도둑 소리를 잘 들을 수 있을 것 같다.
- 안전에 민감하게 반응할 수 있다.

- 소수의 의견도 놓치지 않고 잘 들을 수 있다.

아들의 부족한 점 : 눈치가 없다.
- 사람의 성격은 다르기 때문에 눈치가 없을 수도 있다.
- 눈치가 없어 보일 수 있으나 예민하지 않고 성격이 유순하여서 사람들이 편하게 다가갈 수 있다.
- 망설임 없이 대범하게 용기 내어 큰일을 시도할 수 있다.

위의 예시 자료를 읽어주고 나서 아이들의 활동이 시작되었습니다. 아이들은 매우 진지하게 활동에 참여하여 활동지를 완성하었습니다. 이래는 그 가운데 일부입니다.

나의 부족한 점은 불안해하는 것입니다.
- 나도 불안할 때가 종종 있습니다. 자연스러운 감정이니 너무 걱정하지 마세요. 만약에 불안할 때에는 일부러 좋은 생각을 할 수 있고 그로 인해 더 행복해질 수 있습니다.
- 불안은 조심성이 있다는 뜻입니다. 더 조심하고 상황에 더 잘 대비를 할 수 있는 것입니다.

나의 부족한 점은 소심하고 목소리가 작다는 것입니다.

- 목소리가 작으면 떠들어도 소리가 작으니 다른 사람에게 방해가 되지 않을 것입니다.
- 소리가 작아서 다른 친구들이 너의 말에 더 귀를 기울이게 될 것입니다.

나의 부족한 점은 참을성과 기다림이 없다는 것입니다.
- 참을성이 없으면 더 빨리빨리 움직여서 시간을 효율적으로 쓸 수 있어요.
- 너만 그런 건 아니고 우리나라 사람들 대부분이 다 그래요.

아이들은 이 활동을 하고 나서 평소에 자신이 약점이라고 생각했던 부분을 다른 관점에서 바라볼 수 있고 자신감을 갖게 되었다고 하였습니다. 자신의 약점을 긍정적으로 해석해주는 친구들이 있다면 아이들은 학급에서의 생활이 더욱 편안하고 안심이 될 것입니다. 신경다양성 교실은 개인의 약점도 자신만의 특별한 것으로 바꾸는 놀라운 힘이 있습니다.

편견을
바로 잡아요

색안경을 쓰고 보면 모두 그 안경의 색대로만 보입니다. 편견을 가지고 보는 것은 이러한 색안경을 쓰고 무지개빛 스펙트럼을 보는 것과 같습니다. 색안경을 쓰고 세상을 본다면 내 친구만이 가지고 있는 아름다운 색깔을 구분하지 못할 것이며 세상에 얼마나 다양한 색깔의 사람들이 존재하는지조차 알아차릴 수 없을 것입니다. '편견을 바로 잡아요' 수업을 통해 우리가 미처 알지 못했던 편견들에는 무엇이 있는지 알아보고 그것을 바로잡아보는 활동을 합니다. 이 수업의 일부는 광주광역시 교육청에서 제작한 인권수업 자료를 참고하였습니다.

첫 번째 활동은 '순위 정하기'입니다. 나는 우선 여섯 명의 사람을 아래와 같이 소개하였습니다.

가. 61세의 정치가

나. 술과 담배, 마약까지 하는 17세의 청소년

다. 2012년 우리나라에 일하러 온 50대 흑인

라. 대학경기에서 활약하는 23살 농구선수

마. 3살 때 부모님이 이혼해서 할머니와 살게 된 7세 소년

바. 인권문제를 해결하기 위해 노력하는 30대 인권변호사

순위 정하기 첫 번째 문제는 "어느 백화점에서 도난 사건이 일어났습니다. 위 여섯 명 중에 범인이 있다면 누가 될지 순위를 정해보는 것"입니다. 아이들은 나름대로 여섯 명의 순위를 정해보고 이유도 말해봅니다.

두 번째 순위 정하기 문제는 "위 여섯 명 중에 노벨 평화상을 받은 사람이 있다면 누가 될지 순위를 정해보는 것"입니다. 아이들은 또 나름대로 여섯 명의 순위를 정해보고 이유도 말합니다.

이렇게 순위 정하기와 그 이유에 대하여 충분히 말하고 난 후에 나는 이 여섯 가지에 해당되는 사람이 누구일지에 대해 질문을 합니다. 위 여섯 명의 사람은 사실 우리 모두가 잘 알고 있는 한 사람입니다. 과연 누구일까요? 바로 "오바마 대통령"입니

다. 오바마 대통령은 세 살 때 부모님이 이혼하고 이후 할머니에게 길러집니다. 고등학교 때 인종차별 때문에 방황하며 술과 담배, 마약 등을 했다고 합니다. 대학교 때는 농구선수로 대활약을 하고 졸업 후에는 인권변호사로 활동합니다. 그리고 미국에서 최초의 흑인 대통령이 되었고 2009년에 노벨 평화상도 받게 됩니다. 2012년에는 우리나라를 방문하였습니다. 한 사람 안에도 시기와 상황에 따라 다양한 모습이 존재하는 것입니다. 아이들은 여섯 가지 각각에 해당되는 사람이 오바마 대통령이라는 사실에 무척 놀라워합니다. 그리고 우리가 엄청난 편견을 가지고 있었다는 것도 비로소 알게 됩니다. 한 사람이 가진 다양한 면 중에서 하나만 떼어내어 그 사람의 전체인 양 보는 것이 바로 편견이고 거기서부터 차별이 시작되는 것입니다. 이렇게 첫 번째 활동이 끝나고 두 번째 활동으로 넘어갑니다.

두 번째 활동은 다음의 여섯 가지 사례에 나타난 편견과 차별이 무엇인지를 찾아보는 것입니다. 나는 사례들을 사진자료로만 보여주었습니다. 아이들은 모둠친구들과 함께 이 사진에 나타난 편견과 차별이 무엇인지 머리를 맞대고 찾아보았습니다.

사례 1에서의 편견은 무엇일까요? 기저귀 교환대가 여자 화장실에만 있고 남자 화장실에는 없습니다. 아기 기저귀를 꼭 여자들만 갈아야 하는 것이 아닙니다. 아빠들도 아기를 데리고 외

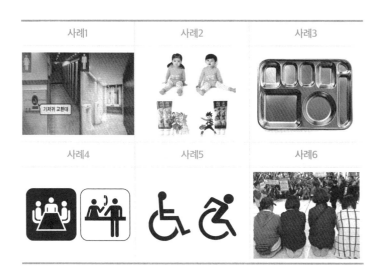

사례1	사례2	사례3
사례4	사례5	사례6

출하면 기저귀를 교환해야 할 때가 있는데 남자 화장실에 기저귀 교환대가 없어서 불편을 겪는다고 합니다. 다행히 요즘에는 기저귀 교환대를 설치한 남자 화장실도 많이 늘고 있다고 합니다.

사례 2에서의 편견은 색깔에 대한 편견입니다. 여아의 옷과 장난감, 아기용품은 대부분 핑크색, 남아는 하늘색입니다. 색깔에 대한 편견은 쉽게 없어지지 않는 것 같습니다.

사례 3에서의 편견은 무엇일까요? 바로 오른쪽에 놓여 있는 수저의 자리입니다. 왼손잡이라면 오른쪽에 수저 놓는 곳을 두면 불편할 것입니다. 소수를 고려하지 못한 식판이 된 것입니다. 그래서 요즘에는 가운데에 수저를 놓을 수 있는 식판도 나온다고 합니다.

사례 4에서의 편견은 무엇일까요? 이 픽토그램에 나타난 편견을 찾는 것을 아이들이 제일 어려워합니다. 첫 번째 픽토그램은 회의실인데 회의실에 있는 사람들의 성별이 모두 남자입니다. 두 번째 픽토그램은 안내데스크이고 안내데스크에서 일하는 사람이 여자라는 것입니다. 이 픽토그램에서 남자는 회의실에서 어려운 일을 하고 여자는 안내데스크에서 비교적 단순한 일을 한다는 편견이 숨어 있습니다.

사례 5는 휠체어 픽토그램이 왼쪽에서 오른쪽으로 바뀌었는데 과연 어떤 편견 때문일까요? 왼쪽의 휠체어 그림은 휠체어를 탄 사람이 수동적으로 보입니다. 누군가가 뒤에서 밀어주어야 이동이 가능한 모습으로 보입니다. 그러나 오른쪽 휠체어 그림은 능동적으로 보입니다. 휠체어를 탄 사람도 스스로 움직이는 모습으로 보입니다. 이렇게 편견을 지우면 픽토그램도 달라집니다.

사례 6의 엄마들은 왜 무릎을 꿇고 있을까요? 아이들에게 이 사진을 보여주고 물으니 아이들은 아마도 학교폭력 가해자들의 엄마들일 것이라고 하였습니다. 나쁜 일을 저질렀으니 저렇게 용서를 구하는 것이라고 합니다. 그런데 이 사진의 엄마들은 학교폭력 가해자들의 엄마들이 아닙니다. 다른 사람에게 어떤 가해도 저지르지 않았습니다. 이 엄마들은 장애학생의 엄마들입니다. 이 엄마들과 아이들이 사는 곳에는 특수학교가 없어서 장애아이들이 매일 2~3시간이 걸려 통학을 하였습니다. 그러한 생활이 너무나 힘들어 아이들이 살고 있는 동네에 특수학교 설립을 허락해 달라고 저렇게 무릎을 꿇고 눈물로 호소를 하고 있는 사진입니다. 우리 반 아이들은 내가 이 사진에 대해 설명하면 한동안 말을 잇지 못합니다. 그리고 질문을 하기 시작합니다. 학교는 공공기관이고 필요하면 당연히 세울 수 있는 것인데 왜 마을 주민의 허락을 받아야 하느냐고, 장애학생들 중에는 몸이 불편한 아이들도 많은데 당연히 가까운 곳에 학교가 있어야 하는 것 아니냐며 반대의 이유를 모르겠다고 나에게 묻습니다. 나는 이 동네 사람들이 특수학교가 들어오면 동네의 이미지에 타격을 입는다는 이유로 반대를 하는 것이라고 말해주었습니다. 이 이야기를 들은 몇몇 아이들은 눈물을 흘리기도 하고 몇몇 아이들은 분노를 합니다. 다행히도 지금 자라나는 아이들은 대부분 통합교육을 받으며 성장합니다. 이 아이들이 자라서 어른이 되면 아마도 특수학교를 반대하는 그런 사람들은 더 이상 볼 수 없을 거라고 믿습니다. 우리 동네가 장애인들이 보호받으며 안심하고 살 수 있을 만큼 안전한 동네라고 여기며 기뻐할 것입니다.

마지막 활동은 오늘 배운 편견과 차별의 사례들을 통해 자신이 배운 것을 이미지 프리즘 카드로 표현하는 시간입니다. 이미지 프리즘 카드(학토재)는 100여 장 정도의 다양한 사진들로 구성되어 있는데 사진으로 자신의 생각을 표현하거나 비유, 연상을 하는 등 여러 가지로 활용할 수 있습니다. 말하기에 어려움이 있는 학생도 이미지 프리즘 카드를 이용하여 발표를 하면 자신 있게 할 수 있습니다. 아래는 아이들이 뽑은 이미지 카드와 그 학생의 발표내용입니다.

편견이 사라지면 외롭게 살아가는 사람이 없어지고 모두가 한 곳에서 어울려 행복하게 살아갈 것입니다.

피자에 여러 가지 토핑이 있어야 맛이 있듯이 다양한 사람들이 함께 살아갈 때 더욱 풍요로운 세상이 될 수 있습니다.

우리 사회에 만연한 편견을 한 번에 사라지게 하는 것은 불가능할 것입니다. 그러나 신경다양성 교실을 거쳐 간 우리 아이들이 성인이 될 때에는 지금 존재하는 많은 편견들이 바로잡혀 있을 것이라고 믿습니다.

모둠미션을
통과하라!

"모둠미션을 통과하라!"는 협력적 신체활동 수업으로 아이들이 협동놀이의 즐거움을 느껴보도록 하기 위해 계획하였습니다. 초등학생들이 가장 좋아하는 과목인 체육수업에서 모둠별 협력놀이를 하면서 함께 어울리고 소통하는 즐거움을 경험할 수 있도록 하였습니다. 신경다양성 학생 중에는 주지 교과에는 어려움이 있지만 예체능 교과에서는 우수한 능력을 가진 아이들이 많이 있습니다. 체육수업은 이 아이들의 강점을 보여주는 수업이기도 하고 신체적 에너지를 마음껏 발산하는 기회이기도 합니다. 나는 이 수업을 '미션을 협력적으로 해결하는 활동'으로 만들기로 하였습니다. 이 수업은 12월에 하였는데 1년 동안 우리 반에서 시도했던 다양한 체육 활동들을 하나씩 모둠별 미션으로 협력하여 수행하도록 수업을 디자인하였습니다.

나는 이 수업을 나 혼자 설계하는 것이 아니라 아이들과 함께 계획하기로 하였습니다. 우선 아이들이 협력하면서 할 수 있는 운동 종목부터 선정하고 선정한 종목에서 미션성공의 기준이 되는 횟수도 토의해서 정해보도록 하였습니다. 미션성공의 기준이 되는 횟수는 우리 반에서 운동을 잘하는 아이들과 그렇지 못한 아이들이 함께 협력했을 때 모든 모둠이 통과 가능한 수준에서 정하도록 하였습니다. 아이들은 그 동안 해보았던 운동들을 떠올리며 토의를 통해 40분의 수업시간 동안 5가지 정도의 종목 미션을 해결할 수 있도록 수행기준을 정하였습니다. 나는 아이들의 의견을 적극 반영하여 최종 5가지 미션을 다음과 같이 결정하게 되었습니다.

이 협력놀이는 여섯 모둠으로 나누어 진행하였으며 각 모둠별로 미션 순서에 상관없이 5가지 종목을 모두 통과하는 것을 목표로 하였습니다. 또한 이 협력놀이는 어느 모둠이 먼저 끝내는지 경쟁하는 활동이 아니라 모둠별로 끝까지 서로 격려하며 미션을 성공하도록 하는데 목적이 있는 활동입니다. 나는 이 수업에서 여섯 모둠의 미션수행 여부를 혼자서 다 체크하기가 어려울 것으로 예상되어 우리 학교 특수교사인 김숙희 선생님과 함께 협력수업을 진행하기로 하였습니다. 협력교수 방법은 스테이션 교수방법을 적용하여 세 개의 모둠씩 맡아 모둠별 활동모습을 두 명의 교사가 집중적으로 관찰하고 피드백하기로 하였습니다. 이 수업은 신경다양성 연구 모임의 수업임상자료로 활용하기로 하여 우리 연구모임의 팀장인 이원희 박사님이 학교에 직접 방문하여서 촬영을 해주었습니다.

나는 이 활동을 하기에 앞서 EBS 다큐프라임(인간의 두 얼굴 2 중 3부 긍정적 착각)에서 나온 짧은 실험영상을 보여주었습니다. 이 실험은 눈을 가린 아이가 공을 던지면 엄마가 말로만 위치를 설명하여 바구니로 공을 받는 실험입니다. 모두 일곱 팀의 엄마와 아이가 실험에 참여하였습니다. 실험결과 12개 이상 성공한 팀은 다섯 팀이었고, 7개만 성공한 팀은 두 팀이었습니다. 무엇이 다른 결과를 만든 것일까요? 엄마와 아이의 대화에서 차이가 있었습니다. 공을 적게 넣은 팀의 엄마는 아이에게 "아니 이건 안 돼, 아니 그쪽 아니고, 아니 반대쪽, 그게 아니야, 이쪽이라고, 내리꽂지 말고, 하나도 안 들어가겠다" 등의 말을 하였습니다. 이 아이들은 엄마에게 부정적인 표현을 많이 들었습니다. 반면 공을 많이 넣은 아이들의 엄마들은 "오, 잘하네, 아이 잘한다. 그렇지, 괜찮아."와 같은 긍정적인 말을 하였습니다. 아이들이 공을 잘 던지지 못했는데도 말입니다. 긍정적인 말을 들은 아이들은 실제로 공을 더 많이 넣게 되었습니다.

　우리 반 아이들은 이 영상을 통해 긍정적인 말의 중요성을 내가 굳이 설명하지 않아도 쉽게 깨달은 것 같았습니다. 이 영상의 여운이 남아 있었을 때 나는 아이들에게 오늘 체육수업을 위해 모둠별로 이끔이를 선정해 보자고 제안하였습니다. 이끔이의 역할은 이 영상의 엄마와 같이 모둠친구들을 긍정적인 말로 격려해주는 역할이라고 하였습니다. 특히 운동능력이 떨어지거나 긴장도가 높아 위축되어 있는 아이들이 있을 경우 적극적으로 도움을 주는 역할이라고도 하였습니다. 아이들은 모둠별로 모여 이끔이를 선정하고 나에게 알려주었습니다. 아이들은 놀랍게도 내가 이끔이로 적당하다고 생각했던 아이들을 정확하게 뽑았습니다.

　드디어 "모둠미션을 통과하라!" 수업이 시작되었습니다. 다섯 가지 미션은 순서대로 할 필요가 없고 모둠원이 원하는 종목부터 시작하였습니다. 아이들은 한 번씩 경험해보았던 활동들이었기에 익숙하게 수행하기 시작했습니다. 그런데 미션 성공기준으로 두었던 횟수를 채우는 일이 그렇게 쉽지만은 않았습니다. 4~5명으로 구성된 모둠원들 중 자주 실수를 하는 친구가 생겨서 계속 다시 해야 하는 상황이 되었습니다. 그런데 아이들은 놀랍게도 이끔이를 중심으로 서로를 격려해주는 말을 하고 얼굴

| 모둠미션 1 |  | 탁구공 1개를 모둠원들과 한 번씩 손으로 연속 15회 튀기기 |
| 탁구공 원 바운딩 연속 15회 성공 | | |

| 모둠미션 2 |  | 모둠원중 2명이 긴 줄을 돌리고 나머지 2~3명의 학생이 긴 줄 넘기를 하여 연속 10회 성공하기 |
| 긴 줄 넘기 연속 10회 성공 | | |

| 모둠미션 3 |  | 모둠원이 양팔 간격의 원으로 서서 펀스틱을 세우고 구령에 맞추어 이동하며 옆 사람의 펀스틱을 세운 채로 잡기 연속 5회 성공하기 |
| 펀스틱 세우기 연속 5회 성공 | | |

| 모둠미션 4 |  | 모둠원이 한줄로 바닥에 앉아서 다리를 들어 올려 손을 이용하지 않고 발로만 접시콘을 옆으로 이동시키기. 떨어질 경우 그 자리에서 다시 하기 |
| 접시콘 8개 발로 옮기기 | | |

| 모둠미션 5 |  | 펀스틱으로 모둠원의 다리 밑을 통과한 후 30m 전방에 위치한 고깔을 돌아 다음 주자에게 펀스틱 바통터치하기 |
| 펀스틱 허리케인 릴레이 | | |

찌푸리고 짜증 낼 만한 상황임에도 웃으면서 다시 해보자고 서로를 격려하는 것이었습니다. 신경다양성 학생 중 운동기능이 뛰어난 아이들은 이번 수업에서 누구보다도 주도적인 역할을 하였고, 이끔이들과 함께 서로를 격려하며 긍정적인 분위기를 형성하는데 일조하고 있었습니다. 교실수업 상황에서는 볼 수 없었던 아이들의 또 다른 모습이었습니다.

그런데 염려했던 일이 벌어졌습니다. 선택적 함묵증이 있는 하연이는 운동발달에 문제가 없지만 불안도가 높은 아이라 자기가 주목받는 상황이 되면 움직임이 위축되는 경향이 있었습니다. 긴 줄 넘기를 연속으로 10개를 해내야 하는데 하연이가 한 박자 빨리 뛰는 바람에 계속 걸리고 말았습니다. 아이들은 하연이를 탓하거나 원망하지 않고 하연이가 박자에 맞춰 잘 뛸 수 있도록 줄을 돌리는 친구가 소리를 내서 박자를 맞추어 주기도 하였습니다. 그래도 하연이가 자꾸 한 박자 빨리 뛰자 이번에는 자리를 바꾸어보자고 하며 하연이를 가운데 자리로 옮기도록 해주었습니다. 하연이의 모둠친구들은 이렇게 하연이를 격려하면서 드디어 미션을 성공할 수 있었습니다.

우리 반 아이들은 이렇게 한 명도 빠짐없이 모둠활동에 몰입하여 재미있게 체육 활동을 하였고 어느 누구도 상처받지 않고 성공할 수 있었습니다. 마지막으로 한 명씩 오늘의 소감을 말하는 시간을 가졌습니다. 하연이의 모둠 중에 한 남학생은 평상시 까칠한 표현을 자주 해서 친구들에게 종종 상처를 주는 아이였는데 오늘은 하연이를 한 번도 나무라지 않았습니다. 그 친구는 오늘 활동이 친구들과 함께하는 거라 좀 답답하기도 했는데 그걸 화내지 않고 잘 이겨내니 성취감을 느낄 수 있었다고 하였습니다. 아이들이 서로를 존중하는 미덕을 몸으로 경험한 것 같아 무척 뿌듯했습니다. 친구들이 반 정도 발표를 마치자 하연이가 수줍게 손을 들었습니다. 하연이는 힘들었지만 친구들이 격려해줘서 끝까지 할 수 있어서 좋았다고 했습니다. 신체활동에 강점이 있는 아이도, 신체활동에 불안감이 높은 아이도 함께 협력하며 자기만의 성공감을 모두 느낄 수 있었던 뜻 깊은 수업이었습니다. 이 수업을 촬영해 준 이원희 박사님은 다음과 같은 수업 후기를 전해주었습니다.

학교에 도착하자 휴대폰에서는 오늘 확진자 현황이 뜬다. 코로나로 어수선한 현실에도 점심시간이 되자 이내 아이들의 재잘대는 소리로 공간이 채워진다. 아이들을 만난다는 설렘과 긴장감을 안고 체육수업이 진행되는 강당으로 향했다. 강당은 벌써 수업준비로 분주하다. 그동안 수업영상을 관찰한 덕분에 눈에 익은 아이들과 반갑게 인사를 나누었다.

드디어 수업 시작!! 아이들은 모둠별로 다섯 가지 활동을 시작하였고 나도 촬영에 들어갔다. 카메라는 자연스럽게 그동안 화면으로 보아왔던 신경다양성 학생들을 좇았다. 그런데… 도대체 이 아이들은 뭘까? 요즘에도 이런 아이들이 있었나? 즐겁게 미션을 수행하는 아이들의 모습에서 나는 놀라운 장면과 마주하였다. 아이들은 모둠별 특정 미션에서 반복되는 실패에도 공통적으로 "괜찮아, 그럴 수 있어. 실수할 수 있어." "친구야, 넌 할 수 있어." "친구야, 잘하고 있어." 와 같은 표현들이 자연스럽게 체화되어 있었다.

하연이가 속한 모둠에서는 하연이의 계속적인 실수로 긴 줄 넘기 미션을 여러 차례 시도하고 있다. 긴장된 하연이의 모습에서 나의 심장이 더 빠르게 뛰었다. 하지만 "이번에는 하연이를 중간으로 보내보자." "네가 구호를 크게 맞춰줘." "좀 더 천천히 돌려볼까?" 하연이의 실수에 어느 한 학생도 하연이를 탓하지 않았고 계속해서 다른 방법을 찾아가고 있었다. 촬영 내내 아이들이 사용하는 긍정적인 언어와 서로를 격려하는 모습에 내 마음에서는 잔잔한 감동이 일었다.

신경다양성 교실을 운영하는 선생님들은 이 수업과 같은 협력놀이를 많이 해보길 바랍니다. 학급의 아이들이 하나가 되는 공동체를 만들 수 있고 무엇보다 서로를 격려하며 그 안에서 신뢰를 쌓아갈 수 있을 것입니다. 초등교사라면 모르는 사람이 없을 정도로 유명한 정유진 선생님은《지니샘의 행복교실 만들기》에서 콜버그의 도덕성 발달단계를 참고하여 놀이의 고수 6단계를 만들어 제안하였습니다. 1단계는 무기력 단계로 열심히 안 하고 억지로 하거나 대충하는 단계입니다. 2단계는 승부욕 단계로 무조건 이기는 게 중요하고 놀이에 대한 보상을 바라는 단계입니다. 여기까지는 놀이의 하수단계입니다. 3단계는 규칙 단계로 팀을 위해 열심히 놀이에 참여하고 규칙을 지키면서 활동하는 단계입니다. 4단계는 이기고 지는 것을 떠나 규칙을 지키면서 놀이 자체를 즐기는 단계입니다. 여기까지는 놀이의 중수입니다. 5단계는 배려 단계로 잘 못하는 친구에게도 기회를 주고 격려하고 함께 기뻐하는 단계입니다. 마지막 6단계는 창조 단계로 기존의 놀이를 바꿔보거나 새로운 놀이를 만들어내는 단계입니다. 이 5단계와 6단계가 바로 놀이의 고수 단계입니다. 이 단계에서는 합리적인 규칙과 즐거움, 배려가 있는 놀이를 아이들 스스로 창조해낼 수 있습니다. "모둠미션을 통과하라!" 수업을 통해 아이들은 놀이의 고수가 되는 기쁨을 경험할 수 있었으며, 다양한 친구들과 함께하는 즐거움을 만끽할 줄 아는 아이들로 훌쩍 성장할 수 있었습니다.

9장

신경다양성 교실 연구회

지금까지 신경다양성 교실에 대한 소개와 직접 실행한 사례에 대해 자세히 살펴보았습니다. 이 신경다양성 교실은 나 혼자 구상하고 계획하고 실행해 결실을 맺은 것이 아닙니다. 함께 이론과 실제를 연구하고, 수업과 학생을 관찰하며, 방향을 찾아간 여러 선생님들과의 협업의 결과입니다. 지금부터는 신경다양성 교실 만들기에 함께 도전한 선생님들의 이야기를 들려드리려 합니다.

신경다양성 교실 연구회는 신경다양성이라는 새로운 패러다임으로 세상을 바라보고, 함께 교육과 세상의 변화를 일으키고 싶은 사람들이 자발적으로 모여 만든 연구모임입니다. 앞에서도 밝혔듯이 연구회는 특수교육 전문연구자 3명, 교육청 장학사 1명, 일반교사 4명, 특수교사 4명으로 총 12명의 회원들로 구성되어 있습니다. 이들은 각자 자신의 분야에서 누구보다 치열한 삶을 살아가며, 지식을 아는 것으로만 그치지 않고 끊임없이 적용하고 실천하는 분들입니다. 늦은 밤까지 함께 수업임상연구와 공부를 하며 열정적으로 배우고 계속해서 새로운 도전을 하고 있습니다. 신경다양성 교실 연구회원들은 이 연구모임에 참여하게 된 계기와 연구모임을 통해서 배운 것, 또 앞으로 신경다양성 교실 연구가 어떻게 발전하기를 바라는지에 대해 다음과 같은 의견들을 나누어 주었습니다.

연구모임이라는 단어에서 알 수 있듯이 이 모임을 통해 교육을 더 잘해보기 위한 것이 아닐까 싶어요. '부분의 합은 전체보다 크다'라는 말이 있지요. 연구모임에 참여한 한 사람 한 사람의 생각과 가치가 모여 더 큰 물결을 일으킬 수 있다고 생각합니다. 가치를 공유하는 사람들과 함께 작업하는 연구과정은 즐겁습니다. 의미 있는 결과를 창조해내지 못하더라도 그 과정을 즐기고 있어요. 저의 경우 이 연구모임을 통해 인적 네트워크를 구성할 수 있다는 점이 무엇보다 좋아요. 다양한 학생들이 교육현장에 존재하듯이, 다양한 연구자와 교사들도 존재합니다. 흔히 서 있는 곳이 다르면 바라보는 곳도 다르다고 합니다. 신경다양성 연구모임에는 일반교사와 특수교사, 연구자 등이 있고 모두 다른 위치에 서 있지만 우리는 한 곳을 바라봅니다. 그것만으로도 많은 배움이 있다고 생각합니다. 신경다양성 교실에 관심을 가지는 교사와 연구자가 더 많아지기를 바랍니다. 신경다양성 이론을 더 많은 교육현장에서 적용하고 연구를 통해 그 의미를 드러내게 되기를 기대합니다. (이원희 박사, 대학 강사)

신경다양성 교실이 학생들의 강점에 주목한다는 점은 제 평소 교육적 소신과 그 결을 같이 합니다. 다만 제가 학령기 학생들의 교육현장에 있지 않아 한계가 있는 것도 사실입니다. 그럼에도 연구모임을 통해 통합교육 현장에서 신경다양성 개념을 적용한 통합교육을 실천하는 모습을 보면서 통합교육의 가치와 효과에 대해 더 큰 확신을 갖게 되었습니다. 이는 대학에서 예비교사들에게 교직필수로 특수교육학 개론을 강의하는 제게 보다 명확한 통합교육 강의의 정당성을 확보해 줍니다. 신경다양성 교실이 강조하고 있는 다양한 학생의 강점을 바탕으로 한 교육은 어쩌면 누구나 쉽게 동의한다고 할 수 있을지 모릅니다. 신경다양성 교실이 혹여 학계의 바람직한 담론으로만 머무르지 않았으면 좋겠습니다. 언젠가는 우리 교육현장의 당연한 일상이 되기를 바랍니다. 앞으로 미래 사회는 창의성과 융합이 핵심 능력이 될 거라고 생각합니다. 이는 우리 교육이 보다 적극적으로 신경다양성 교실을 실현해야 함을 의미하지 않을까요? 지금은 신경다양성 교실이 통합교육 차원에서 연구되고 있지만 통합교육이 모두를 위한 교육이라고 할 수 있듯이 신경다양성 교실이 모든 학생을 위한 교실이 될 수 있으면 좋겠습니다. (이하영 박사, 대학 강사)

신경다양성 개념에는 특수교육에서 지향하는 여러 개념과 원리들이 집약되어 있다고 생각합니다. 또한 일반교육에서도 아이들의 다양성을 이해하는 방법이 된다는 측면에서 효용성이 높다고 생각합니다. 구체적으로 어떻게 현장에서 적용할지에 대한 고민을 함께해 나가는 과정에서 아이들을 이해하는 방법, 좀 더 나은 환경과 목표를 설정하는 방법 등을 배울 수 있었습니다. 제가 가르치고 있는 특수교육학부 1학년이 이해하기엔 조금 어려운 내용이지만 '신경다양성'의 개념을 소개하여 이러한 관점을 가질 수 있도록 하고 있습니다. 이 연구가 계속되어 다양한 사례들이 수집되고 나면 기존의 사례들을 종단적으로 비교해 보는 연구도 이루어지면 좋을 것 같습니다. 또한 통합교육 실행의 주체가 일반교사인만큼 일반교사의 참여가 더 많이 이루어졌으면 좋겠습니다. 열정 많은 우리 선생님들과 앞으로도 계속해서 함께할 수 있기를 바랍니다. (조성하 박사, 대학 교수)

미래 교육의 중요한 화두는 학생 수 감소에 따른 질적 교육으로의 전환입니다. 제가 근무하는 농촌과 중소도시 지역에서는 하루가 다르게 학급과 학교가 사라져가고 있습니다. 특수교육에서 주로 사용되었던 개별화 교육은 이제 일반교육에서도 종종 사용되는 중요한 용어가 되었습니다. 현재 신경다양성 교실은 통합교육 현장에서 주목받고 있는 이론이자 실천전략이지만, 앞으로의 신경다양성 연구는 교실수업의 전환이라는 더 큰 의미로 발전되어야 할 것입니다. 예를 들어, 한 학급 학생들을 두 그룹으로 나누어 지도하는 1교실 2교사 제도가 아니라 신경다양성 교실을 구현하기 위해 전략적으로 일반교사와 특수교사가 협업하는 형태의 교육방법과 인사정책 등을 고민해야 할 시점입니다. 곧 다가올 미래에는 모든 학교의 모든 교사가 신경다양성 아이들을 포함하는 보편적 수업 설계의 달인이 되어 있을 것입니다. 그러한 교육의 대전환이 이루어져야만 미래에도 학교라는 제도가 살아남을 수 있을 것입니다. 이 연구에 참여하면서 저 또한 제가 속한 지역에서 이런 실천 모임을 꾸려보고 싶어졌습니다. 신경다양성 개념에 관심 있는 교사들을 모으고, 함께 연구하고 실천하면서 신경다양성 아이들을 포함한 모든 아이들이 행복한 교실을 만들고 싶습니다. (박선정 박사, 장학사)

특수교육 연구자와 장학사는 학교 현장에 있지는 않지만 연구 활동을 하며 예비교사를 가르치고 현장 교원의 재교육을 담당하는 일을 하고 있습니다. 이들 모두는 신경다양성 교실이 우리 교육이 나아가야 할 방향이라는 것에 동의하고 있으며 이를 통해 특수교육과 통합교육에서 새로운 물결이 일어나기를 기대하고 있습니다. 교육의 큰 흐름이 바뀌기 위해서는 현장에서 실천하는 교사뿐만 아니라 새로운 이론을 빠르게 받아들이고 연구하여 확산시키는 연구자의 역할 또한 아주 중요합니다. 이들과의 모임을 통해 이론과 실제가 만나 '신경다양성 교실'이라는 교육 패러다임이 만들어지고 전파될 수 있었습니다. 이들의 노력이 동력이 되어 현장 교사들이 신경다양성 교실을 더욱 많이 실천할 수 있게 되기를 바랍니다.

다음은 실제 교실에서 아이들을 만나는 교사들의 이야기입니다.

삶의 여정 속에 한 아이를 만났습니다. 바로 아빠로서의 만남. 아이의 다름을 잘 알지 못했고, 길을 잃고 꽤 오랫동안 헤매고 다녔습니다. 그렇게 온전히 아이를 존중하는 법을 배우기 위해 떠돌다 한 책을 통해 김명희 선생님을 알게 되었습니다. 그 만남들 속에 신경다양성이란 새로운 패러다임을 알게 되었고, 모두가 존중받을 수 있는 여정에 꼭 참여하고 싶었습니다. 아빠교사로서 실천하고 정진하며 세상을 조금씩 바꾸는 일에 동참하고 싶었습니다. 이 모임을 통해 배운 것은 아이들을 개별적으로 존중할 수 있다는 것입니다. 각각의 아이들의 상황이나 흐름을 여러 가지 요소로 미세하게 바라보는 그 관점의 변화가 가장 큰 배움이었습니다. 전체적인 수업의 흐름과 수업목표 달성에만 급급했던 과거의 수업과는 달리 개별적 조정을 제공하고 또 서로의 다양성을 받아들이는 관계의 기회들이 담겼다는게 신경다양성 교실의 가장 큰 놀라움이었습니다. 그리고 이 모임이 팀 지원 접근이라는 점도 너무나 좋았습니다. 교사 1인이 혼자 고민하기보다 각자의 경험과 다각도의 장점을 지닌 일반교사, 특수교사, 특수교육 연구자, 장학사가 한데 모여 여러 관점에서 이야기를 나눌 수 있었습니다. 이러한 만남을 통해 수업에서의 지원방법이나 내가 놓칠 수 있는 부분들에 대한 피드백을 받을 수 있는 든든한 지원군이 생겼습니다. 국내에는 아직 신경다양성 교실의 실천사례들을 찾아보기 어렵습니다. 교사들은 이 신경다양성 교실과 같이 쉽게 모델링할 수 있는 사례들에 늘 목

말라 있습니다. 우리 모임과 같은 수업실천연구회가 각 지역별로 광범위하게 활성화되길 기원합니다. 그리고 각 실천 전문가들이 지역별로 슈퍼바이징하며 국내외와 함께 연결되어 더불어 성장하길 바랍니다. (이보아 선생님, 일반교사)

장애가 있는 자녀를 키우면서 학급 내 장애학생에게 많은 관심을 가지게 되었으며, 장애학생들이 수업에 참여하는 방법들을 고민해 왔습니다. 통합교육이 장애학생 외에도 ADHD, 정서행동 장애 학생 등 다양한 학생의 특성을 고려하는 쪽으로 나아가야 한다고 알고 있었지만 엄두가 나지 않았습니다. 김명희 선생님 학급의 수업 사례를 보고 특수교사, 일반교사, 교수님이 함께 경험과 지식을 나누며 학생이 가진 약점을 보완하고, 강점을 살리는 방법을 찾아가는 시간을 함께 하였습니다. 그러자 좀 더 다양한 학생들의 특징을 개별적으로 보는 습관이 생긴 것 같습니다. 우리 학교는 통합교육 연구학교라 통합교육지원교사가 배정되어서 협력교수를 합니다. 이 시간에 장애학생 뿐만 아니라 자존감이 낮은 학생, 충동적인 학생, 학습 장애가 있는 학생 등 여러 명에게 초점을 두어 그들의 강점을 찾고 칭찬 포인트를 만들어 줄 수 있었고 교수적 수정을 할 수 있었습니다. 이렇게 작은 것부터 학생의 약점을 보완하고 강점을 살릴 수 있는 수업

설계가 이루어졌고, 아이들의 진로에도 좋은 영향을 줄 수 있는 교육이 될 수 있었습니다. 신경다양성 교실 연구회가 시도별로 더욱 많아져서 교실에서 소외되거나 낙인찍힌 학생들이 있는 그대로 받아들여지는 세상이 되길 바랍니다. (이영수 선생님, 일반 교사)

나는 그동안 통합학급 교사의 제한적인 시각에만 머물러 있었다면, 이 모임에 함께하면서부터는 학생들을 보는 시야를 보다 넓힐 수 있었습니다. 특히 혼자서는 해결할 수 없고 이해할 수 없던 학생들의 행동들을 비로소 이해하게 되었습니다. 장애 유무를 떠나 개별적이고 다양한 특성을 보이는 학생들에게 적용할 수 있는 교수적 수정과 학습방법의 공유를 통해 많은 배움이 있었습니다. 그 생각과 경험들을 교실현장에 적용시켰을 때 학생들이 조금씩 발전해 나가는 모습을 보게 되면서 감동이 밀려왔습니다. 이 모임은 각 분야의 전문가들이 모여 다양한 관점에서 학생의 강점을 찾고자 노력하고 그러한 강점을 살릴 수 있는 교육방법을 연구하며 실제 적용하는 과정이라는 점에서 굉장한 의미가 있었습니다. 이러한 긍정적 연구 결과들이 많은 교사들로 하여금 학생들을 신경다양성 관점에서 바라보고 이해하며 교육할 수 있는 촉매가 되었으면 좋겠습니다. (단자영 선생님, 일

반교사)

우리 모임의 일반교사들은 정말 특별한 교사들입니다. 장애
아의 부모인 교사도 있고 예전부터 특수교육에 관심이 많았던
교사도 있습니다. 한마디로 이미 신경다양성 교실을 추구하며
살아가는 교사들입니다. 서로의 관심사가 일치했기에 우리는 더
욱 서로를 북돋우며 새로운 교실 문화를 만드는 일에 앞장설 수
있었습니다. 때론 다른 교사들이 우리의 생각과 달라 상처를 받
기도 하였습니다. 하지만 우리의 시도가 매우 가치 있는 일이라
는 것을 알고 있기에 오늘도 묵묵히 현장에서 실천하며 꿈을 향
해 아이들과 함께 나아가고 있습니다.

예전에 우연히 《증상이 아니라 독특함입니다》라는 책을 읽고
아이들을 이해하기에 유용한 접근이라고 생각해서 친한 선생님
들이나 학부모님께 소개해드린 적이 있었습니다. 그 책에 나온
신경다양성이라는 개념을 주제로 연구를 한다고 하여 조금 더
깊이 배워보고 싶어 참여하게 되었습니다. 통합 수업 상황에서
우리 아이들을 포함한 교실 안의 모든 아이들에 관해 생각해볼
수 있는 기회가 되었습니다. 존재 그대로가 이미 '다양함'인 아
이들과 교사가 수업이라는 장면에서 만나 상대의 다양함을 놓

치지 않고 알아주며 반응하는 순간에 관계가 튼튼해지고 배움이 일어난다는 것을 느낄 수 있었습니다. 신경다양성 교실 연구가 계속적으로 진행되어 신경다양성을 가진 몇 명의 학생뿐만 아니라 더 많은, 나아가 모든 학생들의 다양성을 들여다볼 수 있게 되기를 바랍니다. (조현경 선생님, 특수교사)

누구에게나 있는 강점이 내게는 없는 것만 같았습니다. 애쓴 시간만큼 강점을 발견하고 받아들였지만 인정받을 수 없을 만큼 빈약하게만 보였습니다. 성경 말씀과 하워드 가드너의 다중지능이론에 기대며 자기 긍정과 자기 확신에 뿌리를 내릴 때쯤 《승상이 아니라 독특함입니다》라는 책을 발견했습니다. 약함과 강함은 동시에 존재하고 누구에게나 독특한 강점이 반드시 있다는 것을 알게 되었습니다. 나를 이해하고 타인을 이해하기 위해서 또한 특수교사로서 학생들에게 다가설 때 신경다양성 관점으로 바라보는 것은 무엇보다 선행되어야 함을 깨닫게 되었습니다. 그즈음 이 연구 모임을 알게 되어 참여하게 되었습니다. 문제와 증상으로만 진단 내렸던 것들이 강점으로 다가오며 긍정적으로 해석되는 부분들이 생겼습니다. 나 자신과 학생들의 생각과 마음, 행동양식을 이해하는데 큰 도움이 되었습니다. 강점을 발견하여 적소를 구축하도록 이끄는 것이 얼마나 인간을 존중하는 태도이며 중요한 일인지 배우게 되었고 학교 현장에서 작게나마 실천하려 애쓰고 있습니다. 신경다양성 교실 연구를 통해 교사마다 잠든 시각을 깨우고 교실마다 자기를 긍정하고 타인을 긍정하며 즐거이 학교생활을 하는 학생들이 늘어나면 좋겠습니다. (김숙희 선생님, 특수교사)

이 모임을 통해 교실에는 특수교육대상자뿐만 아니라 다양한 학생들이 존재함을 알게 되었고, 이러한 다양성을 수용하기 위해서는 담임교사의 역할이 무엇보다도 중요하고 학생들의 다양성을 모두가 받아들이는 인식이 필요함을 깨닫게 되었습니다. 통합학급의 수업을 볼 기회가 생각보다 많지 않은데 연구모임을 통해 수업을 함께 보고 여러 의견을 나눌 수 있는 기회가 되어 앞으로의 교직생활에 큰 도움이 될 것입니다. 더 많은 사례를 공유하고 신경다양성 이론을 많은 교사들이 알게 되길 희망합니다. (김지영 선생님, 특수교사)

신경다양성 교실 연구모임에는 일반교사, 특수교사, 연구자라는 다양한 분야의 전문가들이 모여 있습니다. 연구회원들 중에는 장애자녀를 둔 부모님도 있고 형제자매도 있습니다. 다양한 관점과 상황에 대한 이야기를 들으면 들을수록 나의 시각이 넓어지고 있다는 것이 느껴져 너무나 기뻤습니다. 내가 원했던 것이 바로 다른 선생님들과 함께 공부하며 나의 시야를 넓히는 것이기 때문입니다. 내가 아직은 경험하지 못한 학교에 대한 이야기를 들을 수 있는 기회였고 이 모임이 아니었으면 잘 알지 못했을 일반교사의 관점도 많이 알게 되었습니다. 선생님들의 통찰력과 학생들에 대한 지극한 사랑과 관심은 공부를 하고 있는 나에게 커다란 동기부여가 되었습니다. (정다예 선생님, 특수교사)

우리 모임의 특수교사들은 이 모임을 통해 가장 좋았던 점으로 일반교사와의 만남과 통합학급 수업을 관찰할 수 있다는 점을 들었습니다. 특수교사로 각 학교에서 통합교육을 지원하고 있지만 일반교사와의 소통이 원활하지 못하고 통합학급 수업을 관찰할 기회도 많이 없었다고 합니다. 특수교사는 신경다양성 교실을 만드는데 핵심적인 역할을 할 수 있는 인적자원이고, 모든 아이들의 신경다양성을 고려할 수 있도록 전문적인 안내를 해줄 수 있는 분이기도 합니다. 그러나 많은 일반교사들이 큰 벽을 쌓고 이들에게 기회를 내주지 않고 있는 것 같아 안타까웠습니다. 앞 장의 여러 수업과 활동에도 나왔듯 김숙희 선생님은 우리 학교 특수교사입니다. 나는 학교에서 언제나 선생님과 쉽게 만날 수 있었고 아이들에 대해 함께 고민하고, 함께 수업을 설계하며 수업에 대한 피드백도 받을 수 있었습니다. 우리 학교에서 나의 수업친구는 김숙희 선생님이었고 우리 반 신경다양성 교실의 가장 훌륭한 파트너였습니다. 함께 하면 혼자 하는 것보다 훨씬 수월하고 더욱 발전할 수 있습니다. 이제는 협업이 어느 곳에서나 중요한 역량이 되었습니다. 일반교사와 특수교사가 벽을 허물고 함께 할 수 있으면 좋겠습니다. 나만의 학급, 나만의 왕국에서 벗어나 많은 사람들과 함께 고민을 나누고 더 나은 방향으로 나아가고자 한다면 모든 아이들이 행복하고 교사들도 행복한 신경다양성 교실을 만들 수 있을 것입니다.

신경다양성 교실 연구회와 같은 모임들이 전국적으로 많이 생겨났으면 좋겠습니다. 요즘은 교육청별로 교사들이 자발적으로 공부모임을 할 수 있도록 아낌없이 지원도 해주며 적극 장려하고 있습니다. 예전에 비해 교사들이 자기계발을 할 수 있는 여건이 참 많이 좋아졌습니다. 혼자서 하는 공부는 진도도 잘 나가지 않고 지속하기도 힘들고 어렵습니다. 하지만 함께하는 공부는 스스로를 더 높은 곳으로 끌어올려주는 힘이 있습니다. 그런 모임에 참여만 하여도 그 힘을 느낄 수 있습니다. 신경다양성 교실 연구모임이 전국적으로 많이 생겨나서 우리 아이들의 이야기를 함께 나누고, 서로의 실천적 지식을 쌓아가다 보면 머지않아 우리의 모든 교실이 신경다양성 교실이 될 수 있을 것입니다.

10장

신경다양성 교실과 미래교육

코로나 팬데믹 이후 각 교육청에서는 교사들의 미래교육 역량을 강화한다며 미래교육의 모습을 담은 수업나눔에 열을 올리고 있습니다. 2020년과 2021년 서울시교육청 수업나눔에 참여한 수업사례들을 살펴보면 인공지능과 함께하는 수업, 인공지능 튜터 활용하기, 3D 프린터, 3D 펜, 아이패드 활용 수업, 빅데이터와 코딩 수업, VR과 메타버스 활용 수업, AI 데이터 리터러시 수업, 함께 만드는 메이커 체험교육, 로봇제작 수업 등이 있었습니다. 이러한 수업들을 하기 위해 2022년부터는 모든 중학생에게 1인 1학습용 스마트기기를 활용할 수 있도록 지원을 한다고 합니다. 또한 예비교원의 원격교육 역량을 강화하기 위해 교육대와 사범대에는 '미래교육센터'를 설치하였다고 합니다. 미래교육센터에서는 원격수업 실습과 온라인 콘텐츠 제작 등 다양한 원격수업활동 실습자료를 제작하거나 교육용 운영체제를 활용하는 것을 배운다고 합니다. 코로나로 앞당겨졌다는 미래교육이 과연 이러한 ICT(Information and Communication Technology) 활용 교육뿐일까요? 나는 의문이 들었습니다.

코로나가 발생하고 처음으로 학교 문을 닫게 되었을 때 갑작스럽게 원격교육을 시작하라는 방침에 전국의 학교들이 대혼란을 겪었던 때가 생각납니다. 모든 교사들이 익숙하지 않는 기기들과 프로그램을 활용하여 원격수업을 하고 수업자료를 제작하는 일을 해야만 했습니다. 그런데 신기하게도 아이들과 교사들은 금방 적응할 수 있었습니다. 초등학교 1학년 아이들까지 줌(Zoom)수업에 접속해서 수업을 할 수 있었습니다. 나는 처음으로 원격수업자료를 만들 때 어려울까봐 큰 걱정을 하였지만 한번 배워두니 그 다음부터는 쉽게 할 수 있었습니다. 솔직히 말해 매뉴얼만 익혀놓으면 금세 익숙해지는 별것 아닌 방법들이었습니다. 나에게 ICT 활용 교육은 ICT를 활용하는 방법을 배우는 것이 목적이 아니라 수업을 하기 위한 하나의 도구일 뿐이었습니다. 하지만 최근에 봇물이 터지듯 쏟아지는 미래교육 수업사례들은 한결같이 ICT 활용에만 목적을 두고 있는 것으로 보였습니다.

코로나로 학교 문이 닫히고 ICT 활용을 기반으로 하는 원격수업이 일상화되었지만 그로 인해 얼마나 많은 교육 불평등이 발생하고 수많은 신경다양성 아이들이 교육의 사각지대에 놓이게 되었는지 우리는 두 눈으로 목격할 수 있었습니다. ICT 활용만이 교육의 질을 담보할 수 없다는 것을 반증하는 결과이기도 합니다. 사토 마나부 교수님은 그의 저서《제4차 산업혁명과 교육의 미래》에서 OECD가 실시한 PISA(국제학업성취도평가) 조사위원회의 분석결과를 인용하였는데 학교에서 컴퓨터를 활용하는 시간과 학력 테스트의 결과가 역상관을 나타내고 있다고 하였습니다. 즉 컴퓨터를 활용하는 시간이 길어질수록 독해와 수학 분야에서 학력이 낮아지는 결과를 보였다는 것입니다. ICT 교육에 의한 배움이 일반이 기대하고 있는 것만큼 효과를 보지 못한다는 것을 알 수 있습니다. 사토 마나부 교수님은 컴퓨터는 '가르치는 도구'가 아니라 '배움의 도구, 탐구와 협동의 도구'로 활용할 때 훌륭한 교육효과를 발휘할 수 있다고 하였습니다.

신경다양성 아이들에게 ICT 활용교육은 매우 유용한 보조공학이 될 수 있습니다. 교육부에서는 2022년 2월에 장애학생을 위한 ICT 맞춤형 교육환경을 구축한다고 발표하였습니다. 장애학생이 쉽게 이용할 수 있는 원격수업 플랫폼을 구축하고, 화

면확대와 자막을 지원하며 가상현실(VR)과 증강현실(AR), 360°
사진 및 영상자료와 같은 실감형 콘텐츠도 제작하여 보급할 예
정이라고 합니다. 그러나 이러한 장애학생 맞춤형 ICT 교육자료
들 또한 하나의 자료일 뿐이지 그 자체가 배움의 목적이 될 수는
없습니다. ICT 교육자료는 학생이 탐구하고 사고하며 표현할 수
있도록 돕는 배움의 도구일 뿐입니다.

나는 미래교육은 화려한 ICT 활용 교육이 아니라 아이들 한
명 한 명의 배움이 빛나는 신경다양성 교실이 되어야 한다고 생
각합니다. 이 책의 앞부분에서 논의한 '평균'의 의미를 다시 한
번 되새겨보면 이 세상에 평균적인 아이들은 존재하지 않습니
다. 들쭉날쭉의 원리와 같이 아이들의 특성은 평균적인 비교가
불가능할 정도로 모두가 다 다릅니다. 그럼에도 우리는 예전부
터 평균적인 교육을 받아왔고, 지금도 대부분의 평균적인 교사
들이 평균 정도 수준의 아이들에게 맞추어진 평균적인 자료를
활용하여 수업을 하고 있습니다. 이것은 산업화 시대에 맞게 설
계된 교육 시스템의 유산입니다. 하지만 미래에는 평균이 더 이
상 중요한 수치가 되지 못할 것입니다. 이미 학교에는 수많은 다
양한 아이들이 존재하고 있으며 다양한 아이들은 그들에게 맞
는 교육을 요구하고 있습니다. 세계는 이미 글로벌 사회가 된 지
오래고, 인종·종교·문화 등 수많은 다양성이 공존하고 융합하고

있습니다. 다양성은 이미 보편적 가치로 이해되고 있습니다. 앞서 유네스코의 보고서처럼 개인의 개성과 특성을 존중하고, 이를 계발하는 것이 점점 교육의 중요한 역할이 되고 있습니다. 특수교육에서 오래전부터 시도한 개별화 교육을 이제 모든 교육현장에서 요구하게 될 것입니다. 하지만 이러한 개별화 교육을 미래교육으로서 인식하고 준비하는 교사들은 별로 없습니다. 지난 몇 년 동안의 급격한 사회의 변화로 인해 ICT활용 교육만이 미래교육인 양 온통 관심이 쏠려 있습니다. ICT활용 교육에 대한 열기가 어느 정도 식게 되면 아마도 많은 교육자들은 개별화 교육에 관심을 두게 될 것이라고 생각합니다. 결국 교육은 한 명 한 명의 배움을 보장하는 것을 가장 공적인 사명으로 하고 있기 때문입니다. 그리고 진정한 ICT의 활용법은 학생 각자의 특성, 환경, 강점, 학습법에 맞게 보조공학 도구로, 개별화 도구로 쓸 수 있도록 지원하는 것입니다. 기술과 도구는 쓰는 사람의 약점을 보완하고 강점을 발휘하도록 돕는 것이 그 역할이기 때문입니다.

일반교육과 통합교육 장면에서의 개별화 교육은 신경다양성 교실로 구체화될 수 있습니다. 교실의 모든 아이들은 다양성과 차이를 가지고 있으며 그것은 지극히 자연스러운 것입니다. 아이들이 가지고 있는 차이를 있는 그대로 수용하고 서로 다르게 성장하도록 지원해주는 것이 개별화 교육이고 이는 신경다양성 교실에서 이루어질 수 있습니다. 아이들 각자의 강점을 파악하고 강점중심 학습전략을 구상하여 결함에만 매몰되지 않는 교육 환경을 만들어준다면 그 어떠한 어려움이 있는 아이들도 자신만의 희망적인 삶을 가꾸어 나갈 수 있을 것입니다. 난독증이 있는 수호도, 지적 장애가 있는 지선이도, 선택적 함묵증이 있는 하연이도, ADHD가 있는 현우도, 자폐성 장애가 있는 도현이도 나름대로의 강점을 지니고 있었고 그들의 강점과 다양성을 인정하고 존중해주는 신경다양성 교실에서 친구들과 함께 성장할 수 있었습니다. 그리고 신경다양성 아이들 이외에도 신경다양성 교실의 모든 아이들은 자신의 특성을 존중받으며 함께 어울려 살아가는 다양성의 축복을 누릴 수 있었습니다.

동물행동학자이자 생태학자인 최재천 교수님은 그의 저서 《호모 심비우스》에서 지구상에 생물 중량(重量)이 가장 많이 나가는 식물과 동물에 대해 다음과 같이 소개하고 있습니다.

지구상에서 가장 중량이 많이 나가는 식물은 꽃을 피우는 식물 즉 현화식물이라고 합니다. 이 세상의 동물들을 다 한데 모아도 이 식물의 무게에 비할 바가 아니라고 합니다. 그러면 가장 중량이 많이 나가는 동물은 무엇일까요? 바로 곤충이라고 합니다. 곤충은 한 곳에 뿌리를 내리고 스스로 움직여 다닐 수 없는 식물을 위해 꽃가루를 날라주고 그 대가로 식물로부터 꿀을 얻습니다. 이 지구 생태계에서 수와 무게로 가장 막강한 두 생물 집단이 서로 물고 뜯는 경쟁이 아니라 함께 손을 잡아 성공했다는 사실은 우리의 삶에도 엄청난 함의를 갖습니다. 무차별적인 경쟁보다 공생이 더 큰 힘을 발휘했다는 결정적인 증거입니다. 경쟁관계에 있는 생물은 기껏해야 영합(zero-sum)게임 속에 파묻혀 있는데 비해 공생을 실천하는 생물들은 그 한계를 넘어 더 큰 발전을 할 수 있었습니다.

최재천 교수님은 이러한 공생관계를 토대로 21세기 새로운 인간상으로 '호모 심비우스(Homo Symbious)'를 제안하였습니다. 호모 심비우스는 '공생하는 인류'라는 뜻으로 미래에는 이기적인 인간이 설 곳이 없고 협력하는 인간, 공생하는 인간만이 살아남게 될 것이라는 뜻입니다. 하찮은 동물이라고 여겼던 곤충들이 지구 생태계의 가장 큰 중량으로 살아남게 된 것은 그들이 공생하였기 때문입니다.

나는 최재천 교수님의 공생 이야기를 들을 때마다 신경다양성 교실을 떠올렸습니다. 우리 반의 다양한 아이들은 서로 경쟁이 아닌 공생을 하며 살아가고 있기에 모두가 행복할 수 있었습니다. 신경다양성 교실의 다양한 아이들이 서로를 존중하고 서로에게 배우면서 공생하며 살아갈 때 이 사회는 더욱 풍요롭고 다채로운 사회로 건재할 것입니다. 미래교육으로서의 신경다양성 교실을 함께 만들어보면 어떨까요?

구슬을 꿰는
사람들

"구슬이 서 말이라도 꿰어야 보배다."는 내가 대학원에서 통합교육 연구를 시작하면서 가장 가슴에 와 닿았던 속담이었습니다. 통합교육의 이론은 아주 훌륭하고 당위성은 누구나 다 알고 있습니다. 국내 통합교육 연구물들을 살펴보면 멋진 이론과 당위성들로 가득합니다. 그런데 너무나 슬프게도 이 아름다운 이론을 통합교육 상황에서 직접 적용한 실제에 대한 연구는 찾아보기 힘들었습니다. 이론은 무성하지만 실제는 턱없이 부족한 것입니다. 가뭄에 콩 나듯 어쩌다 통합교육 실제에 관한 연구를 찾아보아도 그 연구는 특수교사가 주도한 연구들뿐이었습니다. 통합교육의 주체는 일반교사임에도 통합교육을 지원하는 특수교사 혼자 반쪽짜리 연구를 하고 있는 것이 우리나라 통합교육의 현실입니다. 일반교육에서는 새로운 교육방법이 나오면 석·박사 과정에 있는 많은 교사들이 유행처럼 이를 적용한 수많은 연구물들을 쏟아냅니다. 통합교육 이론이 우리나라 교육계에서 회자된 지 30여 년이 지났지만 통합교육은 여전히 적용하기 어려운 실제로만 여겨지는 것 같아 안타까웠습니다. 그렇다고 교사들이 현장에서 통합교육을 실천하고 있지 않은 것도 아닙니다. 많은 교사들이 매일의 일상에서 통합교육을 묵묵히 성실하게 수행하고 있습니다. 나는 현장에서 통합교육을 실천하고 또 이 소중한 경험들을 엮어내는 사람이 되어야겠다고 결심하였습니다. 통합교육이라는 빛나는 보석과도 같은 구슬을 꿰어내는 사람이 되어야겠다고 다짐하고, 나의 두 번째 교사 인생은 이 일을 하며 마침표를 찍기로 하였습니다.

이제 당신의 이야기를 기다립니다.

이 책을 들고 여기까지 읽어 준 독자 여러분은 이제 저의 귀한 구슬입니다. 당신이 계신 그 곳에서 더 많은 아이들과 함께 더 새롭고 알찬 모습으로 신경다양성 교실이 펼쳐지리라 믿습니다. 우리 함께 신경다양성 교실을 시작해요!

이 책의 이야기는 내가 제 2의 교사생활을 다시 시작한 후 아이들과 함께 한 7년여 동안의 짧은 실천기록이자 코로나 팬데믹 시기 전후로 신경다양성이라는 새로운 패러다임으로 통합교육을 실행한 우리나라 최초의 시도이기도 합니다. 나의 이러한 미약한 시도는 마중물일 뿐입니다. 마중하는 한 바가지의 물은 보잘 것 없이 적은 물이지만 깊은 샘물을 퍼 올려 세상과 소통하게 하는 물이 될 수도 있습니다. 새로운 물꼬를 트기 위한 마중물이 이미 부어졌으니 이제는 깊은 샘물을 끌어올려 우리 사회의 목마름을 적셔주어야 할 때라고 생각합니다. 그 깊은 샘물은 바로 독자들이 끌어올려 주실 수 있습니다. 각계각층의 독자들이 자신만의 영역에서 신경다양성 교육을 실천하고 사례를 공유한다면 더욱 풍성한 신경다양성 교육 이야기가 만들어질 수 있을 것입니다. 독자들의 이야기가 쌓이고 쌓이면 우리 사회의 장애담론에도 큰 변화가 있을 것이고, 모든 아이들을 위한 교육으로서의 통합교육이 어느덧 현실이 될 수 있을 것입니다. 독자 여러분의 신경다양성 교실 이야기를 기다립니다. 네이버에 신경다양성 교실 연구회 카페(https://cafe.naver.com/grayloalr)를 운영하고 있으니 이곳에서 당신의 이야기를 들려주길 바랍니다.

신경다양성 교육의 실천은 통합교육의 미래뿐만이 아니라 당신의 삶을 위해서도 매우 가치 있을 것입니다. 당신의 자녀나 가르치는 아이들의 결함이 아닌 강점에 집중하고 그것을 북돋우며 살아가는 모습이 자리 잡는다면 아이들뿐 아니라 당신의 삶 또한 극적인 변화를 이루게 될 것입니다. 결핍보다 내가 현재 가지고 있는 것에 감사하고 그것에 집중하는 삶의 태도는 우리의 삶을 아주 풍요롭고 행복하게 만들 것이기 때문입니다. 나 또한 그러한 삶의 태도 전환으로 새로운 인생을 살게 되었고, 교사로서도 가치와 보람을 만끽하며 살게 되었습니다. 결함에만 매몰된 비극적인 삶에서 작은 것이지만 나와 나의 아이들이 이미 가지고 있는 것에 감사를 느끼는, 긍정적인 에너지로 가득한 삶을 살게 되었으니까요. 신경다양성 교육으로 당신의 희망적인 삶도 함께 가꾸어 나갈 수 있으면 좋겠습니다. 우리 함께 신경다양성 교실의 다음 이야기를 만들어 볼까요?

- 건강보험심사평가원 (2022). **주의가 산만하고 집중하기 어려운 우리 아이, ADHD일까요?**, https://blog.naver.com/ok_hira/222268462817 2022.07.08. 인출

- 고미숙 (2021). **읽고 쓴다는 것, 그 거룩함과 통쾌함에 대하여.** 서울: 북드라망.

- 김경림 (2013). **ADHD는 없다.** 서울: 민들레.

- 김명희 (2019). **배움의 공동체 수업을 적용한 통합교육 실행연구.** 박사학위 논문, 공주대학교 대학원.

- 김명희, 신상미, 이원란, 이종필, 한희정 (2020). **교사 통합교육을 말하다.** 서울: 새로온봄.

- 김석주, 박현주, 부경희, 한재희 (2021). **선물**. 서울: 새로온봄.
- 김성애 (2007). **21세기 유아교육의 과제에 따른 통합교육의 중요성과 역할**. 한국유아교육·보육행정학회 학술발표대회 논문집, 55-71.
- 미야구치 코지 (2020). **케이크를 자르지 못하는 아이들**(부윤아 역). 서울: 인플루엔셜.
- 박숙영 (2019). **회복적 생활교육을 만나다**. 서울: 좋은교사.
- 박찬선, 장세희 (2018). **경계선 지능을 가진 아이들**. 경기: 이담.
- 박현옥, 장지연, 김은주 (2017). **자폐성 장애 학생의 제한된 특별한 관심을 활용한 선호도와 강점 중심의 교육모델 개발**. 자폐성장애연구, 17(1), 21-45.
- 방명애, 박현옥, 김은경, 이효정 (2018). **자폐성 장애학생 교육**. 서울: 학지사.
- 배정원 (2022.01.11.). **2억 써도 VIP 탈락… 연예인 의사보다 백화점 먹여살리는 그들**. 중앙일보.
- 사토 마나부 (2014). **수업이 바뀌면 학교가 바뀐다**(손우정 역). 서울: 에듀니티.
- 사토 마나부 (2022). **제 4차 산업혁명과 교육의 미래. 포스트 코로나 시대의 ICT 교육**(손우정 역). 서울: 교육과 실천.

- 서울 경인 특수학급 교사연구회 (2013). **2판 통합교육 지원프로그램 서로 다른 아이들이 함께 만드는 우정.** 서울: 학지사.
- 서울시교육청 (2021). **서로 다른 우리 함께 해요. 통합교육지원자료.** 초 5·6학년용.
- 손우정 (2012). **단 한 명의 학생도 포기하지 않는다. 배움의 공동체.** 서울: 해냄.
- 유네스코한국위원회 (2020). **세계교육현황보고서.** 서울: 김광호.
- 윤점룡, 이상훈 외 10명 (2017). **정서 및 행동장애아 교육.** 서울: 학지사.
- 윤형진, 감소영, 김민진, 부경희, 이종필 (2018). **특수교사 교육을 말한다.** 서울: 새로온봄.
- 이종필 (2021). **초등입학 준비를 위한 사회 상황 이야기.** 서울: 피치마켓.
- 이원희 (2022). **신경다양성 교육을 위한 강점 기반 접근방법 탐색.** 자폐성장애연구, 22(1), 1-29.
- 이원희, 김명희 (2022). **신경다양성 개념을 적용한 통합교육 실행연구 - 신경다양성 교실을 위한 강점 기반접근-.** 통합교육연구, 17(1), 217-249.
- 정대영 (2020). **신경다양성 패러다임 운동에 대한 특수교육의 과제.** 증거기반 교육연구, 1(1), 95-116.

- 정유진 (2014). **지니샘의 행복교실 만들기**. 서울: 에듀니티.

- 조성아 (2019). **통합교육 그 안에 숨겨진 보물찾기**. 서울: 좋은땅.

- 최재천 (2011). **호모 심비우스: 이기적 인간은 살아남을 수 있는가?** 서울: 이음.

- 최재천 (2019). **손잡지 않고 살아남은 생명은 없다. 더불어 살아가기 위한 생명 이야기**. 서울: 샘터.

- 한성희, 남윤석, 이미애 (2009). **장점 중심 특수교육을 위한 탐색적 연구**. 정서·행동장애연구, 25(2), 239-267.

- 허승준 (2016). **장애 관련 용어와 개념의 제고**. 특수아동교육연구, 18(2), 99~120.

- Angela Mcholm, Charles Cunningham, Melanie Vanier. (2009). **아이가 말을 안해요**(김광웅, 홍주란 역). 서울: 시그마프레스.

- Isabelle Carrier (2014). **아나톨의 작은 냄비**(권지현 역). 서울: 씨드북.

- Iwona Chmielewska (2008). **반이나 차 있을까 반 밖에 없을까?**(이지원 역). 경기: 파주.

- Leo Buscaglia (2020). **살며 사랑하며 배우며**(이은선 역). 경기: 홍익출판사미디어그룹.

- Silberman. S. (2018). **뉴로트라이브 - 자폐증의 잃어버린 역사와 신경**

다양성의 미래(강병철 역). 서울: 알마.

- Thomas Amstrong (2012). *Neurodiversity in the classroom: Strength-based strategies to help students with special needs succeed in school and life.* Alexandria, VA: ASCD.

- Thomas Amstrong (2014). **다중지능과 교육**(김동일 역). 서울: 학지사.

- Thomas Amstrong (2019). **증상이 아니라 독특함입니다**(강순이 역). 서울: 새로온봄.

- Todd Rose (2021). **평균의 종말**(정미나 역). 경기: 21세기북스.

[웹사이트]

- 베어베터(http://www.bearbetter.net/)

- 서로 다른 우리 함께 해요(장애이해교육 프로그램)
  (https://sites.google.com/selc.sc.kr/selc/special-education-learning-commons)

- 스페셜리스테른(https://specialisterne.com/)

- 신경다양성 교실 연구회(https://cafe.naver.com/grayloalr)

- 통합교육 봄이 오나 봄(https://blog.naver.com/ysleeyap)

- 학토재 이미지 프리즘 카드(https://www.happyedumall.com)

- 한국평화교육훈련원(http://kopi.or.kr/)

- A-Dapt 프로그램(http://inss.dothome.co.kr/)

- EBS 미래교육 플러스 장애이해교육 편(https://www.youtube.com/watch?v=vpaGoAn2c20)

- 국립특수교육원 에듀에이블
  (http://www.nise.go.kr/main.do?s=eduable)

신경다양성 교실

단 한 명도 놓치지 않는 통합교육의 시작

초판 1쇄 펴낸 날 2022년 9월 15일
초판 4쇄 펴낸 날 2024년 12월 12일

지은이 김명희
펴낸이 이후언
편집 이후언
디자인 윤지은
인쇄 하정문화사
제본 강원제책사

발행처 새로온봄
주소 서울시 관악구 솔밭로7길 16, 301-107
전화 02) 6204-0405
팩스 0303) 3445-0302
이메일 hoo@onbom.kr
홈페이지 www.onbom.kr

© onbom, 2022. Printed in Seoul, Korea

ISBN 979-11-974585-6-9 (03370)